数字法治（第1卷）
彭诚信 / 主编

个人信息保护案例评析

曹博　王琳琳　姬蕾蕾等　著

Case Comment on the Protection of Personal Information

上海人民出版社

序

个人信息——取之有道，用之有方

土　壤

生活的历史实践告诉我们，任何新事物的出现，都是推动社会前进的动力，而非社会发展的掣肘。随着海量数据的出现，传统计算机的计算方式和能力难以承载这种海量数据，大数据技术应运而生。早在1980年，托勒夫立足于当时科学技术发展而出版的《第三次浪潮》一书中就明确指出，“大数据是第三次浪潮的华彩乐章”。数据是大数据的基本构成单位，互联网技术及其经济形态的演绎是大数据出现的主要动力，大数据是对数字化产生的海量数据发展的数据技术。大数据的“大”并非仅指生成、收集、储存的数据集合之大，而在于利用掌握的数据经过数据挖掘技术生成的数据能帮助人们作出明智的决策，数据分析技术实现了跨学科通约性的分析范式。当数字社会中万物皆可为数据时，数据的范畴不断扩张，表征个人信息的海量数据也逐渐成为各种应用（包括数据产品）的重要源泉。

诞　生

数据具有巨大的经济价值，其被誉为数据经济的“新石油”。其中，数据的开发与应用在很大程度上依赖数据共享的运营模式，数据共享是数据价值开发的重要前提，也是对数据二次开发的必要方式。掌握数据并进行智能化运用与决策，已成为数据控制者脱颖而出的关键。在利益驱动下，国内外大数据交易中心纷纷成立，越来越多的数据控制者重视数据战略布局，并重新定义自身的核心竞争力。对于数据控制者而言，数据的价值在于流动和利用，其经营的数据已经成为自身的资产，也成为数据控制者之间共享、交易的资源，对于其收集的个人信息的共享对资源整合更有益处。然而，当下以《民法典》《个人信息保护法（草案）》等为代表的主要以知情同意原则为核心而构建的个人信息保护法律、法规，却面临着掣肘数据利用的各种挑战。

影　响

网络空间中的数据（信息）若不能被人（含企业法人、非法人组织等）有效利用，便可能阻碍数据经济以及人工智能产业的发展，乃至阻碍整个数字社会的发展。数据价值的开发越来越依赖个人信息的喂养和技术支持，由此亦引发个人信息的安全危机。“数据”是信息主体与数据控制者联系的节点，采取何种标准界定个人信息成为对数据利用的前提，也是信息与数据具体制度设计的基石。个人信息的财产价值凸显，而如何消弭个人信息利用的深层矛盾，即在保障信息安全的前提下，信息主体如何分享数据控制者的所得利益并体味出其行为自由与尊严受到尊重，亦成为当下亟须解决的问题。

深　思

《民法典》对数字社会出现的新问题虽有所回应，但面对数据利用与个人信息保护等实践问题日新月异的发展，显然远远不够。对有关个人信息保护与利用的相关法律问题予以针对性研究，对相关法律制度缺位以及深层理论困境提出相关回应，正是编撰本系列有关个人信息保护系列论著的初衷。在众多问题中，个人信息保护与数据利用是现代数字社会中现存的一对主要矛盾，这一深层矛盾的背后是在数据技术应用下个人信息客体特征及其权利属性的不清晰导致后续保护体系难以构建。因此，在互联网的背景下，明晰个人信息客体特征的特殊性，遵循“个人信息客体特征——个人信息权利属性——个人信息权益归属”的研究路径，以案例评析为载体，详细剖析其特质，从而逐步建构起个人信息保护体系的法律层级。

布　局

当前，由于个人信息保护的立法较为零散，法院对于个人信息纠纷主要从既有的传统法律体系中寻求解决途径，但传统法律理论对保护个人信息提供的知识储备并不充足。传统法律体系主要因应线下社会的法律关系而设，因此无法全面适应线上社会个人信息利用中多元、复杂的法律关系形态。这也亟须立法对个人信息客体的特征、内涵与外延、权利归属作出应有的回应，故有必要在分析相关司法裁判经验与总结有关学说理论的基础上，进行合理的制度设计。本论著布局依下列顺序展开：首先，立足于案例评析。挑选出在司法实践中具有典型意义的个人信息保护案件，并以此为对象归纳出法院的裁判思路与保护方式，进而检视司法实践中对个人信息保护的局限所在。其次，解读法律规范。对现有个人信息保护的法律规范进行解析，从解释论角度揭示个人信息保护的价值宗旨与规范意蕴，在源头上树立个人信息保护的正确基调。再次，汲取各家学说。个人信息保护制度的构建离不开与学术界的交流互动以及与学术观点的交融碰撞。因此，本论著通过细致梳理国内外学者对于个人信息保护的理论学说，甄选各家理论进行客观评析与理性扬弃。最后，塑造实用理论。通过司法案例了解个人信息纠纷的裁判倾向，详解个人信息的法律规范掌握法典的规范意旨，汇集百家学说提炼理性观点，为个人信息保护缔造实用理论基础，以期提供符合线上社会个人信息保护的网络思维观念与应有制度设计。

展　望

个人信息在终极意义上也是个人意志自由与人格尊严的彰显，对其商业化利用，定当“取之有道，用之有方”。互联网时代的土壤造就了个人信息的财产价值，在实践中，如何安放个人信息的人格利益，在理论上，个人信息天然附带的财产属性应界定为怎样的权利客体，学理、立法以及司法实践等均应作出有效回应。在数字社会，数据或信息不应仅是数字社会的“石油”或“土壤”，更应是数字社会的“氧气”，即人人均可呼吸、均可共享的资源。要保证数字社会中“氧气”的清洁与清新，便不能让雾霾来沾染，即数据与信息的利用必须守住隐私底线。隐私不可利用并受法律绝对保护，个人信息可以利用但要经得权利主体同意，数据则可自由利用。个人信息的有条件利用与数据的自由流转便成为推动数据经济发展的两架巨轮，而隐私的绝对保护则为数字社会的发展指明了前进方向，即人的自由与尊严价值不可动摇，数字社会时代亦如是。对于个人隐私与信息能够有效保护的，除了技术（尤其是加密技术），就是制度（主要是法律制度）。本系列论著的主要宗旨便是寻求数据利用与信息保护的最佳平衡点。

| 目 录 |

前　言

《民法典》的出台标志着个人信息在法律规范层面被纳入人格权范畴，《个人信息保护法》对保护个人信息权益意义重大，但个人信息究竟是一种具有绝对权属性的权利，还是一种仅具有防御性质的利益并未得到确认。与此同时，长期以来的诸多理论问题也并未在《民法典》以及《个人信息保护法》中得到澄清，比如：隐私、个人信息与数据的边界应如何划定？个人信息可识别性的适用标准是什么？自然人对其个人信息是否具有自主、自决的权利？自然人对个人信息是否享有独立于其他民事权利之外的具体化利益内容？个人信息的让与是否可能以及如何评价其正当性？自然人对其个人信息是否享有财产性利益？综合而言，个人信息的客体特性为何？它与其他权利客体——数据、物、智慧产品等相比，有无自身的特有属性？若有，就决定了其权利属性的特殊性。

这些问题不但引发理论思考，更进一步反馈在司法实践之中。面对纷繁复杂的个案事实，法院必须通过法律解释的方法完成三段论式的推理和论证，从而得出支持或否定原告诉求的结论。较之于学术论文的多元化研究方法，裁判文书是规范适用的过程，对法律规则的理解与解释是将案件事实涵摄到法律规则中的前提，相关的理论认知和价值判断也必须融贯在法律适用之中。由此，对裁判文书的研究不但是对法律实践效果的检验，更是发现和弥合理论与现实鸿沟的桥梁。随着寻求个人信息保护民事案件的不断出现，通过对判例的研判，将有助于澄清基本概念的内涵与外延、探明法律规则的解释路径、寻找制度规范的改进空间。

本书以案例评析的形式聚焦于对个人信息权利属性的研究，选取的案例均具有一定的典型性和社会影响力。案件中涉及的有关个人信息权利属性的理论问题包括：个人信息的识别路径与类型化保护、个人信息控制的内涵及边界、个人信息的法律本质、个人信息自决权的边界、数据及数据权利的法律属性、个人信息与隐私的区分、个人信息附条件的可让与性、个人信息的权益性质、个人信息的财产化利益以及人脸识别信息的权益属性与保护路径。作者在书中使用了统一的体例结构对案例进行评析，首先介绍基本案情，其次梳理裁判思路，继而总结焦点问题的发展脉络，然后评析裁判过程及结论，最后总结概括案件裁判对个人信息法律实践的潜在影响和适用相关法律规则的启示。虽然每篇文章的作者对同一问题或类似问题的学术观点存在差异，但都力求在分析个案裁判的同时提炼出抽象性的理论问题，并通过对相关问题历史演进的回溯和整理进一步凸显出争议焦点的实质内涵，在这一过程中同时关照比较法上的相应规则与理论流变，并对法院的裁判思路进行反思性解构与评析，最终提出对法律规则解释路径或制度规范调整改进的具体建议。在分析个案的同时，有作者也积极尝试类案研究，较为清晰地呈现了不同法院对同一问题或同一法律规则采取的不同解释方法和规范进路。

本书选取的这些案件尽管大多发生在《民法典》正式生效实施之前，但也有不少法院在裁判中借鉴了《民法典》中有关个人信息可识别性标准、个人信息分类保护模式、个人信息处理原则等相应法律规范的制度设计和价值理念，这在很大程度上预示了《民法典》时代个人信息司法保护的基本方向。针对这些案例的分析和研判在某种程度上也就具有了一定的前瞻性和预见性，对《民法典》相应规则的分析和解释显得有的放矢，同时有助于与《个人信息保护法》规范意旨进行有序衔接以及相关规则的逻辑优化。

长期以来，关于个人信息保护存在着美欧范式的优劣之争，《民法典》的出台标志着以域外立法为主要参照的研究重点应当逐渐转向对本土案例资源的规范评价与类型化研究，基于解释论的研究应该与基于立法论的研究等量齐观。严格地说，关于个人信息保护的中国范式尚未成型，《民法典》也只是提供了基本的法律框架，《个人信息保护法》关于个人信息的具体范围、权利属性、利用规则等依然存在不小的解释空间，许多理论问题还有待进一步深入。基于保护人格尊严的人格权体系下的个人信息保护规则对长久以来的争议性问题能否提供新的解决方案并发挥积极效果，通过司法裁判的研究是一种理论检讨的可能方案。

作为个人信息案例评析系列丛书的排头兵，本书的主题确定为个人信息权利属性这一最基础的理论问题，当前的法律规范对此并未提供确定性答案，这在为司法适用带来难题的同时，也创造了解释的空间与余地。从民事权利生成的基本逻辑和演进历程来看，利益到权利的过程往往一波三折，司法裁判常常扮演着非常重要的角色。个人信息的权利属性注定也是一个仍将继续延伸并保持开放性的议题，本书作者也力图在这一过程中贡献自己的学术智识，并继续期待关于个人信息保护的研究与实践能更加深入、更加具体，以期正确认识个人信息的内部体系与外部构造，科学制定并逐步完善个人信息保护法律制度。

“微信读书案”评析

——个人信息的识别路径与类型化保护

曹　博

（上海交通大学凯原法学院副教授）

一、基本案情

微信读书是一款手机阅读应用，用户可以在该款软件上阅读书籍、分享书评等。微信是一款手机社交应用，用户可以添加好友并进行即时通信。黄某使用微信读书软件时发现，由于微信将微信好友关系数据交予微信读书，在未自愿授权的情况下，微信读书软件的“关注”栏目下出现了使用该软件的微信好友名单。此外，在没有进行任何添加关注操作的情况下，黄某账户中“我关注的”和“关注我的”页面下出现大量微信好友，且微信读书未经自愿授权，默认向“关注我的”好友公开黄某的读书想法等阅读信息。不仅如此，黄某在使用微信读书的过程中还发现，即使其与微信好友在该软件中没有任何关注关系，也能够相互查看对方的书架、正在阅读的读物、读书想法等，然而上述信息属于黄某不愿向他人展示的隐私信息。黄某认为，微信读书与微信系两款独立软件，根据《民法总则》及《网络安全法》相关规定，微信好友关系数据和微信读书的阅读信息均属隐私和个人信息，在并未自愿授权的情况下，以上行为侵害了其个人信息权益和隐私权。由此，黄某将腾讯科技（深圳）有限公司、腾讯科技（北京）有限公司及深圳市腾讯计算机系统有限公司诉至北京市互联网法院，请求判令三被告停止侵权、消除影响并赔礼道歉。

被告辩称其并未实施侵害个人信息权益和隐私权的行为。原因在于：第一，微信读书获取、使用微信好友关系已经向用户进行充分告知并获得同意。根据用户协议，微信读书已经告知用户会使用微信好友关系并获得了用户同意，且腾讯公司在微信读书中使用微信好友关系的行为属于“使用”行为，而非“收集”行为。第二，原告所提供的证据无法证明涉案微信读书存在自动关注好友的情况，其主张缺乏事实依据。第三，向微信好友展示原告使用微信读书软件生成的使用信息，微信读书已经通过用户协议获得用户同意，且在具体应用场景中予以充分提示。微信读书用户协议的术语定义中已经说明“你也可以浏览你的微信好友通过本服务阅读、分享的读物及其读书想法等，”且在“用户注意事项”中再次提示告知并获得用户同意“本服务默认生成软件使用信息（包括但不限于你的书架、你正在阅读的读物、你推荐的读物及你的读书想法等信息）并向与你有微信好友关系的其他用户开放浏览可见，你及其他用户将有权浏览对方因使用本服务所生成的软件使用信息”。与此同时，在具体使用场景中，微信读书进一步通过弹窗提示和功能选择就书籍和想法是否公开给予了用户充分选择权。

二、裁判思路

法院将本案争议焦点概括为：一是微信好友关系、读书信息是否属于个人信息和隐私；二是被告行为是否构成对原告个人信息权益或隐私权的侵害；三是如构成，被告应当承担何种法律责任。在论证过程中，法院以可识别性标准为起点，确立了识别和关联两条判定个人信息的具体路径，并通过对个人信息的分类实现法律适用上的差别对待。从其法律适用的逻辑进路来看，隐私也被认为是个人信息的一种，即私密信息，相关行为是否构成对隐私权和个人信息权益的侵害也建立在准确归类涉案个人信息的基础上。

（一）识别个人信息的两条路径

个人信息的核心特点为“可识别性”，既包括对个体身份的识别，也包括对个体特征的识别；对个体身份的识别确定信息主体“是谁”，对个体特征的识别确定信息主体“是什么样的人”，即该信息能够显现个人自然痕迹或社会痕迹，勾勒出人格形象。

判定某项信息是否属于个人信息，应考虑以下两条路径：一是识别，即从信息到个人，由信息本身的特殊性识别出特定自然人；同时，识别个人的信息可以是单独的信息，也可以是信息组合。可识别性需要从信息特征及信息处理方的角度结合具体场景进行判断。二是关联，即从个人到信息，如已知特定自然人，则在该特定自然人活动中产生的信息即为个人信息。符合上述两种情形之一的信息，即应判定为个人信息。微信读书软件获取的好友列表包含了可以指向信息主体的网络身份标识信息，即“从信息到个人”；而自然人的微信好友列表，体现了该自然人在微信上的联系人信息，属于“从个人到信息”，应认定为用户的个人信息。同理，微信读书软件中的读书信息包含了可以指向该信息主体的网络身份标识信息，即“从信息到个人”；读书信息，包括读书时长、最近阅读、书架、推荐书籍、读书想法等，能够反映阅读习惯、偏好等，符合“从个人到信息”的特征，属于个人信息。

（二）个人信息的三分法

个人信息与作为隐私权客体的私密信息既有交叉，亦有不同。二者在权利类型、立法价值取向、利益内容、保护客体和损害后果、权利特点和保护方式等方面存在较大区别。从合理隐私期待维度上，个人信息可以划分为三个层次：一是符合社会一般合理认知下共识的私密信息，如有关性取向、性生活、疾病史、未公开的违法犯罪记录等，此类信息要强化其防御性保护，非特定情形不得处理；二是不具备私密性的一般信息，在征得信息主体的一般同意后，即可正当处理；三是兼具防御性期待及积极利用期待的个人信息，此类信息的处理是否侵权，需要结合信息内容、处理场景、处理方式等，进行符合社会一般合理认知的判断。

微信好友列表和读书信息不能笼统地纳入符合社会一般合理认知的私密信息范畴，而更符合前述第三类信息的特征。对这类信息保护的重点在于赋予信息主体自主决定其消极防御或积极利用的权益。

（三）涉案行为是否构成对个人信息权益或隐私权的侵害

1. 微信读书获取原告微信好友列表的行为

微信读书获取的好友列表，本质上是“联系人列表”，并未体现特定联系人或部分联系人与原告真实关系的亲疏远近，尚未达到私密的程度。结合微信读书使用微信好友列表的目的来看，其并不在于刺探原告的真实社交关系，而在于获取好友列表后用于扩展阅读社交功能。因此，从本案实际场景看，还需要结合微信读书收集原告微信好友列表后的进一步使用方式，即向微信好友公开读书信息这一整体行为来评价是否构成侵权。仅就微信读书收集原告微信好友列表这一单一行为来看，并未构成对原告隐私权的侵害。

2. 微信读书收集微信好友列表并向微信好友公开读书信息的行为

就微信读书收集原告的微信好友列表、向共同使用微信读书的微信好友公开读书信息这一整体行为，双方主要争议焦点为腾讯公司是否获得原告有效的知情同意。法院认为微信读书并未获得有效的知情同意，理由如下：第一，从微信读书与微信的关系来看，两个软件共用好友关系不符合一般用户的合理预期。第二，从微信读书中的读书信息内容来看，用户协议将读书信息描述为“软件使用信息（包括但不限于你的书架、你正在阅读的读物、你推荐的读物及你的读书想法等信息）”，软件实际展示的内容还包括读书时长信息，即用户使用微信读书的主要痕迹均予以公开。这些信息的组合，一定程度上可以彰显一个人的兴趣、爱好、审美情趣、文化修养，可以勾勒刻画出一个人的人格侧面，这些有关精神世界的信息组合恰恰是大量社会评价产生的基础。某些具体或一段时间的阅读信息或习惯，一旦可以形成对人格的刻画，既可能给人带来关注、肯定、赞赏，也可能给人带来困扰、不安、尴尬、甚至羞耻感等。在这个几乎各种生活轨迹均被记录并刻画的数字时代，用户应享有通过经营个人信息而自主建立信息化“人设”的自由，也应享有拒绝建立信息化“人设”的自由，而这种自由行使的前提是用户清晰、明确地知晓此种自由。第三，从微信读书处理微信好友列表信息和读书信息的方式来看，用户的读书信息对有关注关系和没有关注关系的微信好友均默认开放。在未明确告知用户的情况下，网络服务提供者在不同应用中迁移好友关系不符合一般用户的合理预期，向未主动关注的好友默认公开读书信息亦不符合一般用户的合理预期。

综上所述，基于微信读书中的信息组合与人格利益较为密切、微信读书迁移微信好友关系、微信读书默认向未关注的微信好友公开读书信息等因素，微信读书存在较高的侵害用户隐私的风险。因此，应对用户进行显著的告知，确保用户充分了解、知悉信息处理的方式、范围及风险。微信读书收集原告微信好友列表，向原告并未主动添加关注的微信好友自动公开读书信息，并未以合理的“透明度”告知原告并获得原告的同意。因此，腾讯公司违反了法律关于处理个人信息的规定，具有过错，侵害了原告的个人信息权益。

在以下情形中，用户的读书信息具有私密性，符合社会一般合理认知下“不愿为他人知晓”的标准：一是某些特定阅读信息落入了共识的私密信息范畴，二是虽然各阅读信息分别不属于共识的私密信息，但在积累到一定数量时，结合主体的身份，该信息组合可以达到对信息主体人格刻画的程度，则一经泄露可能造成其人格利益损害。具体到本案场景，原告被公开的阅读信息，包括《好妈妈胜过好老师》《所谓情商高，就是会说话》两本图书本身的内容以及原告阅读了这两本书的事实。从两本图书的内容来看，本身并无社会一般合理认知下不宜公开的私密信息；从原告阅读了这两本图书的事实来看，前者易让人认为原告对育儿方面有一定兴趣，但并不足以让人判断其婚育状况；后者的内容亦为一般性的社交书籍，可能会让他人知晓原告在职场上的部分价值理念。综合原告被公开的全部信息，不足以达到因阅读这两本书籍而形成对原告人格的刻画，进而可能对其人格利益造成损害的程度。因此，原告的读书信息未达到私密性标准。

3. 微信读书是否为原告自动关注微信好友并侵害个人信息权益和隐私权

用户不在微信读书中添加关注即能看到微信好友读书信息，应向用户显著提示并获得同意，则微信读书自动为用户添加关注，显然更需要显著提示用户并获得明确同意。现无任何证据证明微信读书就此获得了原告的知情同意，且软件内显著位置展示了原告的读书信息，过错程度更高，亦侵犯原告的个人信息权益。从隐私角度来看，因原告主张的信息本身不构成私密信息，不满足侵害隐私权的责任构成要件，故该行为不构成对原告隐私权的侵害。

（四）被告承担的侵权责任

（1）停止微信读书收集、使用原告黄某微信好友列表信息的行为，并删除微信读书中留存的原告黄某的微信好友列表信息；（2）解除原告黄某在微信读书中对其微信好友的关注；（3）解除原告黄某的微信好友在微信读书中对原告黄某的关注；(4) 停止将原告黄某使用微信读书软件生成的信息（包括读书时长、书架、正在阅读的读物）向原告黄某共同使用微信读书的微信好友展示的行为；(5) 以书面形式向原告黄某赔礼道歉；(6) 三被告连带赔偿原告黄某公证费 6 660 元。

三、焦点问题的发展脉络

(一) 个人信息可识别性标准的具体适用

1. 法律规定的源流与演进

个人信息可识别性标准最早可追溯至 2005 年 10 月 1 日实施的中国人民银行《个人信用信息基础数据库管理暂行办法》，它将个人信用信息区分为个人基本信息、个人信贷交易信息和反映个人信用状况的其他信息，其中个人基本信息是指自然人身份识别信息、职业和居住地址等信息。2012 年 3 月 15 日起实施的《规范互联网信息服务市场秩序若干规定》将用户个人信息界定为“与用户相关、能够单独或者与其他信息结合识别用户的信息”。自此，《网络安全法》与《信息安全技术个人信息安全规范》等法律规范中延续这种“单独识别”与“结合识别”界定个人信息的“可识别性”标准。《民法典》第 1034 条将个人信息界定为“以电子或者其他方式记录的能够单独或者与其他信息结合识别特定自然人的各种信息”，并进一步以非穷尽列举的方式将自然人的姓名、出生日期、身份证件号码、生物识别信息、住址、电话号码、电子邮箱、健康信息、行踪信息囊括其中。在维持原有识别标准基本框架的同时，《民法典》则将识别对象界定为“特定自然人”，而非“自然人个人身份”①或“特定自然人活动情况”②，字面意思的指向更加宽泛，在自然人个人身份与活动情况之外，是否还

---

① 《网络安全法》第 75 条第 5 项规定：“个人信息，是指以电子或者其他方式记录的能够单独或者与其他信息结合识别自然人个人身份的各种信息，包括但不限于自然人的姓名、出生日期、身份证件号码、个人生物识别信息、住址、电话号码等。”

② 《信息安全技术个人信息安全规范》将个人信息概括为“以电子或者其他方式记录的能够单独或者与其他信息结合识别特定自然人身份或者反映特定自然人活动情况的各种信息”。

存在其他能够指向特定自然人的"单独识别"或"结合识别"的具体情形，存在进一步解释的空间。《个人信息保护法》界定的"个人信息"亦以"可识别性"为标准："个人信息是以电子或者其他方式记录的与已识别或者可识别的自然人有关的各种信息，不包括匿名化处理后的信息。"①较之于《民法典》，这一规定涵盖的个人信息范畴从文义解释的解读来看更加宽泛，但其中的"已识别"应如何解释尚不明确。

2. 学术观点的共识与争议

个人信息的保护模式一直存在着美欧范式的优劣之争，美国采用隐私权这一框架性权利，主要通过判例法的形式拓宽隐私权范畴，应对实践中出现的各种新型问题，没有制定统一的个人信息保护法，②但在《儿童在线隐私保护规则》《消费者金融信息隐私法规》以及《客户信息保护标准》等针对特定行业或人群的隐私保护立法中对个人信息的界定同样采用了可识别性标准；③欧盟则采用"识别性"标准界定个人信息，④延续了欧盟以基本权利为依据的数据立法思路，通过统一立法的形式强化对个人信息的保护，尤以《一般数据保护条例》（GDPR）为代表。日本、韩国、新加坡等域外立法同样以"可识别性"作为界定个人信息的依据。⑤综合来看，个人信息的"可识别性"标准在立法与理论层面基本已达成共识，⑥但针对概念界定中的不确定性，国内外学术界也不乏批判与反思。齐英程指出，"结合识别"这种间接识别性个人信息的范围极为模糊和

---

① 《个人信息保护法》第 4 条第 1 款。

② 参见廖宇羿：《我国个人信息保护范围界定——兼论个人信息与个人隐私的区分》，载《社会科学研究》2016 年第 2 期。

③ 汇衡律师事务所：《个人信息保护全球指南：美国（第二版）》。https://mp.weixin.qq.com/s/-a6jUKN04tsv1XOgfnXqag.

④ 《一般数据保护条例》第 4 条界定的个人数据是指一个被识别或可识别的自然人（数据主体）的任何信息。一个可识别的自然人，是指通过姓名、身份证号码、位置数据、在线身份识别码这类标识，或通过针对该自然人的一个或多个身体、生理、遗传、心理、经济、文化或社会身份等要素，能够直接或间接地被识别。

⑤ 参见京东法律研究院：《欧盟数据宪章：〈一般数据保护条例〉GDPR 评述及实务指引》，法律出版社 2018 年版，第 129—130 页。

⑥ 参见张新宝：《从隐私到个人信息：利益再衡量的理论与制度安排》，载《中国法学》2015 年第 3 期；张平：《大数据时代个人信息保护的立法选择》，载《北京大学学报（哲学社会科学版）》2017 年第 3 期；王利明：《论个人信息权的法律保护——以个人信息权与隐私权的界分为中心》，载《现代法学》2013 年第 4 期。

不确定，立法规则对间接识别性个人信息处理行为的严格规制并未得到法院和信息处理者的充分理解与配合，造成了法律适用的难题与信息主体的隐私和安全风险。①欧盟为了明确可识别性的判定，曾在“第 29 条工作组”发布的《关于个人数据概念的意见》中进一步解释“合理识别可能性”，提出了识别成本、数据控制者的目的、数据处理的具体方式、数据关涉的个人利益、现有的识别技术及可能发展，以及数据控制者采取的组织或技术保护措施失灵的潜在风险等考量因素。②但这一试图降低可识别性适用不确定性的尝试仍遭到学界批判，理由是过于宽泛的界定将导致个人数据的保护严重阻碍数据的流通与共享。③不难发现，学界对可识别性标准的争议主要集中于间接识别（结合识别）的不确定性，用于结合的“其他信息”范畴难以界定，如果对其解释适用不加任何限定，则必然会影响数据流通，从而对数据经济的正常发展产生负面影响。

3. 司法实践的理解与适用

源于立法规范中的不确定性，间接识别在司法实践中同样引发了较大争议。在美景诉淘宝案中，原被告双方对淘宝抓取并出售的用户浏览、搜索、收藏、加购、交易信息以及在其基础上推测出的用户性别、职业、区域、偏好是否属于个人信息产生争议，法院在认定行为痕迹信息与标签信息并不具备单独识别与结合识别可能性之后，将其排除在个人信息范畴之外。但令人不解的是，法院同时指出行为痕迹信息包含有涉及用户个人偏好或商业经营秘密等敏感信息，因部分网络用户在网络上留有个人身份信息，其敏感信息容易与特定主体发生对应联系，会暴露其个人隐私或经营秘密。④这就在事实上认可了基于痕迹信息实现间接识别的可能性，同时体现出法院希望在单独识别与结合识别之外拓展

① 齐英程：《论间接识别个人信息规制规则的重构》，载《民商法论丛》2020 年第 2 期。

② Article 29 Data Protection Working Party，Opinion 04/2007 on the Concept of Personal Data（June 20 2007），p.13.

③ See Sophie Stalla-Bourdillon and Alison Knigh，“Anonymous Data v. Personal Data-False Debate：An EU Perspective on Anonymization，Pseudonymization and Personal Data”，34 Wis. Int'l L.J.284，pp.298—299（2016）.

④ 参见安徽美景信息科技有限公司与淘宝（中国）软件有限公司不正当竞争纠纷案，杭州市中级人民法院（2018）浙 01 民终 7312 号判决书。

个人信息的尝试，虽然力图采用“对应联系”以及“暴露个人隐私或经营秘密”这样的措辞来澄清其已在个人信息范畴之外尝试新的解决路径，但最终在法律适用时又走向了个人信息保护规则，这种法律适用与逻辑推理上的自相矛盾充分彰显了法院在理解“间接识别”这一标准时面临的困境。间接识别适用中的不确定性还体现在不同法院对相同信息是否具备可识别性在个案中难以形成统一标准。例如对电话号码、Cookie 记录的网络用户浏览和搜索记录等信息是否能够通过与其他信息的结合识别个人身份，不同法院的认定确有差异。①

（二）个人信息的类型化及其范畴

1. 法律规定的源流与演进

随着对个人信息认识的不断深入，立法上开始尝试对个人信息进行分类，从而确定不同的保护标准并为信息处理者设定不同的义务形式。国家质量监督检验检疫总局和国家标准化管理委员会于 2013 年发布的《信息安全技术公共及商用服务信息系统个人信息保护指南》给出了敏感信息与一般信息的区分模式，并将个人敏感信息界定为“一旦遭到泄露或修改，会对标识的个人信息主体造成不良影响的个人信息。各行业个人敏感信息的具体内容根据接受服务的个人信息主体意愿和各自业务特点确定。例如个人敏感信息可以包括身份证号码、手机号码、种族、政治观点、宗教信仰、基因、指纹等”。该规定提出了确定个人敏感信息范畴的场景规则，进行的列举也仅起到例示指引的作用，并非完全列举。《民法典》在人格权编专章规定了隐私权与个人信息保护，个人信息中的私密信息适用有关隐私权的规定，非私密信息则适用有关个人信息保护的规定②，但并未规定私密信息范畴。《个人信息保护法》也提出了敏感个人信息与一般个人信息的分类，并将前者界定为“一旦泄漏或者非法使用，容易导致自然人的人格尊严或者人身、财产安全受到危害的个人信息，包括生物识别、宗教信仰、特定身份、医疗健康、金融账户、行踪轨迹等信息，以及不满十四周

---

① 参见齐英程：《论间接识别个人信息规制规则的重构》，载《民商法论丛》2020 年第 2 期。

② 《民法典》第 1034 条第 3 款规定：“个人信息中的私密信息，适用有关隐私权的规定；没有规定的，适用有关个人信息保护的规定。”

岁未成年人的个人信息”。从立法的演进来看，对敏感个人信息的界定一方面尝试以不完全列举的方式增加其指称对象的确定性，另一方面从其他权利受到侵害风险的可能性出发，为敏感信息范畴的扩张解释提供一定空间。

2. 学术观点的共识与争议

学术界与比较法层面亦有直接个人信息与间接个人信息、公开个人信息与隐秘个人信息、专业个人信息与普通个人信息等多种分类。①这种分类范式也受到了一定的质疑与批判：有的分类采用了“P与非P”式的方法，依赖于对客观事物的完全或非完全列举，在内涵与外延上并不能形成自洽，边界模糊；有的分类则尝试从行为结果出发进行反面定义，增添了分类标准的不确定性。②由此，对个人信息的本质进行客观认识与描述并作归类的尝试开始出现，2014年世界经济论坛发布的报告《反思个人数据：加强信任的新视角》将个人数据区分为个人提供的个人数据、被观测到的个人数据及推测的个人数据。③意大利学者马尔杰里（Malgieri）根据个人与相应数据联系的紧密程度将个人数据区分为强关系数据、中级关系数据以及弱关系数据。④此外，还有按照个人信息的来源将其区分为自然性个人信息、社会性个人信息以及复合性个人信息的尝试。⑤《个人信息保护法》确立了敏感个人信息与一般个人信息的基本分类模式，但敏感个人信息与私密信息各自的对象范畴、指向性以及其与隐私之间的关系在个案中如何进行更具体系性的解释是当前面临的主要争议。⑥

① 参见齐爱民：《大数据时代个人信息保护法国际比较研究》，法律出版社2015年版，第138—149页。

② 参见曹博：《论个人信息保护中责任规则与财产规则的竞争及协调》，载《环球法律评论》2018年第5期。

③ World Economic Forum：Rethinking Personal Data：A New Lens for Strengthening Trust，(May 2014)，p.16.

④ Gianclaudio Malgieri，Property and（Intellectual）Ownership of Consumers' Information：A New Taxonomy for Personal Data，Privacy in Germany-PinG，n.4，2016，133 ff. https://ssrn.com/abstract=2916058.

⑤ 参见曹博：《论个人信息保护中责任规则与财产规则的竞争及协调》，载《环球法律评论》2018年第5期。

⑥ 参见许可、孙铭溪：《个人私密信息的再厘清——从隐私和个人信息的关系切入》，载《中国应用法学》2021年第1期。另见张璐：《何为私密信息？——基于〈民法典〉隐私权与个人信息保护交叉部分的探讨》，载《甘肃政法大学学报》2021年第1期。

3. 司法实践的理解与适用

在《民法典》生效前，诉讼实践中已经出现了区分个人信息类别而确定其利益归属的考量，关于个人私密信息的保护基本上是通过隐私权是否受到侵害而实现的。[①]但由于对隐私的界定在《民法典》中才得以实现，导致在线评价平台收集和发布的用户评价信息、社交网站上公开的个人教育信息和职业信息等在私密性方面应如何评价、是否属于隐私产生较大争议，引发了司法适用中的难题。例如，在王庆辉诉青岛天一精英人才培训学校隐私权纠纷上诉案中，被告作为一家司法考试的培训学校，在其发布的具有商业推广性质的广告内容中，出现了原告的姓名和考试成绩，原告以其隐私权受侵害为由向法院提起诉讼，二审法院认为姓名、考试成绩均非私生活中绝对自我空间的范畴，不属于隐私的范围。[②]在庞理鹏诉东方航空公司、北京趣拿信息技术有限公司隐私权纠纷案中，法院认为姓名、电话号码以及行程安全属于可以匹配识别特定个人的信息，被泄露的这些信息，原告可以通过隐私权寻求救济。[③]《民法典》虽然建立了私密信息与非私密信息的个人信息二元保护模式，但由于对私密信息的界定不明以及结合识别存在的不确定性，加之隐私与非私密信息的边界问题，预计在司法实践中仍有不少问题有待解释与明确。

四、案例评析

（一）从信息到个人的个人信息识别路径并不可取

“微信读书案”审理时《民法典》尚未生效，但一方面作为裁判依据的《网

---

① 例如，在刘馨予与乐视网隐私权纠纷中，法院认定乐视网将属于刘的个人信息秘密公开的行为对其隐私权造成了侵犯，判定乐视网向刘支付精神损害赔偿金 1 万元，参见北京市一中院（2016）京 01 民终 3257 号判决书。类似案件可参见浙江省杭州市中级人民法院（2016）浙 01 民终 7399 号判决书、四川省成都市中级人民法院（2015）成民终字第 1643 号判决书、江苏省南京市中级人民法院（2014）宁民终字第 5028 号判决书、江苏省南通市中级人民法院（2011）通中民终字第 0952 号判决书、上海市浦东新区人民法院（2009）浦民一（民）初字第 9737 号判决书、北京市第一中级人民法院（2018）京 01 民终 509 号判决书等。

② 参见山东省青岛市中级人民法院（2019）鲁 02 民终 7482 号判决书。

③ 参见北京市第一中级人民法院（2017）京 01 民终 509 号判决书。

络安全法》与《信息安全技术个人信息安全规范》中对个人信息同样采用了“单独识别”与“结合识别”的界定；另一方面法院也明确《民法典》中法律概念的定义及相关规范精神可作为参考。由此，法院归纳了判定个人信息的基本路径包括识别和关联，前者是从信息到个人的识别，由信息本身的特殊性识别出特定自然人，从而确定信息主体“是谁”，这种识别既包括单独识别，也包括结合识别；后者是从个人到信息的关联，强调对个体特征的识别，从而确定信息主体“是什么样的人”，如已知特定自然人，则在该特定自然人活动中产生的信息即为个人信息。①

经由这一归纳，法院认定微信读书获取的好友列表包含了可以指向信息主体的网络身份标识信息，即“从信息到个人”；而自然人的微信好友列表，体现了该自然人在微信上的联系人信息，属于“从个人到信息”，应认定为用户的个人信息。微信读书中的读书信息包含了可以指向该信息主体的网络身份标识信息，即“从信息到个人”；读书信息，包括读书时长、最近阅读、书架、推荐书籍、读书想法等，能够反映阅读习惯、偏好等，符合“从个人到信息”的特征，属于个人信息。

法院的思路扩充了“可识别性的解释路径”，将“从信息到个人”的识别扩展到“从个人到信息”：在已知特定自然人的情况下，该特定自然人活动中产生的信息应为个人信息。“从个人到信息”的描述看上去更加契合个人信息生成的事实逻辑，在权利的正当性方面也更有说服力。然而，如果仔细推敲法院对好友关系与读书信息进行的分析，所谓“从个人到信息”的识别并不成立。就好友关系而言，法院一方面认定微信好友列表中的微信 OPEN _ ID 可以识别用户身份，同时 OPEN _ ID 与用户主体身份具有强对应关系，在特定场景下结合其他数据仍可还原到相对应用户的具体主体身份信息。据此，由于好友列表包含了可以指向信息主体的网络身份标识信息，从而实现了“从信息到个人”；另一方面，法院对“从个人到信息”识别的论证则非常简略，理由仅在于好友列表体现了该自然人在微信上的联系人信息。

---

① 参见黄某诉腾讯公司等隐私权、个人信息权益网络侵权责任纠纷案，北京互联网法院（2019）京 0491 民初 16142 号判决书。

事实上，本案当事人主张的个人信息权益客体是微信好友关系，其表现形式为腾讯公司获取的微信好友列表这一整体，所谓的识别指向的应是对原告身份的识别，而非对好友列表中各个具体好友的单一识别。即便通过每个好友的昵称、头像、微信 OPEN_ID 或结合其他数据能够还原到相对应的具体主体的身份信息，但依然不能就此证明该好友列表能够识别到特定的自然人。至于“从个人到信息”的识别，仅依据好友列表体现了该自然人在微信上的联系人信息，就得出其属于用户个人信息的结论显然存在逻辑缺陷。好友列表必然体现相应自然人在微信上的联系人信息，法律适用中需要解决的问题是通过好友列表能否识别到相应的自然人，微信上的联系人信息必然指向具体的自然人，但这种识别与好友列表能否识别到特定自然人进而确定好友列表承载的好友关系能否成为个人信息并无逻辑上的关联。事实上，通过微信好友列表能够识别个体特征，进一步推断信息主体“是什么样的人”，这才完成了“可识别性”的证明，此时个体特征仍在“特定自然人”的范畴之内，这种识别本质上仍是“从信息到个人”的识别。就读书信息而言，读书时长、最近阅读、书架等信息能够体现阅读习惯、偏好等个体特征，对推断信息主体“是什么样的人”具有重要意义，其识别路径仍属“从信息到个人”。

不难发现，法院拓展个人信息识别路径的尝试并不成功，核心的识别路径仍然只能是“从信息到个人”，但微信读书案依然进行了有益的探索：对自然人个人身份的识别与自然人个体特征的识别均属于对“特定自然人”的识别，较之于“特定自然人活动情况”，特定自然人个体特征在解释论层面接受度更高。

（二）对非私密信息的进一步区分难言成功

就立法的价值取向而言，《民法典》纳入人格权编进行保护的个人信息，其价值取向显然与其他具体人格权相一致，均是对自然人人格尊严和人格自由价值的维护，①至于个人信息权益同时涉及的信息利用与流通价值，并非《民法典》关注的重点，恰是作为单行法的《个人信息保护法》应实现的立法价值之

① 高富平即认为个人信息保护的基本目的是保护人的尊严，并将个人信息上存在的受法律保护的基本权益归类为个人自治（自由）、身份（识别）利益及不歧视（平等）。参见高富平：《论个人信息保护的目的——以个人信息保护法益区分为核心》，载《法商研究》2019 年第 1 期。

一；从利益内容来看，个人信息权益确实包括精神利益及财产利益，较之于主要体现精神利益的隐私权更加丰富，二者在权益层级上存在差异欠缺说服力；从保护客体和损害后果来看，对非私密信息仅在过度处理的情形下才可能使得信息主体受到人格或财产损害的论断显然过于武断，本案中法院也是以被告未获得有效的知情同意认定侵害个人信息权益的行为成立，并未涉及是否过度处理；从权利特点和保护方式上看，支持个人信息权益说的论点时常将其界定为一种消极性和防御性权益，以区别于支配权和绝对权，如果认定隐私权同样是一种消极性、防御性权益，则将个人信息权益差别对待并无充分理据，如果进一步承认个人信息主体具有积极、自决的利用权益，则其更接近具有绝对权、支配权属性的具体人格权。

在认定个人信息权益与隐私权存在权利层级差异的前提下，法院在确定涉案的微信好友关系与读书信息属于个人信息之后，进一步判断二者是否属于私密信息从而获得隐私权保护，并从合理隐私期待的维度，将个人信息划分为三个层次："一是符合社会一般合理认知下共识的私密信息，如有关性取向、性生活、疾病史、未公开的违法犯罪记录等，此类信息要强化其防御性保护，非特定情形不得处理；二是不具备私密性的一般信息，在征得信息主体的一般同意后，即可正当处理；三是兼具防御性期待及积极利用期待的个人信息，此类信息的处理是否侵权，需要结合信息内容、处理场景、处理方式等，进行符合社会一般合理认知的判断。"①就此，法院认定微信好友列表与读书信息不能纳入符合社会一般合理认知的私密信息范畴，而符合前述第三类个人信息的特征，其保护重点在于赋予信息主体自主决定其消极防御或积极利用的权益。可见，法院并未严格遵守私密信息与非私密信息的二元划分，而是提出具备防御性期待与积极利用期待的个人信息，并认可信息主体的自主决定权益。仅从这一界定来看，法院已经认定至少一部分个人信息具备绝对权的特点，而非一种仅具有防御性的消极性权益。在对微信读书信息的进一步分析中，法院按照前述思路，认可了用户读书信息可能勾勒刻画出一个人的人格侧面，进一步指出在几

① 黄某诉腾讯公司等隐私权、个人信息权益网络侵权责任纠纷案，北京互联网法院（2019）京 0491 民初 16142 号判决书。

乎各种生活轨迹均被记录并刻画的数字时代，用户应享有通过经营个人信息而自主建立信息化“人设”的自由，也应享有拒绝建立信息化“人设”的自由，实现了对微信读书信息具有防御性期待与积极利用期待的进一步论证。[①]

从法院的论证逻辑来看，在非私密信息中又区分出一类具有防御性期待与积极利用期待的信息，对于此类信息的保护强调个人信息主体的自主决定权益，实际上超过了关于私密信息的保护，因为私密信息仅能在隐私权框架下获得防御性保护。

（三）特殊非私密信息权益内容的隐私化论证路径使个人信息权益被架空

《民法典》在确立私密信息适用有关隐私权规定的同时，对个人信息的权益内容主要通过向信息处理者设定义务的方式确定，于第1035条规定了处理个人信息应遵循的原则和条件，[②]当信息处理者未履行义务时即构成对个人信息权益的侵害。与此同时，规定了“查阅复制权”[③]、“更正权”[④]、“删除权”[⑤]，这三项权利除查阅复制权之外，事实上仍是从法律救济的角度规定的有关实施或停止特定行为的请求权，并未从正面对权利内容作明确界定，从侵权行为的角度来看，权利内容的缺失使得侵害行为以及损害的认定存在障碍。这就导致在论证个人信息权益是否受到侵害时只能通过嫁接其他民事权益的方式实现，例如有学者在探讨更正权时就提出：“个人信息在收集后要进行处理，如存储、使用、加工、传输、共享等，因此一旦个人信息错误而不能及时更正，就会对自

---

① 黄某诉腾讯公司等隐私权、个人信息权益网络侵权责任纠纷案，北京互联网法院（2019）京0491民初16142号判决书。

② 《民法典》第1035条：“处理个人信息的，应当遵循合法、正当、必要原则，不得过度处理，并符合下列条件：（一）征得该自然人或者其监护人同意，但是法律、行政法规另有规定的除外；（二）公开处理信息的规则；（三）明示处理信息的目的、方式和范围；（四）不违反法律、行政法规的规定和双方的约定。个人信息的处理包括个人信息的收集、存储、使用、加工、传输、提供、公开等。”

③ 《民法典》第1037条第1款前半句：“自然人可以依法向信息处理者查阅或者复制其个人信息……”

④ 《民法典》第1037条第1款后半句：“发现信息有错误的，有权提出异议并请求及时采取更正等必要措施。”

⑤ 《民法典》第1037条第2款：“自然人发现信息处理者违反法律、行政法规的规定或者双方的约定处理其个人信息的，有权要求信息处理者及时删除。”

然人产生不利的影响，如基于此种错误的个人信息进行信用评价包括自动化决策，会对自然人的民事权益造成损害。”①显然，对侵害个人信息行为是否成立的判定以及损害结果的确认只能作模糊化处理，强调对自然人产生的不利影响以及后续行为可能造成的民事权益损害。

如果按照这种逻辑理解和适用个人信息保护的相关规定，将会使《民法典》关于个人信息保护的规定仅具有象征性意义，因为在未作此种规定之前，处理个人信息的行为如果在事实上造成对既有民事权益的侵害，同样能够得到救济，个人信息保护独立规定的意义并不显著。具体到司法适用层面，这种解读带来的问题是论证相关行为是否构成对个人信息权益的侵害时，法院只能间接援引其他民事权利的内容，实际上架空了个人信息保护的规定。微信读书案就存在这种现象，法院探讨涉案行为是否构成对个人信息权益侵害时借助隐私权进行论证。

在分析微信读书向原告共同使用该应用的微信好友公开原告读书信息的行为是否侵害个人信息权益时，法院将双方的争议焦点总结为腾讯公司是否获得原告有效的知情同意。根据法院对《民法总则》与《网络安全法》相关规定的解读，知情及同意不仅包括信息主体对收集信息内容的知情，还包括对收集、使用的目的、方式和范围的知情及同意。②知情同意的质量，可以从信息处理者告知信息主体的“透明度”来衡量，即一般理性用户在具体场景下，对信息处理主体处理特定信息的目的、方式和范围知晓的清晰程度，以及作出意思表示的自主、具体、明确程度。在明确读书信息不能笼统划入隐私范畴的前提下，法院分析指出：一是从微信读书与微信的关系来看，两个软件共用好友关系不符合一般用户的合理预期；二是微信读书展示的读书信息组合是大量社会评价产生的基础，用户应享有自主建立信息化“人设”的自由；三是在不同应用中迁移好友关系、向未主动关注的微信好友默认公开读书信息不符合用户的合理预期。由此，法院进一步得出微信读书存在较高的侵害用户隐私风险，因此要对用户进行显著的告知，确保用户充分了解、知悉信息处理的方式、范围及风险。③

---

① 程啸：《我国〈民法典〉个人信息保护制度的创新与发展》，载《财经法学》2020年第4期。

② 这一解读实际上与《民法典》第1035条规定的“个人信息处理的原则”基本一致。

③ 黄某诉腾讯公司等隐私权、个人信息权益网络侵权责任纠纷案，北京互联网法院（2019）京0491民初16142号判决书。

整个论证以用户的合理预期为核心，其逻辑依据实际上是一种假设，即如果腾讯公司对用户进行了显著的告知并确保用户充分了解、知悉信息处理的方式、范围及风险，则用户在一般情况下不会同意这种默认的公开读书信息的方式，这种假设之所以能够成立，原因在于相应的读书信息以此种方式被公开具有较高的侵害用户隐私风险。整个论证看上去是在考量微信读书与微信的关系、微信读书信息的特点及处理方式、获得知情同意方式的基础上作出的，但实际上最终得出侵害个人信息权益最重要的依据仍是相关方式具有较高的侵害用户隐私风险，相当于以相关行为是否存在侵害隐私的风险作为腾讯公司是否获得原告有效知情同意的判断标准。然而，这种论证方式在已将微信读书信息划归非私密信息的前提下又进入隐私权的逻辑框架中，难免产生私密信息与非私密信息保护路径趋同的疑问。另外，对知情同意的“质量”进行这种划分缺乏进一步的法律依据，如果相关行为存在侵害隐私的风险，则知情同意的质量或信息处理者告知信息主体的“透明度”就应更高，是否意味着相关行为存在侵害其他人格权的风险时，知情同意的质量也要发生相应变动？更进一步，假设相关行为不存在侵害其他人格权或民事权利的风险时，是否意味着知情同意可以忽略不计？如此一来，侵害个人信息权益的判定将存在极大的不确定性，有关非私密个人信息保护的规定也将仅具有象征意义。

五、适用启示

该案虽仅为一审判决且在审理时《民法典》尚未生效，但它一方面在法律适用时已参照了《民法典》关于隐私与个人信息保护的基本规则，另一方面涉案主体为国内知名的互联网平台型企业，案件的裁判思路及对相关问题的理解一定程度上体现了法院在个人信息与隐私的界分、个人信息的权益属性、个人信息的分类以及保护路径、知情同意的具体判断等问题中进行积极探索以最大限度保护个人信息与隐私的努力，对于互联网企业及司法实务工作人员在相关问题的理解上产生了有益启示。

（一）识别性标准的不确定性将导致个人信息范畴的持续扩张

《个人信息保护法》延续了判别个人信息的“识别性”标准，结合《民法典》的相关规定，不论是“与已识别或者可识别的自然人有关的各种信息”，还是“结合识别”标准，都具有较大的解释空间，这意味着除了立法中明确列举的各种个人信息的表现形式外，类似于本案中的“好友关系数据”这样在实践中不断出现的新生事物都极有可能被划入个人信息的范畴，这对互联网企业在商业实践中的数据合规提出了更高的要求。

（二）互联网平台企业在不同应用程序中迁移好友关系数据风险极大

互联网平台企业往往已经基于其社交平台属性或其他互联网产品而形成极强的用户黏性，并不断尝试将已有用户迁移到新的应用程序中，达到引导流量的作用，其中尤以社交平台为甚。但本案的裁判思路显示，尽管实际运营主体一致，但服务内容不同的应用程序直接迁移用户好友关系的做法存在较大的侵害隐私与个人信息权益的风险，如何利用既有的用户实现同平台不同应用程序的用户扩展，互联网企业可能需要思考更符合用户利益需求与个人信息保护价值取向的方式。

（三）互联网企业对知情同意规则的应用需更加规范严谨

《个人信息保护法》① 对提供重要互联网平台服务、用户数量巨大、业务类型复杂的个人信息处理者，施加了更高的义务要求。在全面强化平台监管的政策趋势下，原本作为个人信息处理最佳工具的“知情同意规则”将受到更为严苛的审查，法院在个案中对知情通知的“质量评价”也会更为具体和严格，冗长而复杂的用户协议以及“不同意即离开”的格式条款将经受更大考验，互联网企业对知情同意规则的应用需要更加严谨规范。

① 《个人信息保护法》第 58 条。

"三重授权""生意参谋"等用户信息争夺案类案评析

——个人信息控制的内涵及边界

王琳琳

（吉林警察学院副教授　吉林大学行政学院博士后）

一、基本案情

案例一："新浪微博与脉脉三重授权案"。微梦公司经营的新浪微博，既是社交媒体网络平台，也向第三方应用软件提供数据开放接口。脉脉软件（以下简称"脉脉"）是一款社交应用软件，上线之初与新浪微博合作，依据与微梦公司的《开发者协议》，脉脉出于程序运行及实现功能的目的，在取得新浪微博用户同意的情况下，可以通过 OpenAPI 接口获得该用户 ID 头像、名称、好友关系（无好友信息）、标签、性别等信息。脉脉在实际采集数据过程中，不但超越《开发者协议》约定范围，不当搜集、使用了用户的职业信息和教育信息，并且采取技术措施获取了脉脉用户手机通讯录联系人与新浪微博用户的对应关系，并将对应关系以及通讯录联系人的新浪微博头像、名称（昵称）、职业信息、教育信息、个人标签等信息展示于人脉详情中。对于通讯录联系人中的非脉脉用户信息，原告主张被告采取的是非法抓取、使用行为；被告则认为其获取、使用的信息，有一部分不来源于新浪微博，而来源于新浪微博的部分依据的是《开发者协议》，并获得了用户的授权同意，具有合法性。一审法院认定被告获取的信息均来自新浪微博，依据合同相对性，《脉脉服务协议》对脉脉用户好友中的非脉脉用户并无约束力，不能以此作为非脉脉用户的授权依据。被告认为其行为并未违反《开发者协议》或《脉脉服务协议》之约定，并且针对此事项原告不是适格的诉讼主体，提起上诉。①

案例二："淘宝与美景生意参谋案"。淘宝公司的"生意参谋"数据产品是在用户浏览、交易等行为痕迹信息所产生的原始数据基础上，以特定算法提炼后形成的指数型、统计型、预测型衍生数据。美景公司以提供软件账号分享平台的方式帮助他人获取涉案数据产品中的数据内容以牟利。原告主张，"生意参谋"数据产品所提供的数据内容系其在收集海量原始数据基础上，经过深度分析处理、整合加工而形成的衍生数据，是淘宝公司的劳动成果，其数据内容中所包含的原始数据与衍生数据均系淘宝公司的无形资产，淘宝公司对此依法享有财产所有权及竞争性财产权益。被告则认为，淘宝公司的涉案数据内容使用的是网络用户享有财产权的相关信息，淘宝公司对涉案数据内容不应享有权利或权益。法院对涉案数据作了类型区分，并对不同类型的数据作了权益界定：单个用户信息经济价值十分有限，在无法律规定或合同特别约定的情况下，用户对此无独立的财产权；原始数据内容未脱离原用户信息范围，网络运营者对于原始数据应受制于用户的信息控制，不能享有独立的权利，网络运营者只能依其与用户的约定享有对原始数据的使用权；数据产品是衍生数据，独立于原生数据，数据内容经过网络运营者大量的智力劳动成果投入，通过深度开发与系统整合，网络运营者对其享有独立的财产性权益。据此法院认定，淘宝对涉案"生意参谋"数据产品享有竞争性财产权益；对美景公司辩称淘宝用户对涉案网络用户信息享有财产权的诉讼主张，不予支持；对于淘宝公司诉称其对涉案"生意参谋"数据产品享有财产所有权的诉讼主张，基于物权法定原则，法院不予确认。针对裁判，被告认为淘宝公司收集的是原始数据而非衍生数据，淘宝公司与商户签订的《生意参谋零售电商大数据软件服务协议》对于用户数据权利的约定逃避了淘宝平台服务协议对于数据信息及隐私的约束，况且用户不同意淘宝平台服务协议就无法使用浏览、搜索、交易等基本服务，实际剥夺了用户的选择权，一审认定淘宝公司收集并使用网络用户信息的行为合法有效系认定事实和适用法律错误，提起上诉。②

---

① 北京市海淀区人民法院（2015）海民（知）初字第12602号，北京市高级人民法院（2016）京73民终588号。

② 杭州铁路运输法院（2017）浙8601民初4034号，浙江省杭州市中级人民法院（2018）浙01民终7312号。

二、裁判思路

（一）裁判思路

案例一：“新浪微博与脉脉三重授权案”。二审法院指出，互联网中，对用户个人信息的采集和利用必须以取得用户的同意为前提，这是互联网企业在利用用户信息时应当遵守的一般商业道德。在大数据和云计算的时代，数据在流动、易手的同时，可能导致个人信息主体及收集、使用个人信息的组织和机构丧失对个人信息的控制能力，造成个人信息扩散范围和用途的不可控。因此，在涉及个人信息流动、易手等再利用时应给予用户、数据提供方保护及控制的权利。尊重个体对个人信息权利的处分和对新技术的选择，是在个人信息保护和大数据利用的博弈中找到平衡点的重要因素。上诉人在没有取得非脉脉用户同意的情况下读取其新浪微博信息，未能尊重信息主体的知情权及自由选择权，违反了诚实信用原则和互联网中的商业道德。并且，脉脉未经这些用户同意擅自公开头像信息、标签信息、教育信息、职业信息，第三方可以轻松定位真实的对应关系，这是对新浪微博用户隐私权益的极大侵害。法院以此为基础，提出了著名的“用户授权 + 新浪授权 + 用户授权”的三重授权原则，并解释其中的用户授权目的在于保护用户的隐私。

案例二：“淘宝与美景生意参谋案”。二审法院指出，淘宝公司对“生意参谋”数据产品的主要内容进行商业销售，为淘宝公司带来直接经营收入，无疑属于竞争法意义上的财产权益。美景公司认为相关淘宝用户协议关于许可淘宝公司使用数据的约定系无效条款，淘宝公司收集、使用大数据的基础即原始数据的行为违反了法律规定，故生意参谋产品不属于合法权益。对此本院认为，关于前者合同条款效力问题，不属于本案审理范畴，且在并无任何证据证明淘宝公司取得用户签约认可，经由《淘宝平台服务协议》、淘宝网《法律声明及隐私权政策》、天猫网《隐私权政策》等协议的约定而获取涉案信息的行为属非法行为，即应认定淘宝公司依据约定合法取得数据。一审法院认定淘宝公司收集、使用网络用户信息及生意参谋产品合法、正当具有事实和法律依据，美景公司对淘宝公司生意参谋产品财产权益合法性的质疑缺乏依据，不能成立。

（二）类案裁判规则解析

虽表象上以上两个案例均与个人信息控制以及以其为基础的授权相关，但从裁判理路可以看出两案例中的授权有所不同。

第一，两案焦点虽均涉及个人信息控制以及授权，但所指向的法益并不相同。（1）“新浪微博与脉脉三重授权案”指向的是个人信息保护，目的是保障用户的知情权、选择权，使用户免遭隐私侵害。对此法院指出，互联网时代，保护用户信息是衡量经营者行为正当性的重要依据，也是反不正当竞争法意义上尊重消费者权益的重要内容。互联网经营企业不能不经用户许可，以侵害用户知情权的方式非法抓取、使用竞争对手的用户信息、用户关系。（2）“淘宝与美景生意参谋案”指向的是个人信息（数据）的财产权益界分，以此判断原告是否具有经营上的合法权益。对此法院指出，不正当竞争的成立以经营者存在经营上的合法权益为前提。该合法权益可以是法定的有名权益，如企业字号、商业秘密等；也可以是不违反法律法规规定的无名权益，只要其可以给经营者带来营业收入，或者属于带来潜在营业收入的交易机会或竞争优势。

第二，两案指向法益不同，缘于采用了认定不正当竞争行为的两种不同路径。我国《反不正当竞争法》第 2 条第 2 款规定：“本法所称的不正当竞争行为，是指经营者在生产经营活动中，违反本法规定，扰乱市场竞争秩序，损害其他经营者或者消费者的合法权益的行为。”据此，在我国市场竞争中判断某一行为是否正当需要综合考虑经营者和消费者的合法权益。不正当性不仅仅只是针对竞争者，不当侵犯消费者利益或者公众利益也可能被认定为行为不正当。“新浪微博与脉脉三重授权案”采用了消费者权益保护路径，同意授权要解决的是信息接入方（被告）信息处理是否侵害消费者权益问题；而“淘宝与美景生意参谋案”采用的是竞争者利益路径，授权协议解决的是原告是否享有数据财产利益、是否能够以数据财产利益遭受侵害而寻求不正当救济的问题。

第三，两案授权虽均以个人信息控制为基础，内容均由用户与企业协议约定，但产生的原因并不同。其一，“新浪微博与脉脉三重授权案”中授权基于同意产生，同意是法定权利，企业与用户对同意的约定体现的是保护用户知情权与选择权的要求。对此二审法院指出，从上述规定可以看出，网络服务提供者收集、利用用户信息应当遵循合法、正当、必要的原则并经被收集者同意，这是互联网企业在利用用户信息时应当遵守的一般商业道德。上诉人没有基于《开发者协议》在取得用户同意的情况下读取非脉脉用户的新浪微博信息，其获取前述信息的行为没有充分尊重《开发者协议》的内容，未能尊重用户的知情权及自由选择权。其二，“淘宝与美景生意参谋案”中授权产生于企业与用户的授权协议，授权协议是对原始数据财产权益的二次分配，并不涉及用户的知情权与选择权。对此一审法院指出，原始数据内容未脱离原用户信息范围，网络运营者对于原始数据应受制于用户的信息控制，不能享有独立的权利，网络运营者只能依其与用户的约定享有对原始数据的使用权。二审法院回避了原始数据授权协议效力问题，仅通过举证不能认定原始数据采集不违法进而认定淘宝对以原始数据为基础的衍生数据享有合法权益。

上文对裁判规则的解析，给我们的司法实践提出如下问题：第一，以上两个案例，法院均运用个人信息控制推理、解释数据争夺中的授权。前案是同意授权，保护用户知情权选择权；后案是财产权授权，分配个人信息财产权益。此两种情形下授权所指向的权益不同，两种授权产生的法律逻辑是否相同？第二，若赋权逻辑相同，个人信息控制基于何种逻辑能够证成两种不同类型的授权行为？此种划归是否合理？即以一种权益赋权逻辑能否解决不同类型的权益纠纷、形成不同的权益分配规则？第三，若法律逻辑不同，二者如何同归于信息控制之下？同归于信息控制之下是否恰当？简言之，个人信息控制能否解释两种不同权益指向的授权行为？第四，“淘宝与美景生意参谋案”二审法院回避了原始数据授权协议效力问题，其背后回避的是什么实质问题？该案一审法院区分个人信息与原始数据进行财产权益配置：对用户单个信息，用户不享有独立财产权益；对原始数据，用户享有优位性的信息控制，由其授予网络经营者数据使用权。要理顺二者关系，必须回答这样一个问题：原始数据是由单个原始数据组成，单个原始数据与单个信息所指向的载体并无不同，只是从用户权益角度称为个人信息，从网络经营者权益角度称为原始数据，①既然用户对单个

① 关于信息和数据的区分学界有多种观点，本文采用彭诚信教授所作的厘定。以个人为主体时使用个人信息，因其落脚点在信息，强调用户的隐私权、知情权、选择权等；以企业为主体时使用企业数据，因其强调商业资本、经营资源、数据资源等经济价值。参见彭诚信：《论数据、信息与隐私的权利层次与体系构建》，载《西北工业大学学报（社会科学版）》2020 年第 2 期。

原始数据享有信息控制，能够赋予网络经营者对单个原始数据使用权，为何信息控制不能使信息主体产生财产权益，即信息控制可以成为他人财产权益的合法基础却不能使自己享有财产权益，这一矛盾如何解决？

三、焦点问题的发展脉络

从上文可知，以上问题均与个人信息控制密切相关，解决以上问题回避不了个人信息控制的内涵和外延这样一个理论前提。据学者考察，无论是欧盟还是美国均有个人信息控制理论，“即个人应当有权控制其个人信息的使用，以实现对个人自治（独立人格和自由意志）等基本权利的保护”。[①]从比较法视角考察个人信息控制，更有利于准确认识个人信息权的性质、内涵和外延。

（一）对欧盟个人信息控制的观察：个人信息保护权的形成

从思想渊源和立法沿革两方面考察，欧盟个人信息控制的思想底蕴是个人信息自决，以之为基础，个人信息权是一项基本权利，目的是对抗信息处理，保护个人免遭信息处理带来的权益侵害，仅能产生防御性的私法效力，不赋予信息主体支配个人信息的权利。

第一，以个人信息控制为基础，欧盟的个人信息权是基本权利，不是绝对的支配权，背后蕴含的是信息自决思想。欧盟《一般数据保护条例》规定自然人在数据处理中获得保护是一项基本权利，自然人应能控制其个人数据（control of their own personal data）。[②]个人信息控制的核心是数据处理自治，即自然人同意并全面控制数据处理。正因为数据保护法的目的是保护人的基本权利，所以个人数据控制才尤为重要，《一般数据保护条例》如此重视知情同意，正缘于其将知情同意看作是意思自治的表现，意思自治是主体控制其个人信息及信息处理的重要保障。[③]由此可见，欧盟个人信息权的逻辑是，个

① 高富平：《个人信息保护：从个人控制到社会控制》，载《法学研究》2018 年第 3 期。

② See General Data Protection Regulation (EU) 2016/679, Whereas (1), (7).

③ See Article 29 Working Party, Guidelines on consent under Regulation 2016/679, https://ec.europa.eu/newsroom/article29/item-detail.cfm?item_id=623051, last visited on 20 Feb.2021.

人数据是人的延伸，而人是独立自主的，因而个人应当掌控其数据，体现其意志，个人信息控制是主体对个人数据处理的自主、自治、自决，是个人数据保护的应有之义。①这样一种权利并不是私法上的概念，其目的是保护人格自由发展，在自动化数据处理下，人的自由发展取决于其是否有权对抗个人资料被无限制地搜集、储存、使用和传输，其依据来源于自主决定的价值和尊严。在德国，这样一种权利被视为是基本法人格权的具体化，并被称为信息自决权，它不是绝对的支配权，必须遵循基本权利的要求，受法律保留、授权明确以及比例原则的拘束。②可见，欧盟的个人信息控制是人格自治的一部分，而关于人格的私法效力，无论是德国法上的一般人格权及特别人格法益，还是法国法、瑞士法上的人格保护，均是防御性权利，或是在损害发生前排除妨碍，或是在损害发生后请求赔偿，不能对个人信息进行不受限制的绝对支配。

第二，欧盟的个人信息控制以保护个人免遭信息处理侵害为目的。1970 年德国黑森州颁布了世界上第一部信息保护法，该法并没有提出个人信息权的概念，而是以《黑森州资料保护法》命名，凸显其保护个人信息的立法宗旨。1977 年德国《联邦资料保护法》虽正式提出一般性的个人信息权，但明确指出其立法目的是保护个人一般人格权不受个人数据操作的损害。③1984 年德国联邦宪法法院的"人口普查案"确定了作为一般人格权的个人信息自决权，该案被多数人认作是信息自决权的溯源依据，但法院同时也表示，该项自决权是保护个人得以对抗无限制的信息收集行为的有力工具，没有绝对不受限制的个人信息自决权，个人对其个人信息并没有绝对的支配权。④可见，即便"人口普查案"提出了个人信息自决权，但在该案中信息自决权并没有偏离信息保护的主线，赋权目的是对抗他人处理其信息，使其免遭因信息处理产生的权益侵害。2016 年欧盟 GDPR 延续了这样的认知，但没有使用信息自决的概念，而是直接将

---

① 参见高富平：《个人信息保护：从个人控制到社会控制》，载《法学研究》2018 年第 3 期。

② 参见王泽鉴：《人格权法》，北京大学出版社 2013 年版，第 200 页。

③ 参见张里安、韩旭至：《大数据时代下个人信息权的私法属性》，载《法学论坛》2016 年第 3 期。

④ 参见杨芳：《个人信息自决权理论及其检讨——兼论个人信息保护法之保护客体》，载《比较法研究》2015 年第 6 期，第 23、28、29 页。

个人信息权界定为个人数据保护权（the right to the protection of persona data），并指出该权不是绝对的权利，需要与其他基本权利相互权衡。[①]GDPR的规定使个人信息权的功能定位更加清晰，更有利于厘定其权利性质和边界。从欧盟法的域外借鉴看，日本沿袭了德国法上的个人信息自决权概念，[②]其个人资料保护法保障个人对自己资料的自主权，该权利目的同样是为避免个人资料被他人滥行收集、利用，而致其权利、利益受损。[③]综上可知，从立法沿革看，信息自决并不是无限制的意志自由，法律赋予个人对其信息的自主决定权，目的是预防信息处理风险、避免由其产生侵害，个人信息自决与个人信息保护是手段与目的关系，在此范围外，并不存在广泛意义上的信息处分自由。

（二）对美国隐私控制的观察：信息隐私权与信息财产权的分疏

隐私控制起源于“公平信息实践原则”（Fair Information Practice Principles，FIPPs），这不仅对美国个人信息保护法的形成有重要作用，而且对世界的信息保护立法产生深远影响。美国法上的“隐私控制”强调个人在信息管理中的决策自由，以此为基础既可以产生信息隐私权，也可以产生信息财产权。从法律实践看，美国对个人信息采取的是信息隐私保护模式，因个人信息绝对支配并不利于信息保护，目前美国并未建立排他性的信息财产权制度。

第一，在学理上，“隐私控制”既可以导出信息隐私权，也可以导出信息财产权。信息控制在美国法上被称作“隐私控制”（privacy-control），需要与其隐私法上的另一概念相区分，即自决隐私。在美国司法实践上，自决隐私是为了保护和发展自决，阻止他人对个人自由决定作出非法干扰的权利，但自决并不仅仅包括隐私，还有自主决定行为过程、生活方式等内容。这种自决利益一般用在性、生育和家庭领域，这些领域的自决和自由不受侵犯、特别是不受政府侵犯。[④]

---

① See General Data Protection Regulation（EU）2016/679，Whereas（1），（4）.

② “自我信息控制权理论”是日本宪法隐私权的主流学说，并且成为日本个人信息保护法的理论基础。参见葛虹：“日本宪法隐私权的理论与实践”，载《政治与法律》2010年第8期。

③ 参见范姜真媺：《大数据时代下个人资料范围之再检讨——以日本为借镜》，载《东吴法律学报》2017年第2期。

④ ［美］阿丽塔·L.艾伦、理查德·C.托克音顿：《美国隐私法——学说、判例与立法》，冯建妹、石宏等译，中国民主法制出版社2019年版，第368、370、371页。

可见，美国的自决隐私用于性、生育和家庭等领域内的事务自主决定、不受非法干扰场景，并不是信息隐私上的概念，不用来解释信息隐私权的来源与基础。而隐私控制通常是由隐私的最坚强捍卫者所使用的，被认为是个人控制关于他们的信息流的权力。①其理念是将个人置于有关个人信息使用决策的中心地位，通过个人管理信息，包括个人对信息利用的选择及与信息使用者进行谈判而实现信息自治。隐私控制赋予个人两种能力：一是创造个人身份特点的能力，这些身份特点用来定义自身；二是个人事务的决策能力，尤其是与自我界定相关的事务。隐私控制这两方面内容即能导出个人信息人格权，即信息隐私，因其事关个人对自我的认知和评价，并且通过形塑他人掌握自身信息的方式，影响他人对自我的认知，体现了一个人的自由和尊严；也能为个人信息商品化提供依据，因其包括决策自由的内容，个人可以自由选择如何使用其信息，通过谈判达成个人信息使用的协议。②

第二，美国法上的信息隐私是关于个人信息的决策权力。美国早期的信息隐私法主要用来规制政府行为，私人企业掌控信息处理技术后，将这种技术权力运用到生活的方方面面，对个人自治和隐私造成极大威胁，由此私人企业成为隐私法规制对象。这种威胁来源于个人失去对其信息的控制，而网络环境更是加剧了个人信息的失控，表现为：一是与我们行为相关的个人信息在收集的质量、规模和可获取性方面大大提升；二是由此导致我们的信息自治能力下降；三是网络使我们不知道自己的信息被何人搜集以及如何被处理。这种失控的结果是权力结构发生改变，即网络使处理个人信息的决策权转移到了私人企业和管理机构手中，这种权力结构未给个人隐私提供保护空间，即如果一个人知道信息使用的隐私隐患，他可能不会让他人获取其个人信息。若不纠正这种失控，则会导致新的权力胁迫，因此需要构建新的隐私规则，比如“告知同意”如果能作为信息采集和传输的实质限制的一部分，则会给个人信息使用提供更大的审议决策空间。因此，与其说信息隐私是控制权，不如说它构建了一个提升个

---

① ［美］阿丽塔·L.艾伦、理查德·C.托克音顿：《美国隐私法——学说、判例与立法》，冯建妹、石宏等译，中国民主法制出版社 2019 年版，第 169 页。

② See Edward J.Janger，Paul M.Schwartz，The Gramm-Leach-Bliley Act，Information Privacy，and the Limits of Default Rules，Minnesota Law Review，(2002) 86：1247，1248.

人和社会决策的隐私空间。[①]学者威斯汀（Westin）认为个人信息使用的决策自由是个人自决的重要基础，康杰瑞（Jerry Kang）将隐私控制看作是信息隐私的核心内容，许多学者和司法判例接受了这一观点。[②]卡彭特诉美国司法部案（Carpenter v. United States Dep't of Justice）指出，《信息自由法》（Freedom of Information Act's）保护的隐私包括对自身信息的控制以及决定与他人交流时使用其信息的时间、方式和范围，隐私利益由个人而不是占有信息的机构控制。[③]卡恩斯诉美国联邦航空管理局案（Kearns v. FAA）指出，《美国隐私法》（Privacy Act）的目的是在机构采集、传播个人信息时，提供给个人更多的信息控制，包括对信息准确性的控制。[④]这一理念不仅对司法，而且对美国立法也有深远影响，《加州消费者隐私法》（CCPA）便以个人对信息使用的控制能力为基础确定了信息隐私权。[⑤]可以说，针对网络空间下的私人企业，保护个人隐私是通过纠正个人信息失控实现的，其目的是确保个人在信息控制的实际转移中，不丧失对隐私的决策能力。这种纠偏要与网络社会的信息处理活动相适应，网络社会隐私保护不再是给个人一个与他人隔离的空间，而是要发展新的标准，在极端的私密与极端的公开之间寻求平衡，构建有关个人信息使用的最优规则。[⑥]简言之，与一般隐私不同，信息隐私权不是独处的权利，而是参与的权利。[⑦]

第三，美国司法尚未给个人信息以排他的财产权保护。个人信息保护除有信息隐私模式外，在美国学理上还有信息财产权的主张，其拥护者认为，信息财产可以使个人信息保护与市场机制相关联，具体优势在于：一是更能保障个人对自己信息使用的控制能力；二是能够真实反映个人信息的市场定价，目前

---

① Paul M.Schwartz，Privacy and Democracy in Cyberspace，Vand L.Rev.，(1999) 52：1612，1633，1634，1643，1656，1676，1677.

② Paul M.Schwartz，Privacy and Democracy in Cyberspace，Vand L.Rev.，(1999) 52：1659，1660.

③ Carpenter v. United States Dep't of Justice，470 F.3d 434，437 (1st Cir.2006).

④ Kearns v. FAA，312 F.Supp. 3d 97，104 (D.D.C. 2018).

⑤ California Consumer Privacy Act of 2018，Assembly Bill No.375，SEC.2. (a).

⑥ See Robert C.Post，The Social Foundations of Privacy：Community and Self in the Common Law Tort，Calif L.Rev. (1989) 77：957，959，984，985.

⑦ See Paul M.Schwartz，Privacy and Participation：Personal Information and Public Sector Regulation in the United States，Iowa L.Rev.，(1995) 80：555.

的隐私危机正是来源于个人信息定价的市场失灵；三是能够为默示条款的规定提供契机，这些默示条款服务于提升用户对个人信息的控制；四是用户可以寻求损害赔偿。否认说则提出有力的反对主张，认为财产权模式同样会因信息垄断而带来诸多问题：其一，信息是构建社会的基本元素，在个人信息权产生之前，早已有了诸多以信息为客体的法定权益，如商业秘密、著作权、隐私、姓名、肖像、言论自由、信息自由等，个人信息具有关联性，赋予支配性财产权必然会限制其他合法权益。其二，财产权是排他性的权利，保护利益并不一定要采用财产权的形式，侵权法也能保护利益，尤其是保护人格性的利益。赋予财产权主要是出于流转、出售、利用等目的，个人信息权的主要目的是保护主体信息控制，并不需要运用财产权的模式。其三，目前的隐私市场并未给个人信息的财产化提供良好的市场环境，用户不具有平等自愿的谈判能力。其四，当个人信息成为财产时，网络服务者提供服务则成为采集、使用用户信息的对价，若用户接受服务，信息财产便发生转移，信息控制随之转移，这反而会剥夺用户的信息控制，进而侵害用户隐私。①因此，美国司法实践或是通过普通法的侵权、或是通过成文法、或是通过宪法保护个人信息，并不支持给个人信息排他性的财产权保护。洛诉领英公司案（Low v. Linked In Corp.）认为，原告主张对个人信息享有财产权，混淆了财产和隐私，排他性是赋予财产权的重要因素，而用户并不能排他地占有、控制账户或是其信息画像。②苹果手机应用程序诉讼案（In re iPhone Application Litig.）作出了同样的判断。③需要强调的是，美国司法上仅是认为不能以绝对排他的财产权形式保护个人信息，但并不拒绝保护个人信息的财产利益，脸书公司消费者隐私用户画像诉讼案（In re Facebook，Inc.，Consumer Privacy User Profile Litigation）指出，用户若能证明其个人信息是用来出售的，或有购买者欲购买该信息，则可以认定其信息的经济价值遭受剥夺，只是这种侵害不能通过公开权寻求救济。④

---

① See Jessica Litman，Information Privacy/Information Property，Stanford Law Review，(2000) 52：1289，1290，1296，1300，1303. Paul M.Schwartz，Privacy and Democracy in Cyberspace，Vand L.Rev.，(1999) 52：1683，1684，1687.

② Low v. LinkedIn Corp.，900 F.Supp. 2d 1010，1032 (N.D.Cal. 2012).

③ In re iPhone Application Litig. 844 F.Supp.2d.

④ In re Facebook，402 F.Supp. 3d at 784.

综上可知，法律上的个人信息控制产生于个人与其信息决策力的事实分离。以个人信息控制为基础，个人信息权是为纠偏信息失控而赋予个人的信息使用决策权，目的是保护个人免于因信息处理产生权益侵害。个人信息权，一方面与隐私权不同，它不是保护独处的权利而是参与性的权利；另一方面与（绝对的）财产权不同，不具有排他性与支配性，不赋予信息主体对个人信息经济价值的绝对控制。

四、案例评析

（一）数据技术给个人信息权益结构带来改变

从比较法上观察可以看出，个人信息控制产生于信息处理技术带来的权益结构变化，我国“新浪微博与脉脉三重授权案”“淘宝与美景生意参谋案”所确立的裁判规则同样从个人信息权益关系的新特点出发，提出了解决纠纷的思路。在我国个人信息保护与数据权益配置立法规则付之阙如的情况下，此两案无疑为类案解决提供了有益参考。

第一，权益风险结构的改变。个人信息数据化利用促进商业模式更迭换代，给社会生活带来巨大便利，同时也诱发了诸多新的技术性和道德性法律风险。如个人信息被用于各种场景的打分、分类、评价等活动，这些信息处理由算法计算，极大地增加了人格评价的技术依赖性。在智能环境下，个人信息成为商家必争资源，商家采集用户的网络（互联网和物联网）行为轨迹和数据，进行产品、服务和媒体内容的预测分析或定向投放，由此形成了数据监视，而这些信息的多维结合，能够精准测绘个人画像，进一步挖掘出主体不曾公开的隐私。不仅如此，信息泄露引起的诈骗，更是严重危及个人的生命财产安全。处理者享有信息处理带来的红利，而风险则由信息主体承担，技术与资本的捆绑形成了利益分配的新机制，技术发挥了利益分配的作用，决定了信息主体与信息处理者之间的权益状态。个人信息权则是对技术初次分配结果的修正，其功能是在平衡数据利用的过程中，使信息主体免受技术侵害，避免道德风险。因此，个人信息权在欧盟被称作个人信息保护权，即便美国以允许信息处理为原则，但同时也以损害为标准作为限制处理的例外，明确排除给个人带来损害的信息处理活动。①目前我国学理上，越来越多的学者开始关注和思考个人信息的风险控制。②从经济分析视角看，个人信息的侵害风险是信息处理产生的负外部性。当某一经济主体消耗某一资源的行为给另一资源生产力带来了影响，而没有被补偿，且没有在任何私人的成本收益计算中表现出来，此时就出现了负外部性，将会导致福利损失。③负外部性内化可以分为义务模式和赋权模式。义务模式是个人信息风险防范的主要形式，个人信息保护法上有大量的处理者义务规范，如透明性、目的限制、最小必要、风险评估、数据安全、审计监督等，这些义务是法定义务，具有强制性，不能由约定排除，违反义务要受到追责处罚，这也是《民法典》将个人信息权界定为个人信息保护的主要原因。同时，权利机制同样是实现权益保护的重要手段，通过赋予主体积极保护自身权益的决定权，使信息主体能够控制自己的信息，能够对信息处理成本和收益进行自主决策，进而实现个人信息的自我管理。④正如“新浪微博与脉脉三重授权案”指出，在大数据和云计算的时代，数据在流动、易手的同时，可能导致个人信息主体丧失对个人信息的控制能力，造成个人信息扩散范围和用途的不可控。因此，在涉及个人信息流动、易手等再利用时应给予用户保护及控制的权利。正是基于这样的思考，法院提出数据利用中的用户同意授权原则，并明确指出同意的目的是为了保护用户隐私。

第二，权力结构的改变。大数据时代，技术不仅对个人信息权益进行事实分配，而且还改变了信息使用的决策结构，在信息主体与处理者之间，产生了

---

① Paul M.Schwartz，Daniel J.Solove，Reconciling Personal Information in the United States and European Union，California Law Review，（2014）102：881.

② 杨芳：《个人信息自决权理论及其检讨——兼论个人信息保护法之保护客体》，载《比较法研究》2015 年第 6 期；范为：《大数据时代个人信息保护的路径重构》，载《环球法律评论》2016 年第 5 期；丁晓东：《论个人信息法律保护的思想渊源与基本原理——基于“公平信息实践”的分析》，载《现代法学》2019 年第 3 期；程啸：《民法典编纂视野下的个人信息保护》，载《中国法学》2019 年第 4 期；姚佳：《知情同意原则抑或信赖授权原则——论数字时代的信用重建》，载《暨南学报（哲学社会科学版）》2020 年第 2 期。

③ ［德］汉斯-贝恩德·舍费尔、克劳斯·奥特：《民法的经济分析（第四版）》，江情云译，法律出版社 2009 年版，第 107 页。

④ See Daniel J.Solove，Introduction：Privacy Self-Management and the Consent Dilemma，HARV. L.REV.，（2013）126：1880.

利益和权力的双重偏差。传感搜集、条码扫描等技术使智能设备可以即时、随时采集人们在生活中产生的数据，这些数据记录在智能设备上，通过互联网随时传输到数据终端，并存储在终端数据系统中。当前数据存储系统向着分布式和开放式方向发展，①从采集到终端存储的整个技术过程，个人信息在事实上是向利用者开放的，在无制度干预的情况下，处理者获取、处理个人信息并无太大难度，信息主体无法控制信息对谁开放、由谁处理。“反倒是数据控制人，通过技术手段确保数据不被复制，从而独占数据；组建、分析数据库，向消费者发布掠夺性广告和定向推送；销售、与第三方共享数据，开发数据可交易价值；设置访问权限，自主决定数据的公开范围、内容和用途。”②个人信息是否被处理、如何被处理、处理后如何对主体使用以及信息安全状况是由信息处理者决定的，个人信息权益保护依赖信息处理者所采取的安全保障措施。简言之，大数据技术使个人信息决策的权力结构发生变化，信息使用决定权由主体处转移到处理者处，信息主体无法决定其信息利用情况，但却要承担信息处理产生的侵害后果，权力与责任、利益与风险的分配发生结构失衡。否定权利，就是默认信息主体对其信息决策的失控，默认技术分配带来的结构偏差。权力结构的改变，同样需要对个人信息处理关系作出新的规定，赋予信息主体个人信息控制权。“淘宝与美景生意参谋案”的裁判规则正是这一观点的体现，法院指出，原始数据内容未脱离原用户信息范围，网络运营者对于原始数据应受制于用户的信息控制，不能享有独立的权利，网络运营者只能依其与用户的约定享有对原始数据的使用权。

（二）同意是纠正技术分配偏差的赋权机制

无论是比较法还是我国司法实践，知情同意均是实现个人信息控制的重要形式，是保护个人信息的重要制度，准确界定知情同意性质，需要厘清个人信息控制转化成知情同意的法律逻辑。

第一，同意产生的基础是事实上的委托代理关系。（1）数据技术带来的权

---

① 参见毛典辉：《大数据隐私保护技术与治理机制》，清华大学出版社 2019 年版，第 10 页。

② 冯果、薛亦飒：《从“权利规范模式”走向“行为控制模式”的数据信托——数据主体权利保护机制构建的另一种思路》，载《法学评论》2020 年第 3 期。

益结构改变使信息处理形成了事实上的委托代理关系，即信息处理者可以决定信息主体的权益和风险，对信息主体产生了私人权力。委托代理是经济关系尤其是经济组织关系中常用的分析模型，委托代理关系中代理人因委托人的依赖产生了事实上的权力，委托人的福祉和利益由代理人的行为所决定。当这一决定对委托人和代理人均能产生利害影响时，二者之间便会产生利益冲突，代理人并不一定会为委托人的最大利益行事。尤其是因存在信息不对称，以及多委托人集体行动等障碍，此时极易引起代理人的机会主义行为，产生权力行使过程中的道德风险问题。如何约束这种私人权力，保证代理人能够为委托人利益行事，是委托代理所要解决的主要问题。（2）同意是解决信息处理委托代理关系的赋权策略。经济学上解决委托代理问题有五种策略，两种作用于代理方，三种作用于委托方。作用于代理方的是激励和约束两种策略，通过这两种策略构建代理人决策；作用于委托方的是成员权、任命权和决策权策略，通过提升委托人控制力对代理人进行制衡。①委托代理赋权策略，为个人信息控制提供了实现机制。在赋权策略中，成员权是在信息披露基础上择入或择出的权利；任命权是选任或辞退代理方的权利；决策权是委托人干预代理事项决策的权利。知情同意与知情拒绝，体现的是委托代理策略中的成员权策略，即自主加入或退出代理关系的权力，二者是委托代理成员权的两种不同行权方式，知情同意是 opt-in 机制，知情拒绝是 opt-out 机制。

第二，同意并不是权益处分行为，同意也不发生授权效力。（1）从学理上看，授权是处分行为，即直接使某种权利发生、变更或消灭的行为，其前提条件是客体具有可处分性。我国《民法典》将个人信息权确定为人格权益，客体的不可处分性是人格权的重要特征。基于笔者的考察，个人信息权是制衡处理者信息处理权力的决定权，目的是使信息主体免受信息处理侵害。大数据时代，在信息处理者与信息主体之间形成了事实上的委托代理关系，在处理者意志对信息主体意志具有事实支配性的情形下，向信息主体配置制衡性的控制权，能够使主体产生对抗处理者事实权力的法律豁免力。为保证主体控制权不因处理

① 参见［美］莱纳·克拉克曼、亨利·汉斯曼：《公司法剖析：比较与功能的视角（第 2 版）》，罗培新译，法律出版社 2012 年版，第 40 页。

者事实上的权力支配而虚置，法律需要强制规定控制权不可剥夺、不得放弃。以人格权机制保护个人信息，个人信息控制是主体的固有利益，保证了利益的不可处分性，为权力制衡发挥作用提供了法律基础，避免了个人信息赋权保护丧失意义。个人信息的不可处分性与授权作为处分行为的性质不匹配，因此从学理上看，同意不是授权行为，不能产生授权效力。（2）从制度渊源上看，知情同意本是侵权法上的免责事由，我国《民法典》依此将“同意”列为信息处理免责条件之一。从欧盟信息处理立法史看，知情同意一直是个人信息处理的合法条件。早在《欧洲人权公约》中就规定了对隐私的干预必须有正当理由；《个人数据自动处理中的个人保护公约》（《欧洲委员会第108号公约》）的理念是，为了保护个人基本自由和权利，尤其是保护个人隐私，处理个人信息必须满足特定条件；《个人数据保护指令》（《欧盟95指令》）确定了具体的信息处理合法基础，这些基础被GDPR所继承。①在美国，知情同意是对企业提出的原则性要求。《美国公正信息实践准则》（FIPPs）最先确定了信息控制者告知和信息主体同意原则，这两项准则后来成为OECD的指导性原则，并且APEC以此为基础形成了隐私保护框架。企业制定隐私政策，其初衷是为了完成此两项原则所规定的告知同意义务，其真实目的更接近于希望凭此获得采集、处理、使用他人信息的免责事由，而不是为了与信息主体达成一致的授权协议。从国家层面看，OECD成员国也未将告知看作是契约行为，而是看作执行隐私指南中开放原则的工具，是让公众知晓企业数据隐私政策和实践的方式。②可以说，从制度渊源上看知情同意是信息处理免责事由或合法基础，而不是对信息处理活动的授权。

“新浪微博与脉脉三重授权案”强调对个人信息控制的维护，提出“同意”是实现主体知情权和选择权的保障，目的是保护主体免受隐私侵害，这一点无疑具有有益的参考价值。但在对同意法律效力的解释说理中，法院指出尊重个

① See Article 29 Data Protection Working Party, Opinion 06/2014 on the notion of legitimate interests of the data controller under Article 7 of Directive 95/46/EC, https://ec.europa.eu/justice/article-29/documentation/opinion-recommendation/files/2014/wp217_en.pdf, last visited on 20 Feb.2021.

② See OECD Digital Economy Papers (2006-07-24), Making Privacy Notices Simple: An OECD Report and Recommendations, https://www.oecd-ilibrary.org/science-and-technology/making-privacy-notices-simple_231428216052, last visited on 25 April 2020.

体对个人信息权利的处分和对新技术的选择，是在个人信息保护和大数据利用的博弈中找到平衡点，在此基础上法院提出了著名的同意等于授权的观点，实际上是将财产权逻辑借用在了个人信息权之上。处分性是财产权的特性，财产制度要解决流转问题，因此通常理解下可转让性是财产的重要特征，人格利益的特征是不可放弃性。①从上文比较法考察可知，目前个人信息控制的财产权实现逻辑仅是学理上的探讨，尚未获得司法认可。我国《民法典》同样将个人信息视为人格利益，《民法典》的规定确定了个人信息控制的人格权基调，在人格权下同意的目的是控制风险，并不发生财产权授权效力。诚如有学者所言，现代社会的个人信息上附着的是防止因个人信息被非法收集、泄露、买卖或利用而导致其既有人身、财产权益遭受侵害甚至人格尊严、个人自由受到损害的利益。②

（三）个人信息控制不及于数据财产权益分配

“同意等于授权”的观点在“新浪微博与脉脉三重授权案”中并未显现不妥，但在“淘宝与美景生意参谋案”中却引起了法律适用上的逻辑混乱。一方面，法院强调单个用户信息经济价值十分有限，用户对此无独立的财产权；另一方面，法院又认为原始数据内容未脱离原用户信息范围，网络运营者对于原始数据应受制于用户的信息控制，由用户授予网络运营者数据使用权。这就产生了这样的逻辑矛盾，即用户将其所不享有的权利授予了网络运营者。暂不论法院对用户单个信息财产价值的分配是否合理，在论证思路上法院运用了产权配置逻辑，无疑具有启发意义，即合适的产权被赋予适当的主体，从而使产权指向的资源得到最大化利用，社会福利水平实现最大化均衡。而在企业数据财产权的配置上，因受同意授权观念的影响，法院对个人信息控制做了误读，它不再服务于风险控制和权力纠偏目的，而变成了个人信息财产价值的处分基础，企业数据财产权不因产权配置逻辑而生，而是来自用户的授权，数据产权配置

---

① ［美］斯特芬·芒泽：《财产理论》，彭诚信译，北京大学出版社 2006 年 9 月版，第 42 页。

② 程啸：《民法典编纂视野下的个人信息保护》，载《中国法学》2019 年第 4 期；姚佳：《知情同意原则抑或信赖授权原则——论数字时代的信用重建》，载《暨南学报（哲学社会科学版）》2020 年第 2 期。

由价值正当性论证变成了法律逻辑自洽性的推演。遗憾的是，这一推演建立在对个人信息控制的误解之上，法律适用上的矛盾由此产生。在原始数据权益分配上，法院认为网络运营者应受制于用户的信息控制，这对信息主体无疑具有重要意义，但此种控制应以信息保护为限，这是赋予个人信息控制的主要目的，信息控制并不及于信息财产价值分配。信息控制的误解在后案中越走越远，在“新浪微博与超级星饭团案”中[①]法院虽从产权配置逻辑出发，证成了数据企业对平台（原始）数据享有财产权，但出于对个人信息控制处分性的误读，为保证法律逻辑圆满，法院又强调了企业数据财产权有用户的协议授权。“微信群控案”[②]则更进一步，法院推导出了用户的专有使用权授权，企业因此产生了能够对抗第三人的数据财产权，背离了数据权益配置的基本理念，即个人信息权或数据财产权不是绝对的支配权。

从产权配置的基本原理看，数据生产企业应享有对个人信息财产价值的控制权，而这一控制权并不来自用户的授权。首先，数据企业将单个用户信息聚集到平台的过程，即企业在聚集单条用户信息实现数据价值增值的过程中，投入大量的交易成本。按科斯的界定，交易成本主要有三个来源：一是搜寻成本，即找到交易对手的成本；二是讨价还价成本；三是为履行协议而支付的成本。[③]平台为获得并保有用户个人信息，在信用建设、服务模式、质量维护以及信息安全保障等方面投入大量成本，由此才能获得用户信赖，累积规模化的个人信息。为保证信息采集、使用、持有不侵害用户权益，企业又投入大量合规风控成本，以确保信息处理获得合法性，不受追责处罚。我国司法频发的数据争夺案，从侧面反映出个人信息规模化采集成本的高昂，由此诱发为数不少的不当抓取数据纷争。其次，不仅在成本上，而且从价值产出看，原始数据聚集是数据价值形成的必要环节，其经济功能在于：一是挖掘数据，使平台数据与公共领域数据分离，因此获得价值上的独立性；二是形成规模，使数据价值由量变发生质变，大数据价值正在于在海量数据上进行相关性分析；三是提升价值密度，从本文研究的案例看，平台采集的数据具有一定的结构性特征，或是反映

① 北京知识产权法院（2017）京0108民初24512号。

② 杭州铁路运输法院（2019）浙8601民初1987号。

③ 参见魏建、周林彬：《法经济学》，中国人民大学出版社2008年版，第59、60页。

了社交关系，或是记录了交易情况，而结构化数据（如数据库）本就是知识产权保护对象，平台采集数据不是对公共领域数据的复刻，较后者具有一定的价值增值。企业在数据采集中投入成本、创造价值，无论从劳动报偿角度，还是从激励产出、提升福利角度出发，在数据采集阶段即赋予企业对个人信息财产价值的控制权，更符合个人信息财产权配置的原则和目标，否则会造成市场失灵，如公地悲剧、抑制后期投资等。可以说，原始数据的形成也是一种生产劳动，作为资源的数据是被生产出来的，生产者对于数据应享有控制权，个人数据并不是个人的财产，赋予个人数据控制权，主旨在于防范个人数据的滥用，而不是支配数据。①当然，这并不是说个人不能享有由其信息产生的财产价值，向个人分配信息财产利益，有利于提升合作剩余、稀释禀赋效应，促进数据原始材料持续供给。只是说个人信息财产价值分配与人格利益保护并不产生于相同的法律逻辑，个人信息控制是人格保护的基础，但财产价值分配要遵循产权配置规律，个人对其信息财产价值不享有支配性的控制权。

五、适用启示

个人信息权是人格利益与财产利益并存的二元化权利，信息人格权与信息财产权有不同的赋权逻辑。信息人格权产生于个人信息控制，是为纠偏信息利用决策力向处理者转移而赋予主体的参与性决定权，目的是保护个人免因信息处理产生权益侵害，该权利不可剥夺、不可放弃。信息财产权是对个人信息经济价值的分配，信息财产控制是个人信息人格权之外的剩余控制，其赋权逻辑不是制衡处理者权力、保护主体免遭侵害，而是要依循产权配置目的，即合适的产权被赋予适当的主体，从而使产权指向的资源得到最大化利用。从激励数据价值生产及合理调配数据资源流动角度看，在个人信息财产控制配置上，信息主体与信息处理者的权益界分以形成规模数据的劳动成本投入为依据，且在财产权效力上，信息主体不享有优位于信息处理者——数据经济价值生产者的

① 参见高富平：《数据生产理论——数据资源权利配置的基础理论》，载《交大法学》2019 年第 4 期。

财产控制力。在立法规定尚不完备的情况下，法律适用中应注意将个人信息人格权逻辑与财产权逻辑混同或错配现象，警惕将个人信息控制扩展至信息财产价值，企业数据财产权益不来自个人授权，避免提出绝对、排他的个人信息财产控制权，防止以个人信息保护为名干预数据市场运行规律，干扰数据市场的资源分配作用。同时也要警惕以财产逻辑解决个人信息人格保护问题，同意不是授权，避免提出同意专有使用权授权、隐私政策合同等观点，防止因事实权力不对等导致个人权益遭受侵害。

孙某诉联合案等类案评析

——个人信息的法律本质

姬蕾蕾

（上海交通大学凯原法学院博士后）

在大数据时代背景下，个人信息保护成为世界高度关注的重点课题，我国也不外如是，自2021年《全国人民代表大会常务委员会关于加强网络信息保护的决定》通过，2013年《消费者权益保护法》修改，2017年《网络安全法》、2020年《个人信息保护法（草案）》的陆续出台，无不彰显我国对于个人信息保护问题的重视。然而关于个人信息一系列法律问题现处于悬而未决的状态，尤其是个人信息保护体系构建的逻辑前提——个人信息的法律属性，仍未定性。个人信息的法律属性到底为何？是人格利益还是人格与财产利益兼备的综合性利益？这些话题素来为理论界争论不休。①2021年正式实施的《民法典》对个人信息保护作出详细规定。从规范架构来看，法典贯彻了自然人“信息自决”的立法理念，从规范内容来看，法典对个人信息的法律内涵、权能构造、处理规则、合法性基础等均作出详细规定，既诠释立法对个人信息保护的关注，又表

① 程啸：《论我国民法典中个人信息权益的性质》，载《政治与法律》2020年第8期；彭诚信：《数据利用的根本矛盾何以消除——基于隐私、信息与数据的法理厘清》，载《探索与争鸣》2020年第2期；程啸：《民法典编纂视野下的个人信息保护》，载《中国法学》2019年第4期；房绍坤、曹相见：《论个人信息人格利益的隐私本质》，载《法制与社会发展》2019年第4期；杨立新：《个人信息：法益抑或民事权利——对〈民法总则〉第111条规定的“个人信息”之解读》，载《法学论坛》2018年第1期；李永军：《论〈民法总则〉中个人信息与隐私“二元制”保护及请求权基础》，载《浙江工商大学学报》2017年第3期；张新宝：《从隐私到个人信息：利益再衡量的理论与制度安排》，载《中国法学》2015年第3期；王利明：《论个人信息权的法律保护——以个人信息权与隐私权为中心》，载《现代法学》2013年第4期；刘德良：《个人信息的财产权保护》，载《法学研究》2007年第3期。

明个人信息可商业化利用的意蕴。然而，《民法典》沿袭《民法总则》的做法，并未对理论界关于个人信息法律属性作出应有的回应，以定分止争。本文认为，从《民法典》对个人信息保护的体系安排与规范意蕴的角度推理，个人信息的法律属性为人格利益已经不言而喻，而理论界争议的焦点主要围绕两方面的问题：其一，个人信息是否包含财产利益？其二，个人信息享有的人格利益是否具有独立性？学界主要围绕独立说与传统隐私权说进行论争，论争的根本矛盾在于个人信息相较于隐私利益是否具有特殊性，如果有，这种特殊性为何？针对上述问题，本文将以《民法典》为依托，以案例导入的方式展开对个人信息法律本质问题的探讨，以期为实务界与理论界提供参考。

一、基本案情

以下四则案例是笔者为撰写本文而精心筛选的，虽然它们不具有普遍价值，仅具有描述性价值，但实证分析方式在一定程度上可以展现司法机关对个人信息法律属性的裁判倾向，这有助于我们在实践层面获得确定其法律属性的内在认知。其中，第一类案例是从数据竞争的维度分析个人信息的法律属性，即个人信息在数据利用中如何定性的情形。第二类案例是从隐私维度分析个人信息的法律属性，司法实践中呈现对个人信息的两种保护模式：第一种主要是“个人信息与隐私权一元保护”的情形，第二种针对的是“个人信息与隐私权二元保护”的情形。

（一）数据争夺纠纷——淘宝诉美景案

淘宝公司开发并投入市场运营的生意参谋产品，是淘宝公司在收集网络用户浏览、搜索、收藏、加购、交易等行为所产生的巨量原始数据基础上，以特定的算法通过深度分析过滤等呈现预测型衍生数据。美景公司招揽、组织、帮助他人低价获取淘宝公司涉案数据产品中的数据内容，从中牟利。原告淘宝公司认为被告美景公司的行为对涉案数据产品已构成实质性替代，恶意破坏了淘宝公司的商业模式，构成不正当竞争行为，诉至法院。①

① 杭州铁路运输法院（2017）浙 8601 民初 4034 号民事判决书。

（二）个人信息与隐私权一元保护案——孙某诉联合案

原告系被告的手机用户，号码为133××××338。2008年9月5日，原告接到自称“联通理财俱乐部”的来电，要向联通资深用户赠送一份海康人寿的交通意外保险，然后试图获取原告的工作性质、担任职位等个人信息，并极力推销海康人寿的其他保险产品。原告经调查得知，联通新国信通信有限公司与中国联合网络通信有限公司是两个独立的法人。被告将在向原告提供电信服务过程中获悉的原告的个人基本资料，包括原告的手机号码、姓名、家庭住址、出生日期以及其他消费资料提供给了新国信上海分公司，侵犯了原告的隐私权。被告辩称，其获知原告的信息是合法的，不构成侵权。①

（三）个人信息与隐私权二元保护案——凌某某诉抖音案

原告凌某某使用手机号码注册登录抖音App后，他预先清空了手机通讯录并不同意软件读取，但在“可能认识的人”一栏中，软件依然向他推荐了多年未联系的老同学、朋友等。凌某某认为抖音App非法获取其个人信息及隐私构成侵权。微播视界公司辩称，其基于其他抖音用户授权访问的通讯录中有凌某某的姓名和手机号码，并未掌握和使用凌某某的社交关系，对用户的个人信息长期保存符合用户自身利益和合理期待。②

（四）个人信息与隐私权二元保护案——黄某诉腾讯案

原告黄某在使用微信读书时发现，在其不知情的情况下，微信读书软件自动为其关注了大量的微信好友。此外，无论黄某是否在微信读书中关注微信好友，其依然可以和共同使用微信读书的微信好友相互查看读书信息，包括查看书架、正在阅读的书籍、读书时长等信息。原告黄某认为腾讯公司侵害其个人信息权益及隐私权，诉至法院。

---

① 上海市浦东新区法院（2009）浦民一（民）初字第9737号民事判决书。

② 北京互联网法院（2019）京0491民初6694号民事判决书。

二、裁判思路

（一）从竞争维度看——忽略个人信息的财产属性

在竞争维度下，个人信息法律属性产生争议的表现为：法院认可信息处理者对个人信息集合与产品的财产权益，但是却对信息主体是否享有财产利益避而不谈。从案例 1 可以看出，竞争维度下的信息纠纷往往涉及两方面的权益：信息主体的个人信息权益和信息处理者的数据财产权益，影响两者权益分配的因素主要是用户协议与劳动投入，“用户协议”对于信息主体而言成为其享有信息财产利益的直接体现，对于信息处理者而言成为享有财产利益的正当事由。数据经济价值的挖掘离不开个人信息的喂养，个人信息的收集与利用成为信息

表 1

案件名称	案由	案件争议点	影响因素	个人信息法律属性认定
1. 淘宝诉美景案	不正当竞争纠纷	个人信息产品能否构成竞争优势	用户协议 劳动投入	信息主体对个人信息享有人格利益；信息处理者对个人信息产品享有财产利益
2. 孙某诉联合案	隐私权纠纷	未经同意将个人信息提供给他人是否构成隐私侵权	同意规则 损害后果	个人信息具有隐私利益
3. 凌某某诉抖音案①	个人信息权益纠纷	信息处理者收集社交关系、地理位置是否属于个人信息，若属于，是否构成隐私侵权	信息敏感度 收集场景 同意规则 损害后果	社交关系、地理位置具有个人信息利益，但不具有隐私利益
4. 黄某诉腾讯案②	个人信息权益纠纷	信息处理者收集微信好友列表、读书信息是否属于个人信息，若属于，是否构成隐私侵权	信息敏感度 收集场景 同意规则 损害后果	微信好友列表、读书信息具有个人信息利益，但不具有隐私利益

① 北京互联网法院（2019）京 0491 民初 6694 号民事判决书。

② 北京互联网法院（2019）京 0491 民初 16142 号民事判决书。

技术发展的必然趋势。认可信息主体对其信息的财产权，可以挣脱传统以隐私保护为重点的框架束缚，强化信息作为财产的重心驱动功能，由此可以保证信息主体在信息处理过程中的参控力度，使其拥有和信息处理者在信息交易中的议价能力，增强信息主体的主动权，以缓解信息主体在信息交易过程中处于弱势地位。①在“淘宝诉美景案”中，法院认为，网络运营者与网络用户之间系服务合同关系，从取得用户同意方面来看，淘宝公司在其用户注册账号时通过服务协议、法律声明及隐私权政策的形式取得了授权许可。由此可知，“用户协议”实质造就了信息主体享有财产权益的现象，但是从现象去解读本质是否可行，还需要细致分析。

（二）从隐私维度来看——未能有效区分个人信息与隐私

在隐私维度下，个人信息人格属性产生争议的表现为：私密信息与非私密信息的区分。《民法典》对隐私权与个人信息概念的规定增加了两者范围界定的模糊性，就两条款的规范意旨解读，个人信息与隐私的重叠部分聚焦于私密信息，其涉及个人信息与隐私权的双重保护，由此引起的问题是如何解释隐私权、私密信息与个人信息之间的关系。就个人信息权益纠纷的裁判态度表明，法院对两者关系的解读开始从一元保护模式向二元区分模式转化，然而就个人信息与隐私之间的区分仍囿于“公开与否”的狭隘解读，未能实现两者区分保护的立法初衷，长此以往，将导致区分保护规则的失灵，最终陷入私密信息异化为非私密信息处理规则的困境之中。在“凌某某诉抖音案”中，法院认为抖音公司在收集用户的姓名、手机号码、社交关系、地理位置等信息时，未明确告知用户并取得其同意，具有过错，侵害了个人信息权益。②无独有偶，在“黄某诉腾讯案”中，法院采用类似路径加以解释，认为争议的焦点主要围绕是否获得用户的有效同意，是否损害了个人的自主决定权益。③换言之，两则案件适用个人信息保护规则的基准在于“他人收集处理个人信息的行为是否损害了个人

① Jacob M.Victor, The EU General Data Protection Regulation: Toward a Property Regime for Protecting Data Privacy, Yale Law Journal, Vol, 123, 2013, p.520.

② 北京互联网法院（2019）京 0491 民初 6694 号民事判决书。

③ 北京互联网法院（2019）京 0491 民初 16142 号民事判决书。

自主决定的人格自由”，即“未经信息主体同意”是个人信息侵权责任成立的行为方式。①随后，在否定隐私侵权成立时，围绕信息公开与否、公开信息的私密程度以及损害后果加以判断。在“黄某诉腾讯案”中，法院认为涉案的个人信息并未达到私密的程度，而这种“私密性”标准是结合具体场景以及公开后对信息主体人格利益的损害程度综合判定的。然而，令人迷惑的是，个人信息与隐私权均以信息控制理论与知情同意规则为基础，两者均属于人格权法的保护射程，如果仅仅凭借损害后果的严重程度对两者加以区分未免片面，私密信息与非私密信息范围划分仍处于模糊状态。

三、焦点问题的发展脉络

（一）个人信息人格利益的独立性：与隐私的区分

1. 个人信息与隐私权区分保护的立法考量

由于我国个人信息保护法律制度发展较晚，因此对于个人信息（隐私）的保护一般是对西方发达国家的先进立法进行借鉴，其中以欧美两国最具代表性。两国从不同的理论基础出发，根据不同的法律情景，对相同问题采取了不同的化解方式。首先，德国并不存在隐私权以及相关制度，而是将个人信息置入一般人格权的项下加以保护，信息自决权正是在一般人格权中发展出来的，《德国基本法》第 1 条第 1 款和第 2 条第 1 款、《联邦数据保护法》《德国民法典》第 823 条第 1 款共同构建了“人权范式”的个人信息保护规范体系。在司法实践中，就何为信息利益，通过对司法判例的累积、梳理和研究，法院将一般人格权分为个人领域、隐私领域和私密领域，以利益衡量的方式寻找隐私领域（信息）的边界。以德国为典型的欧盟各成员国对个人信息的保护主要是以一般人格权为依托进行研究的。与德国不同的是，在美国普通法体系下已经形成一套较为系统和完善的保护个人信息的隐私权制度，个人信息是隐私权项

① 根据个人信息不同的权能与语境认定侵权行为的基准虽不全面，但两案件作为我国个人信息与隐私区分适用的先河，具有里程碑的意义，特此借鉴。

下的保护类型之一，即信息隐私权。判例法的天性使然，使得美国法的研究动因始终源于鲜活案例对隐私争议解决的迫切需要，极具新颖性与丰富性，这也归功于与学术界长期的交流互动，隐私的内涵经历了从公私二元对立的消极防御权到多重场景融合的积极控制权的学理演化。经过一百余年的变迁，隐私权的类型从最初的“物理隐私权”到“自主隐私权”再发展到“信息隐私权”，因而建构了侵权行为法的隐私权、宪法上的隐私权以及单行法的隐私保护体系。

目前两者争议的根源在于将人格权（隐私权）与个人信息保护这两项制度强行并列，并试图以传统民事权利话语体系来界定个人信息保护。从比较两大法系的经验可以看出，我国隐私权移植自美国，个人信息保护制度移植自德国，从解释论层面上两者双管齐下在相当意义上均具有个人人格尊严与自由的维护的法律效果，但是德国与美国形成了各具特色的个人信息（隐私权）规制体系，前者是强政府干预的家长式控制模式，后者是强调私人财产权的市场导向规制模式，政府、市场与个人在其中扮演的角色各有侧重。《民法典》出台之前，我国司法实践中就会通过扩大隐私权的客体范围将个人信息纳入其中，从而达到保护隐私权的现实需要，而从解释论的角度，也可以通过解读我国一般人格权的释义，推演出德国法中的个人信息保护意旨。因此，当出现两种保护制度均可达到效果的情况下，就需要对两者进行协调，以确保我国立法的逻辑性与合理性。我国《民法典》从内涵与外延上对隐私权进行限定，但如前所述，个人信息与隐私权的内涵具有相似性，故本文转向从不同层面剖析两者的显著差异。

2. 我国隐私利益与个人信息的区别

《民法典》第 1032 条规定隐私权主要包括私密空间、私密活动和私密信息；第 1034 条规定个人信息的内涵，其中涉及私密信息的部分适用有关隐私权的规定，就两条款的规范意旨解读，个人信息与隐私之间存在交叉关系，交叉的范围聚焦于私密信息。由此引起的问题是私密信息到底属于隐私还是个人信息，如何解释隐私、私密信息与个人信息之间的关系，进一步推演，私密信息是区分个人信息保护与隐私保护的关键。在我国法律明确区分隐私权和个人信息保护的背景下，私密信息的规定可以避免“一个概念对另一个概念的实际侵蚀，重回一元隐私权体系的窠臼之中”。①私密信息对应的是非私密信息，根本差异在于，它是自然人不愿意为他人知晓且与公共利益无关的信息，②具体而言，两者主要在权利性质、侵权方式、请求权基础、责任形态、同意规则、处理规则方面存在不同。

其一，权利性质不同。隐私权与个人信息权益根本上都体现自然人的人格尊严和个人自由价值，但个人信息权益同时涉及信息利用、流通价值。③这种规范价值从立法规律上已充分彰显，《民法典》在人格权编第六章以“隐私权和个人信息保护”并列规定，狭义的隐私权内涵与严格的人格权属性决定了隐私信息不能自由交易和公开，④而对于个人信息未使用权利字眼，即表明个人信息并非如隐私权一样被确定为绝对权与支配权。隐私权以人格尊严和自由为价值理论，是给予权利人充分独处的空间和保留不愿为人所知的秘密，从而享有安宁生活的权利，是一种消极的防御权利；个人信息保护主要是对个人信息自主维护和控制的权利，更倾向一种积极权利，《民法典》第1037条对信息主体的查阅权、复制权、更正权、删除权等赋予信息主体积极能动的控制权和利用权。

其二，侵害样态与请求权基础不同。侵害他人隐私权的样态主要有：①非法披露或公开他人私密信息；②侵入他人私密空间；③侵扰他人生活安宁。就其请求权基础，如果仅仅按照《民法典》总则编第八章“民事责任”的规定及第109条、第110条的规定，因缺乏归责原则而并不足以成为对隐私权救济的请求权规范基础，因此，仍需借助第八章“民事责任”、《民法典》侵权责任编的相关规定作为请求权的规范基础。《民法典》第111条规定了个人信息的侵权样态：①非法收集与使用个人信息；②非法加工个人信息；③非法传输、提供或公开个人信息；④出售个人信息。在司法实践中对于个人信息的侵害可提炼为未经同意非法处理他人信息，或者因过错导致个人信息泄露、篡改或丢失。⑤

① 许可、孙铭溪：《个人私密信息的再厘清——从隐私和个人信息的关系切入》，载《中国应用法学》2021年第1期。

② 程啸：《论我国民法典中个人信息权益的性质》，载《政治与法律》2020年第8期，第12页。

③ 张建文：《在尊严性和资源性之间：〈民法典〉时代个人信息私密性检验难题》，载《苏州大学学报（哲学社会科学版）》2021年第1期。

④ 彭诚信：《数据利用的根本矛盾何以消除——基于隐私、信息与数据的法理厘清》，载《探索与争鸣》2020年第2期。

⑤ 王利明：《和而不同：隐私权与个人信息的规则界分和适用》，载《法学评论》2021年第2期。

那么为其提供的救济方式包括预防性救济措施与责任性救济措施，前者的请求权基础是《民法典》第111条与《网络安全法》第42条，①后者的请求权基础是《民法典》第1195—1197条以及《网络安全法》第42、43、47条关于删除、屏蔽、断开链接以及更正请求权。②

其三，权能定位不同。隐私权可以依权利主体的意思自行处理，《民法典》第1033条第5款规定“除法律另有规定或者权利人明确同意外，任何组织或者个人不得处理他人的私密信息”，印证了经个人许可即可为他人处理，但隐私权本身不得进行商业化利用。隐私权是一种精神性人格权，虽然可以被利用，但是其财产价值并不突出。③“隐私权保护”所强调的往往是侵害隐私权行为的成立要件以及与之有关的权利救济，偏向于排除他人妨碍的消极防御权能。而“个人信息保护”则往往强调如何对个人信息的收集、处理、利用、传递等行为进行管理，以及如何对个人数据的主体与作为数据控制者的公共机构和非公共部门之间的关系进行调整，是事前对个人信息设置一定的保障措施。④故个人信息具有保护与利用的双重权能，消极权能是个人有权防止他人对其信息以公开、刺探、非法处理等方式进行侵扰的防御性权利，维护的是人格尊严，调整的是个人与其他人之间的关系。积极权能是个人有权按照自己的意愿授权他人对其信息进行处理的权利，维护人格自由，调整的是个人与其合法收集的信息处理者之间的关系。故《民法典》第1035条规定了个人信息处理的合法性要件。

其四，同意规则不同。个人信息与隐私权保护体现的均为保护人格的自主价值，但两者适用的同意规则却明显存在不同。《民法典》第1033条规定对私密信息处理的同意规则是“权利人明确同意”，而第1035条规定对个人信息（非私密信息）处理的同意规则则是“自然人或其监护人同意”以及“默示同

---

① 《民法典》第111条规定：“任何组织和个人需要获取他人个人信息的，应当依法取得并确保信息安全。”《网络安全法》第42条规定：“网络运营者应当采取技术措施和其他必要措施，确保其收集的个人信息安全，防止信息泄露、毁损、丢失。在发生或者可能发生个人信息泄露、毁损、丢失的情况时，应当立即采取补救措施，按照规定及时告知用户并向有关主管部门报告。”

② 李永军：《论〈民法总则〉中个人信息与隐私“二元制”保护及请求权基础》，载《浙江工商大学学报》2017年第3期。

③ 王利明：《论个人信息权的法律保护——以个人信息权与隐私权的届分为中心》，载《现代法学》2013年第4期。

④ 洪海林：《个人信息的民法保护研究》，法律出版社2010年版，第35页。

意”。由此可见，私密信息的同意规则适用范围明显更为严格。具体而言，两者同意规则主要体现在以下两个方面。第一，主体不同。私密信息的处理必须是权利人本人，而对非私密信息的处理可以包含权利人与其监护人。第二，同意的方式与范围不同。对于私密信息的同意必须是明确的，这种明确应该仅限于第140条中的“明示同意”，即书面授权、口头说明或者注册等肯定性动作（例如在App上点击“同意”选项），与此同时，这种同意的范围仅限于单独同意。对于非私密信息处理的同意仅用“同意”二字，明显扩大了同意的方式和范围。这种同意即包括明示同意，也包括默示同意。第1035条第2款规定处理他人公开的信息无需同意，除非权利人明确拒绝，这一规范其实是对第1款“同意”的注释。此外，同意的范围在此处可解释为概括同意。

（二）个人信息财产利益的独立性

个人信息财产权并非新设理论，早在20世纪初就有学者针对互联网的兴起提出这一概念，但是当时个人信息收集与利用规模远不如现在空前，因此遭到很多学者的反对。不同时代对个人信息商业化利用方式以及程度不同，个人信息财产权理论的适用机制也相异，该部分旨在对个人信息财产化理论追根溯源，分析不同背景下个人信息财产权的不同含义。

1. 个人信息财产化理论的发展

随着互联网的发展，传统以直接个人信息为保护对象，以人格权为基础的保护方式显得捉襟见肘。当前对个人信息的收集、加工、分析所生成的财产属性凸显，要求改革传统单边保护人格权模式，创制适应数字经济发展的法规呼声高涨，个人信息财产化理论应运而生。

劳伦斯·莱斯格是个人信息财产化的有力支持者。莱斯格出版《代码2.0：网络空间中的法律》一书，被誉为当时“最具影响力的关于网络和法律的著作”，本书首次将信息财产化理论系统化。①莱斯格认为，信息财产化有助于强化信息本身的经济驱动功能，挣脱传统以保护隐私为模式的路径依赖。至于谁

① ［美］劳伦斯·莱斯格：《代码2.0：网络空间中的法律》，李旭、沈伟伟译，清华大学出版社2018年版，第11页。

将拥有信息财产权？他认为赋予信息主体财产权，可改善信息主体在信息利用过程中丧失的参控力，享有一定的议价能力，将其拥有财产利益的信息出售给数据控制者，信息主体可通过此方式来决定何时放弃自己的隐私利益以及最低阈值。①这也是莱斯格提倡信息财产化的目的，即信息主体对自身信息是否被收集、利用拥有谈判的权利，数据控制者如果想要收集处理该信息，必须事先与信息主体谈判。为了证成这一理论的可行性，莱斯格以 Guido Calabresi 和 A.Douglas Melamed 在《哈佛法律评论》上发表的《财产规则、责任规则与不可让与性——一个权威的视角》论文为基线，分析相较于责任规则，对信息保护采用财产规则的优势。②莱斯格认为，“财产规则”可以弥补传统“责任规则”保护隐私的客观僵化状态。财产规则的优势在于：该规则规定了事前违约成本，而责任规则制度忽略了这一点。例如，买卖汽车通常适用财产规则，即汽车所有权人可以自主决定在财产交换之前是否出售以及以何价格出售。相比之下，汽车事故会引起法院对责任规则的依赖，以评估损害发生后所有权人的财产损失。③因此，信息财产规则可以打破传统由法院甚至是立法机关对隐私价值评估的被动僵局，给予信息主体更多的自主权。因为，信息财产化的关键在于赋予信息主体对自身信息的控制权，允许信息主体拒绝转让其信息。④

2. 欧盟《一般数据保护条例》之财产权导向立法为蓝本

欧盟于 2018 年生效的《一般数据保护条例》（以下简称《条例》）是全球关于个人信息保护的重要立法，通过对该法案的条文分析，我们可以发现其加强了信息主体对信息的自主控制权，通过检索并分析信息主体的权能，可发现法案确立个人信息财产权的特征。⑤

---

① Jacob M.Victor，The EU General Data Protection Regulation：Toward a Property Regime for Protecting Data Privacy，Yale Law Journal，Vol.123，2013，p.520.

② Paul M.Schwartz，Beyond Lessig's Code for Internet Privacy：Cyberspace Filters，Privacy Control，and Fare Information Practices，Wisconsin Law Review，2000，p.743.

③ Paul M.Schwartz. Beyond Lessig's Code for Internet Privacy：Cyberspace Filters，Privacy Control，and Fare Information Practices. Wisconsin Law Review. 2000，p.750.

④ 龙卫球：《数据新型财产权构建及其体系研究》，载《政法论坛》2017 年第 4 期。

⑤ REGULATION（EU）2016/679 OF EUROPEAN PARLIAMENT AND OF THE COUNCIL of 27 April 2016 on the protection of natural persons with regard to the processing of personal data and on the free movement od such data，and repealing Directive 95/46/EC（General Data Protection Regulations）.（本文为行文方便，对《条例》中个人信息译为个人数据，对两者采同一含义。）

首先，数据主体对自身数据拥有明确权利且只能部分转让。《条例》假设数据是一种可以交换的商品，但是数据主体对这一财产保留最终的权利。数据控制者可以获得数据主体的授权许可使用该数据，此时数据主体只是暂时转让了部分信息，但其可自主决定何时终止该许可协议，并强制数据控制者停止储存、利用该数据。《条例》以财产权为基线，这种基线类似于一种特殊的知识产权，数据之于数据主体的权利犹如版权之于著作权人的精神权利，即赋予著作权人对自己作品享有专有权益，即使作品出售，也可以阻止对其作品的篡改。①具体可通过以下条文发现：《条例》第6条规定了数据收集、处理的限制条件，其中最典型的当属知情同意规则，即数据控制者收集个人数据时必须征得数据主体的明确同意，方符合数据利用的合法性前提。②即使数据主体对数据的利用已经明确同意，其仍可在数据处理过程中提出删除数据或者终止数据处理的要求。例如，数据主体可以在任何时间根据数据收集的原始理由行使退出权，即删除权；③即使出现数据控制者无需数据主体授权而使用其数据的例外情形，④数据主体仍可提出删除相关数据的要求，除非数据控制者证明数据利用的合法性。

其次，数据权益基于财产权的相应救济措施予以保护。《条例》建立的救济措施折射了以财产权为导向的数据保护基线。当数据控制者超出数据主体授权的范围，此时数据将基于财产权制度获得相应救济。例如，赋予数据主体删除权，实质是数据主体行使数据控制权；除此之外，数据主体可向当地数据监管机构投诉，⑤数据监管机构根据真实情况有权对数据进行修正、删除或者销毁。⑥另外，数据主体可以向法院直接请求对数据控制者处理其数据的行为采取相应措施，法院依据《条例》中的相关规定有权强制执行。⑦

---

① Jacob M.Victor. The EU General Data Protection Regulation：Toward a Property Regime for Protecting Data Privacy. Yale Law Journal. Vol.123，2013，p.520.

② General Data Protection Regulations，Article 6（a）.

③ General Data Protection Regulations，Article 17.

④ General Data Protection Regulations，Article 6（b）.

⑤ General Data Protection Regulations，Article 51.

⑥ General Data Protection Regulations，Article 77.

⑦ General Data Protection Regulations，Article 78.

四、案例评析

(一)从竞争维度看:应承认个人信息的财产属性

法院主要是从个人信息的数量、形态以及功能来认定个人信息的法律属性。在该类案件中,虽然个人信息是案件争议的导火线,但涉案主体却是信息处理者,且争议的焦点是个人信息集合与产品是否具有财产权益。由此可推演:由于个人信息的形态与功能,导致法院逐步认可个人信息之上承载财产利益,与此同时,由于涉案主体并不涉及信息主体,故导致法院放弃人格权保护策略,转而向反不正当竞争法寻求裁判依据,保障信息处理者的财产权益。本文认为,这种缘由在于:其一,个人信息在不同阶段的形态转化产生化学效应,引起个人信息法律属性相应变化,即个人信息从个体信息到信息集合再到信息产品,完成了从强人格属性到强财产属性的变迁。当信息处理者收集个人信息源形成集合与产品后,个人信息的识别性被海量数据与算法技术稀释,个人信息的财产属性逐渐覆盖其人格属性,此时信息处理者之间聚焦于对整体个人信息资源与产品的争夺,单条个人信息的人格利益被弱化。其二,在大数据技术的应用下,即使个人信息是纠纷的起因,信息处理者之间主要涉及的是财产权益纠纷。在推演的影响下,在竞争维度下的个人信息纠纷中,"用户协议"与"劳动投入"成为法院认定信息处理者享有财产权益的主要因素,同时,保护信息主体的隐私成为信息处理者主张财产利益祭出的有利屏障,信息主体是否享有财产利益成为一种隐性因素被忽略。由此推知,在竞争维度下,影响个人信息法律属性认定困难的问题在于:信息主体是否享有财产利益。

1. 否认信息主体享有财产利益

由于个人信息蕴含人格利益的法律属性,导致个人信息财产化理论一经提出就引起很多学者的质疑与批判。第一,从法学理论的角度而言,人格权的商业化利用所指向的对象往往是名人的姓名、肖像、声音等,而财产权论者将前者与大众的个人信息等同,有偷换概念的嫌疑。①个人信息属于人格权的范畴,

① 李延舜:《个人信息财产权理论及其检讨》,载《学习与探索》2017年第10期。

人格权具有不可让与性、不可继承性，若将个人信息扩充至财产权的客体范畴，则与人格权的保护理念相悖，也会导致民法以人身权与财产权为基石构建的权利体系土崩瓦解。[①]个人信息并不具有稀缺性，因为其无需通过劳动就大量产出，故缺乏具备财产的核心特征。[②]而且，在大数据时代下单条个人信息并没有经济价值，[③]普通人如果想要通过出卖个人信息来挣钱是根本不可能的。一条个人信息连一分钱也卖不出去，除非将类似的个人信息收集整合加以利用。[④]所以，个人信息的保护并非一定需要依赖财产权的保护路径，以现有的人格权为主导路径，足以达到数据主体应有的利益诉求。[⑤]第二，从实践操作的角度而言，以财产权的保护路径对个人信息保护的目的是为了保障个人对其个人信息的控制权，然而在现实中，数据企业出具的隐私保护政策冗长又晦涩难懂，一项研究表明，一个人如果要阅读他访问网站的所有隐私公告，那么一年可能要耗费 244 个小时，因此，很少有用户认真阅读，一般直接点击同意按键进入下一个环节。[⑥]这就导致知情同意原则逐渐沦为僵尸规则，个人很难实现信息自主的利益诉求。

2. 个人信息人格利益与财产利益发展殊途同归

第一，个人信息财产化并非否定个人信息人格利益的本质属性。人格权的商业化利用，并不代表着个人信息的人格利益被改变，其不能改变，法律也不允许其改变。个人信息财产化的目的是为了强化个人对其信息的控制，然而，将个人信息完全物化无疑会否定个人信息的人格利益，将个人信息的本质属性抹杀，这与个人信息保护的理念相悖。在实践中，个人信息的财产价值主要是数据控制者通过数据技术收集的海量数据呈现的，单条个人信息的人格属性并未因此改变。正如有学者指出，数据控制者层面收集的个人信息集合，在经过

① 张融：《个人信息权的私权属性探析——人格权抑或财产权》，载《北京邮电大学学报（社会科学版）》2017 年第 2 期。

② 孔令杰：《个人资料隐私的法律保护》，武汉大学出版社 2009 年版，第 77 页。

③ 程啸：《论大数据时代个人数据的权利》，载《中国社会科学》2018 年第 3 期。

④ Joseph W. Jerome，Buying and Selling Privacy：Big Data's different Burdens and Benefits，Stanford Law Review，Vol.66，2013，p.52.

⑤ 张平：《大数据时代个人数据保护的立法选择》，载《北京大学学报（哲学社会科学版）》2017 年第 3 期。

⑥ Lorrie Faith Cranor，Necessary But Not Sufficient：Standardized Mechanisms for Privacy Notice and Choice，Telecommunications and High Technology Law. Vol.10，2012，pp.273—274.

收集、脱敏后与个人信息主体的直接关联往往已经切断，完全成为外在于人的存在物，但若未经脱敏处理，则仍需适用人格权保护规则。①因此，财产利益与人格利益是个人信息属性的两个方面，两者是独立而关联的。个人信息尽管是人格利益，而非财产，但个人信息经商品化或公开化后的财产利益，可以为他人利用，包括为商业利用。②

第二，个人信息财产化并不意味着个人对自身信息的绝对控制。个人信息具有人身专属性，具有不可让与性，虽然数据挖掘技术的研发与应用，使个人信息的收集与利用成为一种必然，在商业实践中，用户的知情同意成为数据控制者收集数据的一种正当性依据，很多学者因此认为个人信息属于信息主体，个人有权处分其个人信息，而处分个人信息就是处分其人格利益。其实不然，人格权的处分权能与物权的处分权能存在本质的不同。人格权是一种消极的防御权，个人对其人格利益的处分是受到限制的，个人信息主体对其个人信息的处分体现为自己使用，自己决定是否为他人使用，以维护其人格自由发展。③但这种对“使用”的控制也极其有限，个人信息的公共属性决定了个人对自身信息的控制最多可以控制不联系或者如何联系，但并不能够控制信息本身。④这种控制者的限度仅限于维护个人尊严的基础上，并非给予个人信息主体对自身信息的绝对控制，这既不可能，也是法律所不认可的，因而个人信息权的权能体现也不应该超出维护个人尊严的范畴，这是平衡个人信息保护与数据流动的关键。因此，肯定个人信息的人格属性是对人在数字社会存在样态的尊重，而个人信息商业化利用不仅是为了发挥其财产利益，更是为整个数字社会尤其是其中人工智能的发展奠定基础。⑤

3. 个人信息本身蕴含财产

在“淘宝诉美景案”中，法院否认了信息主体对其个人信息的财产利益，

---

①⑤ 彭诚信、杨思益：《论数据、信息与隐私的权利层次与体系建构》，载《西北工业大学学报（社会科学版）》2020 年第 2 期。

② 彭诚信：《数据利用的根本矛盾何以消除——基于隐私、信息与数据的法理厘清》，载《探索与争鸣》2020 年第 2 期。

③ 叶名怡：《个人信息的侵权法保护》，载《法学研究》2018 年第 4 期。

④ 高富平：《论个人信息保护的目的——以个人信息保护法益区分为核心》，载《法商研究》2019 年第 1 期。

认为“网络运营者与网络用户之间系服务合同关系。网络用户向网络运营者提供用户信息的真实目的是为了获取相关网络服务。网络用户信息作为单一信息加以使用，通常情况下并不当然具有直接的经济价值，在无法律规定或合同特别约定的情况下，网络用户对于其提供于网络运营者的单个用户信息尚无独立的财产权或财产性权益可言。如上所述，一个人对其个人信息的一项很重要的利益，就是他可以对其进行控制的利益，而这既有经济方面又有尊严方面的因素。法院混淆了商业利益和人格利益，因为合同只是制造一种责任豁免机制，信息主体拥有一项对于同意他人对其信息利用所带来价值的权利，即关于个人信息之排他性特权的授予权，而这样一种授权可以在总体上有效成立。因此，认可个人信息的财产属性，区别于个人信息人格利益的是，它是一项可以自由转让的财产利益，而不是一项人格利益。所以当转让个人信息时，信息主体就具有针对侵权第三人的直接请求权基础，同时，被许可人将有权在其所遭受的侵害范围内，起诉侵权第三人。

（二）从隐私维度看：个人信息的判断应视具体情景确定

在《民法典》出台之前，司法实践中对个人信息的保护采用“一元化”保护模式，自《民法典》出台之后，在新近出现的个人信息（隐私权）纠纷中，法院将个人信息与隐私权作有意区分，态度鲜明地呈现了对两者适用保护规则的差异。对比表 1 可以发现，法院主要从个人信息敏感度、个人信息功能及个人信息处理场景来认定个人信息人格利益的基本属性。这说明，个人信息的控制力、敏感度与功能的特征，导致隐私权在个人信息纠纷中的作用下降，并逐渐为个人信息保护规范所替代。本文认为，其原因在于以下两个方面：其一，隐私权保护的启动依赖于对他人私密信息的曝光，超出合理隐私期待，且损害后果严重，而在大数据影响下，个人信息被数据技术与个人信息整合后，个人信息的隐私利益被逐渐淹没。其二，实践证明，个人信息作为大数据运作的主要来源，其信息自决功能越发凸显，即便个人信息纠纷中无法完全割裂个人信息的隐私利益，但是在网络环境下，对个人信息自决权的损害才是个人信息权益纠纷的直接起因。同时，在上述三则案例中可以发现，对于个人信息（隐私权）纠纷，法院遵循“案件起因——涉案信息是否属于个人信息——是否侵犯隐私利益”这一裁判思路进行分析，只是在一元化与二元化的保护模式中，法院的裁判方向呈现分野状态，由此可推知：在隐私维度下，影响个人信息人格利益是否具有独立性认定困难的问题是个人信息与隐私的范围之争。

1. 我国个人信息与隐私权一元化的实践

在司法实践中，一般情形下法院对两者并不作明确区分。例如，在“王某诉北京凌云互动信息技术有限公司名誉权、隐私权纠纷案”中，法院认为，隐私一般是指仅与特定人的利益或者人身发生联系，且权利人不愿为他人所知晓的私人生活、私人信息、私人空间及个人生活安宁。采取披露、宣扬等方式，侵入他人隐私领域、侵害私人活动或者侵害私人信息的行为，就是侵害隐私权的行为。①显然，法院一般对隐私与个人信息采用一元化的保护方式，同样的裁判路径还体现在以下几个案例中：在“孙某诉联合案”中，法院对隐私权的认定进行精细解析，明确将个人信息纳入隐私的保护范围，认为在现今网络时代，信息技术空前发达，隐私之范围产生变化，隐私应包括两个方面：其一，涉及私生活领域的隐私，如个人的思想情况、个人的社会关系秘密、个人的通信秘密、个人的财产情况，这些信息的封闭和不公开对于维护个人的私密空间，保持个人内心世界的安宁具有重要作用，应属隐私权保护之列。其二，可以指向某一具体个人的信息，如个人的家庭住址、工作单位、职业职务、电话号码等。②无独有偶，在“庞某诉中国东方航空、北京趣拿公司隐私权纠纷案”中，法院认为，庞某被泄露的信息包括姓名、尾号9949手机号、行程安排，其行程安排无疑属于私人活动信息，应该属于隐私信息，可以通过本案的隐私权纠纷主张救济。③在“王某诉云南省电信公司昆明分公司隐私权纠纷案”中，法院认为，隐私权包括个人安宁权、个人信息保密权和个人通信秘密权。④

2. 我国个人信息与隐私权二元化的实践

在大数据时代背景下个人信息瞬息万变，在不同的情景中个人信息的价值面向也存在差异，传统以隐私权保护个人信息的路径明显存在困境。个人信息因敏

① 北京市朝阳区人民法院民事判决书（2008）朝民初字第29276号民事判决书。
② 上海市浦东新区法院（2009）浦民一（民）初字第9737号民事判决书。
③ 北京市第一中级人民法院（2017）京01民终509号民事判决书。
④ 云南省昆明市中级人民法院（2004）昆民二终字第785号民事判决书。

感度不同而呈现的隐私属性不同，故有些个人信息因私密性较强自然可为隐私权囊括，但有些个人信息私密性较弱且天然具有公共属性（如姓名、电话、爱好等用于社交的信息），在此背景下，我国立法开始表明态度，首次在《民法典》中承认了个人信息属于信息主体的合法利益，并将其与隐私权作二元区分保护，但并未将个人信息上升为权利。如上分析，个人信息权益与隐私权在权利性质、功能定位、请求权基础等方面均存在不同，在司法实践中，就新近出现的个人信息纠纷，从法院的裁判态度可以看出，其对个人信息与隐私开始作有意区分，明确了个人信息作为信息主体合法利益的独立性，但基于司法谦抑性的态度，并未认可“个人信息权”的存在。在“凌某某诉抖音案”中，法院认为，原告的姓名、手机号码、社交关系、地理位置属于原告的个人信息，被告未征得同意处理上述个人信息的行为构成对原告个人信息权益的侵害。但上述信息不属于隐私，被告的使用行为不构成对原告隐私权的侵害。无独有偶，在“黄某诉腾讯案”中，法院采用相似的解释路径，首先肯定了涉案信息属于个人信息，认为微信读书中的读书信息包含了可以指向该信息主体的网络身份标识信息，即“从信息到个人”，能够反映阅读习惯、偏好等，符合“从个人到信息”特征，属于个人信息。

3. 个人信息与隐私权的情景认定

在大数据时代，信息构成各种情景互通的桥梁，信息的流动具有天然的社会属性，发挥多重公共管理职能，个人信息承载的多元利益类型和多重价值功能决定了私密性、自主性、敏感性均是个人信息在情景流动中的不同表现形式，任何单一维度的定义方式都无法涵盖全部内容。因此，美国学者海伦·尼森鲍姆（Helen Nissenbaum）以场景导向为路径，以个人为中心，以风险管理贯穿个人信息生命周期，系统构架了情景完整性理论（Contextual Integrity Theory，简称 CI 理论）。海伦·尼森鲍姆将隐私作为信息流动的约束网，平衡社会生活中多个领域的利益冲突，将隐私定义为在相应情景下信息的适当流动缓解了人们对信息共享的担忧。①情景完整性理论的核心理念是任何社会生活情景都受信息流动规范的约束，社会生活情景跨越公私划分情景而在多重情景中徘徊与转化。②

① Tiffany Wong, Helen Nissenbaum's Privacy in Context: Technology, Policy, and the Integrity of Social Life German L.J. Vol.12, 2010, p.962.

② Helen Nissenbaum, Privacy as Contextual Integrity, Wash. L.Rev.79, 2004, pp.137—139.

信息流动受制于不同社会情景的信息规范，需要符合情景适当性标准（Context-Appropriate）以保证情景的完整性，从而达到保护隐私的目的。①在许多司法案例和立法决策中，美国在隐私纠纷中对隐私内涵的认定一般采用“合理隐私期待理论”，其与情景完整性理论确定的隐私概念紧密相连，“期待（Expectation）”建立在“合理（Reasonable）”的基础上。与其他“合理人”标准类似，合理隐私期待理论对隐私范围的界定具有内在性，但缺乏明确的规范要求，在每个案件或决策中法官或决策者事前并不会进行大规模调查或观察进而确定合理标准，他们界定合理的边界主要源于个人智慧和自由裁量。CI 理论根植于多个维度对隐私内涵进行综合考量，确保隐私内容的完整性与准确性，该理论从外部架构判定隐私内涵的合理性标准，当信息流动与信息规范不一致时，这种信息传播行为超出特定情景中多重因素共构的信息规范，从而导致情景完整性破坏。令人惊讶的是，我国一些法院的司法实践与“情景理念”相类似，在“王某诉张某名誉权纠纷案”中，法院认为，公民的个人感情生活，包括婚外男女关系问题，均属个人隐私范畴。在正常的社会生活中，此类情况一般仅为范围较小的相对特定人所知晓，当事人一般不愿也不会向不特定社会公众广为散布。在社会生活中，公民为了交往的需要，常常主动将姓名、工作单位、家庭住址等个人信息告知他人，自己的这些信息有时也会被他人通过一定途径知晓和利用。这些信息不具有一般的人格或身份属性，对于这些个人信息的主动披露、使用等行为是否构成侵犯隐私权，应当视行为人对这些信息的取得方式、披露方式、披露范围、披露目的及披露后果等因素综合认定。②在“于某诉嘉年华北京公司肖像侵权案”中，法院认为，隐私权的具体范围受权利个体的特殊身份、受关注程度以及公共利益等因素的影响，而呈现出较为明显的个体差异，这种差异也源于隐私本身的相对性。因此，在认定隐私权是否受到侵害时，应在综合考虑个体因素、社会因素及环境因素的基础上裁断。③在“凌某某诉抖音案”中，法院认为，因不同类型人群的隐私偏好不同，且互联网具有开放、互联和共享

① Helen Nissenbaum. Contextual Integrity Up and Down the Data Food Chain, Theoretical Inquiries in Law Vol.20. 2019, p.224.

② 北京市朝阳区人民法院（2008）朝民初字第 10930 号民事判决书。

③ 北京市第一中级人民法院（2006）一中民终字第 10912 号民事判决书。

的特点，在网络环境中对隐私的界定及判断是否构成侵权需要结合具体场景具体分析。同样，在“黄某诉腾讯案”中，法院认为，对于兼具防御性期待及积极利用期待的个人信息，此类信息的处理是否侵权，需要结合信息内容、处理场景、处理方式等，进行符合社会一般合理认知的判断。这种在具体情景中认定隐私（个人信息）侵权的方式值得肯定。

五、适用启示

在大数据时代，立法显示了对个人信息保护的高度重视。无论在立法抑或司法实践中，个人信息的法律属性仍未明确。个人信息之上蕴含财产，当前法院承认了数据企业对其数据的财产权益，但否认信息主体对其信息享有的财产利益。诚然，个人信息目前并不具有财产所应具有的所有标准特征，但不能因此否定其本身承载的财产因子，这种无形财产利益应该被作为财产来保护。与此同时，法院应该为个人信息商业化利用问题创制合适的请求权基础，从而在信息主体未经同意进行商业化利用的控制利益和反不正当竞争利益之间划分界限，赋予信息主体针对侵权第三人的直接请求权。

《民法典》从实定法的角度彰显个人信息的人格属性，而对隐私权与个人信息的分野也明确了个人信息人格利益的独立性，较为精准地呈现出隐私、个人信息以人格利益的关联度为重心的同心圆所处的位置。但是，个人信息的人格属性以及和隐私范围的交叉决定了两者区分的困难。如上所述，个人信息属性会随着个人所处的具体情景而相应变化，因而单一、静态地定义个人信息并不能适应大数据时代的现实需求。在大数据蓬勃发展与信息技术快速更新的背景下，个人信息保护的制度设计能否实现合理、高能的效果，事关信息主体权益与数据经济的长足发展。我国应该清楚地意识到现有制度的矛盾性，抓住情景完整性理论的精髓，构建以情景路径为导向，以隐私风险评估管理为手段，合理区分个人信息与隐私，避免僵化的概念确定对多方利益带来不良影响。在此基础上，通过尊重个人信息多元价值的共通性与调和多重利益的差异性，完善个人信息保护的价值观与制度观，积极推进与数据技术、新型商业模式相匹配的个人信息保护框架。

微博解救儿童案

——个人信息自决权的边界

云晋升

（华东政法大学师资博士后）

一、基本案情

被告徐某某在发现男童（即原告1施某某）被养父母虐待之后，在网络平台上披露了这些信息，并配上了该男童的受伤图片（脸部已作模糊化处理），希望借此获得网络帮助以解救该男童，引发了公众的持续关注。男童的养母李某某被公安机关以涉嫌故意伤害罪逮捕。此后，男童被转交给其生父母张某某（即原告2）、桂某某（即原告3）临时监护。三名原告基于以下事实起诉至法院：第一，被告对原告1的图片、养子身份信息的公开侵害了原告1的肖像权、个人信息权；第二，被告声称的虐待事实纯属捏造，侵害了原告1的隐私权、生活安宁权；第三，被告在公众中塑造了原告1的“坏孩子”形象，侵害了原告1的名誉权；第四，被告公开了原告2、3的家庭隐私和窘境，侵害了原告2、3的隐私权；第五，被告捏造了事实，使原告2、3无端背负上了“遗弃子女”的恶名，侵害了原告2、3的名誉权。原告1、2、3要求法院判令被告停止侵害；赔礼道歉并为三名原告消除影响、恢复名誉；向原告1支付精神抚慰金10万元；向原告2、3支付精神抚慰金10万元。

本案的争议焦点之一是：被告出于保护儿童的目的，在未经自然人同意的情况下，于网络平台上披露个人信息的行为是否违法？主审法院判决驳回三名原告的诉讼请求，一审判决后，原被告双方均未提起上诉。

二、裁判思路

为保护未成年人利益和揭露可能存在的犯罪行为，发帖人在其微博中发表未成年人受伤害信息，所发微博的内容与客观事实基本一致的，符合社会公共利益原则和儿童利益最大化原则，该网络举报行为不构成侵权。本案中，被告在原告1受伤害后，为保护未成年人的生命健康利益，在其微博中披露了相关信息，符合社会公共利益原则和儿童利益最大化原则。在个人信息处理过程中，被告对相关信息的披露是节制的，对相关照片进行了模糊处理，没有暴露受害儿童的真实面容，也没有披露原告1的姓名和家庭住址，其目的是揭露可能存在的犯罪行为。被告所发微博的内容虽出现收养的词语，但微博文字与照片结合后，第三人不能明显识别出微博中的受害儿童即为原告1。被告的网络举报行为未侵犯原告1的肖像权、名誉权、隐私权，未侵犯原告2、3的名誉权、隐私权。原告的诉讼请求于法无据，不予支持。本案系法院在《民法典》颁布施行前作出的判决，因而其基本思路仍然是建立在肖像权、隐私权等传统人格权路径下。

三、焦点问题的发展脉络

比较法上关于个人信息处理合法性基础的条文是欧盟《一般数据保护条例》（以下简称“GDPR”）第6条，其前身是欧盟95/46/EC指令第7条。GDPR第6条规定了6项合法性事由，分别是自然人同意、合同履行的必须、法定义务、重要利益的保护、公共利益、合法利益。欧盟95/46/EC指令第7条也是规定了6项合法性事由，具体事由与GDPR大体相同。不过，GDPR在95/46/EC指令的基础上有了些许的发展，比如本案所涉及的生命健康利益的保护构成个人信息处理的合法性事由。95/46/EC指令第7条第d项所规定的合法性事由，即“为了保护数据主体重要利益所必须”，而GDPR第6条第1款第d项则规定，“为了保护数据主体及其他自然人重要利益所必须”。虽然GDPR表面上仅增加了“其他自然人”，但GDPR实际上较95/46/EC指令进一步扩充了个人信息处理的法定事由，即保护自然人生命健康利益可以构成合法性事由。我国的《个人信息保护法》与GDPR的做法基本相同，《个人信息保护法》第13条第1款第4项规定，“为应对突发公共卫生事件，或者紧急情况下为保护自然人的生命健康和财产安全所必需”。从这里可以看出，对于自然人生命健康等重要利益的保护逐渐被承认为个人信息处理的法定事由。因此，至少从95/46/EC指令自1995年生效开始，欧盟就一直沿用了行为规范的模式，而非权利模式，实质上认为自然人同意不是个人信息处理的唯一合法性事由，换句话说，自然人不对其个人信息享有完全的控制权。

早有学者提出，应摒弃传统以“知情同意”为核心的个人信息保护法架构。①还有学者深入研究了多样化合法性事由背后的原因。个人信息处理之所以具有多样化的合法性事由，是由于个人信息之上存在着多样化的利益，分别是信息主体的个人利益、数据控制者的利益、公共利益。②学界已经基本达成共识，“知情同意”不应当是个人信息处理的唯一合法性基础。为了在《民法典》等既有规范下实现这一共识，有学者提出了“默示同意”路径，以便在“知情同意”之外创设出实质意义上的多样化事由。③不过，随着《个人信息保护法》的出台，基于《民法典》的解释论研究已经完成了任务，以《个人信息保护法》为基础的解释论研究更具有意义。

四、案例评析

（一）本案的甄选意义

尽管本案系《民法典》出台前的判决，当时的立法还不承认个人信息权，但是本案中的原告方已经主张对男童的养子身份信息进行保护。法院可能受制

---

① 参见姬蕾蕾：《个人信息保护立法路径比较研究》，载《图书馆建设》2017年第9期。

② 参见高富平：《个人信息使用的合法性基础——数据上利益分析视角》，载《比较法研究》2019年第2期。

③ 参见吕炳斌：《个人信息保护的“同意”困境及其出路》，载《法商研究》2021年第2期。

于立法的空白，最终采用了隐私权保护的路径，判定被告不构成侵权。不过，隐私权所强调的是损害的结果，与个人信息强调的抽象风险的防范存在很大的差异。因此，该案有必要在《民法典》确立个人信息权和《个人信息保护法》的背景下重新加以分析。最重要的是，该案涉及个人信息保护中的经典理论难题，即自然人对其个人信息的自决范围到底有多大。而且，该案还同时涉及儿童个人信息自决权行使的问题。因此，该案是论述个人信息权属问题的十分合适的素材。

（二）个人信息公开涉及的具体权利

原告1在发现被告于网上披露其个人信息之后，认为被告分别侵害了原告1的隐私权和个人信息权，基于此要求被告承担侵权责任。虽然原告提出了隐私权和个人信息权的受损，但由于《民法典》出台前法律并没有明确承认个人信息权，所以当时法院仅就隐私权的问题展开了论述，最后也没有就原告关于个人信息权的诉求作出回应。在《民法典》已经出台的情况下，很有必要从个人信息保护的视角对该案展开更为深入的分析，即被告未经原告同意擅自在网上披露原告个人信息的行为是否构成对原告个人信息权的侵害。

隐私权和个人信息保护被统一规定在了《民法典》人格权编中的第六章，因此实践和学界对于隐私权和个人信息权的关系发生了争论。目前主流的思路是在个人信息和隐私之间划出一条明确的界限，试图在具体场景下对特定信息类型进行归类，这是在规范概念层面所进行的努力。不过这种思路一定程度上脱离了个人信息权的生成背景。《民法典》第1034条第1款规定，“自然人的个人信息受法律保护”，这里的法律可能并非主要指《民法典》，也指《个人信息保护法》。因此，更为合适的思路是在区别《民法典》和《个人信息保护法》的基础上讨论个人信息权的问题，因为只有结合具体的规范目的才能更好地认识个人信息权的内涵。

1.《民法典》中的个人信息权

所谓《民法典》中的个人信息权，是指尚未颁布《个人信息保护法》时《民法典》对个人信息权的保护。《民法典》对于个人信息权的保护主要是通过《民法典》第1165条而实现。《民法典》第1165条规定：“行为人因过错侵害他人民事权益造成损害的，应当承担侵权责任。依照法律规定推定行为人有过错，其不能证明自己没有过错的，应当承担侵权责任。”从侵权法的一般条款可以看出侵权救济的基本思路是出于损害填补的目的①，只有对他人民事权益造成损害，行为人才有可能承担侵权责任。不过，《民法典》在内容上也订立了部分属于《个人信息保护法》的条文，主要体现为《民法典》第1035—1039条。在上述条文中，其主要的规制对象是“信息处理者”，所以其适用领域和《个人信息保护法》基本重合，这些条文实质上属于特别法范畴。信息处理者的认定在比较法上十分严苛，最终能够认定为信息处理者的基本是互联网企业，普通主体根本达不到信息处理者的条件。与之不同的是，《民法典》的适用范围十分宽泛，基本涵盖了所有主体，无论是普通主体还是互联网企业都涵盖其中。《民法典》第2条规定：“民法调整平等主体的自然人、法人和非法人组织之间的人身关系和财产关系。”所以，《民法典》中的个人信息权保护需要通过侵权法获得保护。

《民法典》并不考虑个人信息自动化处理所可能造成的危害，而仍着眼于现有权利的救济。在权利救济的视角下，个人信息权就是隐私权，进一步说，《民法典》所需解决的是到底什么样的个人信息侵害能够进入侵权法的视野。侵权法旨在协调损害填补和行为自由之间的紧张关系，而非一味地强调对受害者的赔偿。因此，不是所有的个人信息泄露都能够达到获得侵权法救济的程度。对此，《民法典》已经多有强调。《民法典》第1032条第2款规定，隐私是自然人的私人生活安宁和不愿为他人知晓的私密空间、私密活动、私密信息。《民法典》第1033条在未将规制对象确定为信息处理者的情况下，规定不得随意处理他人的私密信息。《民法典》第1034条第3款规定，个人信息中的私密信息，适用有关隐私权的规定；没有规定的，适用有关个人信息保护的规定。这些条文实质就是将部分个人信息纳入隐私权范畴中进行保护。换句话说，确认了隐私权对个人信息保护的阈值。如果动辄将任何个人信息都当作权利来保护，那么几乎每个人都会成为侵权人，因为在日常的交往之中，很难不对个人信息进

① 参见张新宝：《侵权责任法立法：功能定位、利益平衡与制度建构》，载《中国人民大学学报》2009年第3期。

行传输和处理。《民法典》第 1034 条第 2 款对个人信息进行了定义，个人信息是以电子或者其他方式记录的能够单独或者与其他信息结合识别特定自然人的各种信息，包括自然人的姓名、出生日期、身份证件号码、生物识别信息、住址、电话号码、电子邮箱、健康信息、行踪信息等。一个人既然生活在社会之中，那么这些信息肯定具有公开的需求，否则社会根本无法正常运行。在司法实践中同样存在这种观点，在一起因泄露个人信息产生的隐私权案件中法院指出，“虽自然人不愿向外人披露的私人生活信息均可视为隐私，但在社会生活交往中，人与人之间必然会产生信息交换，尤其是姓名、电话、微信等公共性较强的个人信息”。①因此，在侵权法视野内，披露他人不具有私密性的信息很难从《民法典》中获得救济，只有那些私密信息的泄露才有可能作为隐私权获得保护。

隐私权和个人信息权在尚不具备数据处理技术的时代一直都是相同的概念，只是在个人信息处理技术逐渐普及之后，个人信息权的保护才开始从隐私权中独立出来。这一独立并非指个人信息权成为独立的人格权，至少在民法领域，个人信息权保护仍然需要借助于隐私权获得保护。所以，在本案中原告完全可以以被告对其个人信息的公开构成隐私权侵害为由提起诉讼，要求被告承担侵权责任。这一诉讼的提起在举证上要更为简单，不需要去证明被告具有信息处理者的身份。但是，原告需要举证的是，被收养的身份属于原告的隐私范畴。

法院最终否认了被告公开原告个人信息的行为构成对原告隐私权的侵害。从结果上而言，法院的处理结论正确，但从其论证过程来看仍有进一步完善的空间。法院认为，“徐某某所发微博的内容虽出现收养的词语，但微博文字与照片结合后，第三人不能明显识别出微博中的受害儿童即为施某某。徐某某所发微博的内容未涉及张某某、桂某某的任何信息资料，至于徐某某发表微博后，网民对张某某、桂某某搜索导致其相关信息被披露，不应由徐某某承担责任”。尽管被告试图将身份信息匿名化，但是既然网民能够从已公开的信息中还原出被告的真实身份，那么其实被告就是公开了原告的个人信息。争议的焦点并不应该在于被告是否公开了原告的私密信息，而是在于该信息是否构成原告的私

① 北京市第二中级人民法院（2020）京 02 民终 7646 号民事判决书。

密信息，进一步说该行为是侵权行为。法院认为，“隐私权是指自然人享有的对其个人的与公共利益无关的个人信息、私人活动和私有领域进行支配的一种人格权”。那么法院应当首先就该案中隐私权的范围进行判定。隐私权是一个十分不确定的概念，随着具体的场景和具体的身份而发生变化。有时属于隐私权的信息，在特定情况下则会落入公共利益之内。在为了国家或者社会安全的情况下，隐私信息也会被处理，但是在此之前应当作匿名化的处理。①例如，《传染病防治法》第 12 条规定，个人必须接受疾病预防控制机构、医疗机构有关传染病的调查、检验、采集样本、隔离治疗等预防、控制措施，如实提供有关情况。这是较为典型的隐私权在特定情况下向个人信息的转化。一般情况下，个人的行踪等信息属于个人隐私，但是如果涉及传染病防治，那么则会带有强烈的公共利益色彩，从而不再属于个人隐私范围。隐私权侵害中的违法性判定要比身体权更为复杂。法院在判决中也承认了这一点。“是否构成侵犯隐私权，应当根据受害人确有隐私被损害的事实、行为人行为违法、违法行为与损害后果之间有因果关系、行为人主观上有过错来认定。”在该案中，被告的主观状态是为了原告 1 的生命利益，同时这些信息可能属于救助原告所必需，带有一定的公共利益色彩。被告行为所体现出的违法性并没有那么明显。因此，法院所做出的被告行为不构成对原告隐私权侵害的结论是正确的，其准确把握了隐私权的内涵，合理划分了纯粹个人领域与公共领域的界限，体现出了符合社会公共利益原则和儿童利益最大化原则，值得称赞。

2. 个人信息保护法中的个人信息权

最为重要的是《个人信息保护法》下的个人信息权。就当前的学术研究而言，个人信息权的概念逐渐被理解为《个人信息保护法》语境下的概念，而非《民法典》语境下的个人信息权。

《个人信息保护法》的适用范围一般有着特别的限定，而民法的适用范围则更为宽泛。GDPR 第 2 条第 1 款规定，其仅适用于全自动或半自动化进行的个人信息处理，以及非以自动化进行的但对构成或旨在构成存档系统一部分的数据处理行为。非自动化就是指手动处理行为。手动的处理行为似乎可以包括本

① 参见彭诚信：《数据利用的根本矛盾何以消除》，载《探索与争鸣》2020 年第 2 期。

案中被告在网上发布原告个人信息的行为，但其实不然，因为这种发帖行为不符合 GDPR 附加的条件。GDPR 第 4 条对归档系统作出了定义，数据归档系统是指可通过特定标准访问的任何结构化形式的个人信息，无论它们在功能上或地理上是集中、非集中抑或完全分散的。这里可以粗略地理解为手写表格的形式。数据一般是存储在数据库里，具体结构上有表头和内容。之所以这样存储，主要是为了方便读取和处理，同时也起到了节省存储空间的作用。诸如以日常文字出现的形式只是原始信息，在存储或者使用时，一般都要先做结构化处理。假设被告在网上将情况表述为“受害男童×××并非其父母亲生”或者“图片上受伤的男童是他们的父母抱养来的”，这些自然语言的表述必须做出结构化处理才能适用 GDPR，例如将其转化为“姓名：×××，是否为其父母亲生：否……”。所以，如果不旨在进行后期的表格化处理，相关的个人信息处理行为是不适用 GDPR 的。类似的做法同样存在于《德国联邦个人资料保护法》。《德国联邦个人资料保护法》没有采用统一的适用领域，而是在区分数据处理者公主体和私主体身份的基础之上，采用了区分式的做法。如果信息处理者是私主体，根据《德国联邦个人资料保护法》第 1 条第 2 款第 2 句的规定，其适用领域与 GDPR 相同，即手动的并且非旨在存储于数据库内的信息处理行为不适用于《德国联邦个人资料保护法》的相关规定。如果信息处理者是公主体，根据《德国联邦个人资料保护法》第 1 条第 2 款第 1 句的规定，任何形式的数据处理行为都适用于《德国联邦个人资料保护法》，不论该数据处理是否采用自动化形式，抑或是否旨在存储于数据库之中。综合 GDPR 和《德国联邦个人资料保护法》的做法，由私主体进行的非自动化且并不旨在储存于数据库的数据处理行为不受数据保护法的保护，属于典型的保护中空。本案中的信息公开行为在 GDPR 和《德国联邦个人资料保护法》都不会受到规制，信息主体只能寻求得到民法规范的保护。

本案还需要讨论的是被告公开原告 1 经过处理的图片是否侵害了原告 1 的个人信息权。原告在诉讼中提出被告 1 擅自在网上公开图片的行为侵害了原告 1 的肖像权。这一诉请被法院驳回，法院认为，“虽未经施某某同意，但其使用是为了维护社会公共利益和施某某本人利益的需要，也没有以营利为目的，且使用时已对照片脸部进行了模糊处理，应认定该使用行为不构成对施某某肖像权的侵害”。不过,《民法典》已经抛弃了以营利性作为肖像权保护的必要条件,所以需要进一步分析的是,脸部的模糊处理是否意味着被告不需要承认任何侵权责任?最高人民法院认为,如果第三人无法从直观上就图片与自然人建立联系,那么图片的公开就并不侵犯自然人的肖像权。①从本案来看,被告确实已经对图片中展示出的脸部进行了模糊处理,因此法院判定被告行为不侵犯肖像权并无问题。值得探讨的是,模糊化的脸部图片是否涉及原告1的个人信息权。即使图片中自然人脸部经过处理,仍大概率涉及其个人信息权。原因在于,肖像权保护的前提是通过图像可以关联到自然人,而个人信息保护则是图像与自然人相关即可。举例而言,单纯的自然人脸部上的一块胎记图片难以得到肖像权保护,但是如果第三人披露了该胎记是某人的,那么该图片就会涉及个人信息的保护问题。《个人信息保护法》第4条第1款对个人信息下了定义,个人信息是以电子或者其他方式记录的与已识别或者可识别的自然人有关的各种信息,不包括匿名化处理后的信息。在本案中,作为受害者的被告1的身份已经特定化,由此该图片属于与已识别的自然人有关的各种信息。《个人信息保护法》对个人信息的范围没有作更多的限定,那么自然人外在形象的特征当然属于相关信息的范畴。而模糊化处理的图片依然可以展现出基本的外在形象特征,比如该自然人的毛发皮肤颜色、是否戴眼镜、直发还是卷发、面部是否有痣,等等。这些看似细小的特征,在自动化数据处理的技术条件下足以再次识别出该人。因此,本文认为,虽然该图片经过被告的模糊化处理,但由于该图片已经指向了原告1,为了吸引关注所展示出的微小外部特征仍具有识别性,因而也涉及个人信息的保护。

个人信息权未必只会产生人格权损害,还有可能对自然人的经济利益产生损害,这显示出个人信息权与隐私权在保护上的不同面向,尤其是对于自由职业者而言,特定的个人信息具有极端的重要性,一旦暴露将会对其职业发展造成很大的消极影响。还有,个人的财富实力也容易招来歧视性的定价,财力雄厚者可能因此在消费中总是花费比经济拮据者更多的费用。而上述信息未必属

---

① 参见最高人民法院民法典贯彻实施工作领导小组:《中华人民共和国民法典人格权编理解与适用》,人民法院出版社2020年版,第238页。

于隐私，特别是对于其关系亲近者而言，这些个人信息其实都是公开化的。个人信息权和隐私权的区别还表现在信息的分类上。当个人信息涉及隐私保护时，《民法典》第1032条采用了私密信息的用语。而当个人信息涉及个人信息权保护时，比较法上则采用了敏感信息的用语。GDPR第9条第1款将种族、民族、政治观点、宗教信仰、哲学信仰、工会成员资格、基因数据、生物特征数据、健康数据、性生活、性取向等数据归入敏感信息，采取了禁止处理的立场，除非符合严苛的例外条件。而一般的个人信息则采用了原则禁止的立场，其例外条件则较为宽泛和抽象。之所以GDPR将一些个人信息归入敏感信息，是因为这些信息更容易产生权利受损的抽象危险，同时所威胁的权利属于人的重要权利。不能否认的是，被归入敏感信息的信息在民法层面也恰好逐渐接近个人私密领域，与隐私权的范畴存在较大的交叉空间，但这仅是功能上的重合而已，二者在本质上不属于同一层面的问题。私密信息旨在决定隐私权的范围，从而划定隐私权的合理保护范围，侧重于对现实损害的认定，而敏感数据则关注信息泄露在统计学意义上是否更容易造成个人其他权利的受损，以及这些权利在众多权利中的位阶。①在本案中，收养身份信息可能还算不上敏感信息，所以在其违法性的认定上可以采取一般化的标准，不需要对其采取特别的限定。

故意对不具有自动化处理可能的个人信息处理行为的规制的放弃反映出《个人数据保护法》的独特功能定位，它不仅仅旨在强调对于个人信息的保护。其实，对于自然人而言，信息处理者采用何种方式处理数据与自然人因个人信息所引起的危险没有直接的关系。就直观而言，夸张化的语言表述与经过数据化处理的信息相比更具可读性、更具感染力、更容易造成对自然人私生活的侵害。然而，这种思路依然是建立在损害救济的基础上，重点强调损害的现实性。个人信息的保护终究是为了预防性的歧视保护。②个人信息会带有个人的特征，在泄露时极易造成对个人的歧视性对待。例如，商家有可能会针对个体的不同设置歧视性定价。正是在这个意义上，《个人数据保护法》才只针对自动化处理的形式，或对进入数据库的数据处理行为进行规制。普通语言导致的信息泄露

① 参见彭诚信、史晓宇：《个人信息识别标准的域外考察和在我国的转进》，载《河南社会科学》2020年第11期，第7页。

② Vgl. Buchner in Kühling/Buchner DS-GVO, 3.Aufl. 2020, Art.1 Rn.14.

难以被自动化处理，自然也不可能产生大规模或批量的歧视性对待。作为商家而言，他几乎不可能采用人工的形式逐条搜索网上以自然语言存在的个人信息。人力所付出的成本将可能远远高于他所能获得的收益。具体到本案中，现有的技术根本难以识别出该个人信息归属于谁，甚至只能依靠于网友的搜索才最终定位到具体的个体。在这种情况下，几乎不可能造成对原告的歧视性对待，可能造成的仅仅是小范围的信息泄露，尚不足以需要特别法进行保护。以自然语言产生的个人信息泄露，其损害是固定的，通常不会再继续扩大，不具有抽象性的危险。所以，通过《民法典》对现有损害进行救济已经足够了，根本不会涉及《个人信息保护法》意义上的个人信息保护。

但是，我国的《个人信息保护法》的适用范围明显高于 GDPR 和《德国联邦个人资料保护法》。根据《个人信息保护法》第 3 条第 1 款的规定，在中华人民共和国境内处理自然人个人信息的活动，适用本法。这意味着，我国的法律并没有对个人信息的处理形式作出任何要求。根据《个人信息保护法》第 4 条第 2 款的规定，个人信息的处理包括个人信息的收集、存储、使用、加工、传输、提供、公开、删除等。在本案中，被告对原告个人信息的公开行为当然属于在我国境内处理个人信息的行为。在《个人信息保护法》施行之后，原告有权以《个人信息保护法》为基础要求被告就个人信息权的侵害承担责任。因此，围绕着《个人信息保护法》中的个人信息权展开分析显得十分必要。

（三）个人信息处理的合法性事由

未取得同意的个人信息处理行为并不必然具有违法性，因为法律赋予自然人以信息自决权并不意味着自然人享有对其个人信息全面支配的权利。除了自然人同意之外，《民法典》第 1035 条和第 1036 条还规定了法定事由。只要信息处理者的信息处理行为具备上述法定事由，其信息处理行为同样具备合法性基础。

1. 利益权衡之下的信息自决权

自然人对于其个人并没有全面的支配权限，而仅有有限的支配权限。信息自决权亦不是通常意义上的权利，它仅是《个人信息保护法》第 13 条第 1 款的学理名称。《个人信息保护法》第 13 条第 1 款规定，取得个人的同意时，信息处理者方可处理个人信息。这一规定仅意味着个人同意是个人信息处理的合法性事由之一，而非唯一的合法性事由。如果信息自决权是一项全面排他性的权利，那么立法应当表述为，只有取得个人同意时，信息处理者方可处理个人信息。由于个人同意不是个人信息处理的唯一合法性事由，因此个人自决权的保护范围是不确定的，与传统的绝对权保护存在明显的差异。信息处理者在未取得个人同意的情况下进行的信息处理行为并不当然违法，因为该信息处理行为可能在个人信息利益的保护范围之外。个人信息的保护范围之所以不明确，是因为数据的合理流通和个人信息的保护是相对立的关系。

即使在GDPR为基础的欧盟立法框架中，基本思想也是认为个人信息自决权不是一项绝对权。欧盟文件（EU）2016/679第4点明确声明："个人数据的处理应当旨在服务于人类。个人数据保护的权利不是一项绝对权；必须考虑到其在社会中的作用，同时必须与其他基本权利进行权衡，进而符合比例原则。"也就是说，个人信息权系为了防范个人信息的滥用导致基本权利遭受抽象危险而产生，也会因基本权利面临的现实危险而消灭。比如，急救医生为了抢救一个生命垂危且无自主意识的病人时，需要处理该病人的健康信息，该健康信息的处理应当是合法的，此时该自然人的个人信息权的保护范围应当被限缩。毕竟，保护一条正在面临现实的危险的生命比对可能不会出现的抽象危险的防范更为重要。个人信息权实际上是利益权衡下的结果，它的边界十分不确定，具体表现为自然人可以自决其个人信息的具体情形非常不确定。另外一个十分重要的原因是，个人信息的使用不具有天然的竞争性，法定情形下对于个人信息的处理不会影响其他人对个人信息的使用。法定事由下的个人信息处理也不会对个人信息的合理流通和使用造成阻碍。因此，个人信息权不具有绝对权的属性，未经同意进行的个人信息处理不一定就具有违法性。

2. 个人信息自决权的支配范围

现在困扰实务和立法许久的是如何界定个人信息权的属性，表面上在于是否赋予个人信息权以权利名称，但实质上是自然人对于其个人信息的可支配范围，即自然人能够在多大程度和多大范围上通过自己的意志阻止或允许他人对其个人信息的使用。关于这个问题，有必要重新回归到权利的基本理论并展开分析。

（1）传统权利范式与个人信息自决权的矛盾

大陆法系的代表，德国法学界对于权利的认识历经了许多变化。首先出现的代表性学说是权利的意志力、意志支配学说，主要的代表人物有萨维尼（Savigny）和温德沙伊德（Windscheid），但二人的观点有一定的区别。萨维尼主张，权利的正当性在于确保权利主体的自由领域，而且权利服务于道德。①萨维尼学说的背后有着德国古典哲学的色彩，自由意志与道德有着紧密的联系。②不过，萨维尼关于权利定义中的目的取向被后来的温德沙伊德所抛弃，温德沙伊德采取了纯粹的实证主义立场，认为“权利是由法律制度所赋予的一种意志力或意志支配”③。在意志理论之外的另一种代表性学说是权利的利益学说，主要代表人物是耶林（Jhering）。耶林批判了意志理论的缺陷，并通过两个要素建构了权利的利益理论。“第一是形式要素，即诉权。第二是实质要素，即实际目的（应当被法律所保障的利益和获利）。耶林最终将权利总结为：法律上所保护的利益。”④后来人们发现，两种代表性学说一定程度上都是正确的，因此现今的德国通说其实是两种代表性学说的混合，即“权利是由法律制度所赋予的用于满足特定利益的意志力”⑤。套用到个人信息自决上，就是法律赋予自然人决定是否处理以及如何处理其个人信息的权利。自然人是否同意他人处理其个人信息即是其意志力的体现，而该项权利所维护的是自然人在其个人信息上的利益。

作为德国通说的权利理论混合说无法解释或者说界定个人信息自决权，因为其无助于划定出个人信息自决权的支配范围。在传统的权利范式下，权利被分为绝对权和相对权。恰恰是在这一重要的经典分类下，个人信息自决权的解释面临着困境。毫无疑问，个人信息自决权不会是相对权，因为自然人所面对的信息处理者的身份是不特定的。但是，个人信息自决权又不是一项绝对权，这意味着自然人无法对抗所有的信息处理者。此时，在通过侵权法进行保护时便出现了权利边界不清的问题。

---

①④　Wolf/Neuner，Allgemeiner Teil des Bürgerlichen Rechts，10. Aufl.，2012，S.215.

②　参见彭诚信：《现代权利理论》，法律出版社 2017 年版，第 24 页。

③　Winscheid，Lehrbuch des Pandektenrechts，Bd. Ⅰ，7.Aufl. 1891，§ 37，S.88.

⑤　Helmut Köhler，BGB Allgemeiner Teil，München 2018，S.247.

在分析个人信息自决权时，非常容易将支配权和人格权的概念范畴相混淆。如果将个人信息当作法律客体来看待，那么本质上是将个人信息界定为财产权的客体。财产权赋予权利主体对客体的全面的支配性。著作权是以作品为客体的权利，因而著作权人对其作品拥有支配权。依据《著作权法》第 10 条第 1 款，著作权人享有发表权，即其享有决定是否以及如何发表作品的权利。如果将个人信息界定为支配权，那么意味着赋予自然人以全面的支配权，这显然与立法不相符合。人格权是绝对权，而非支配权，因为人只能是权利主体，而不能成为权利客体。一般认为，人格权具有绝对权的属性，也就是说“个人对其人格利益有自主决定的权利”①。在此基础之上，个人信息权也被表述为“信息自决权”。不过，信息自决权与身体权的自决还是存在很大的差异。个人信息的自决范围显著小于身体权的自决。个人信息带有浓厚的社会属性，这一点在《个人信息保护法》中的立法目的条款中即可看出。《个人信息保护法》第 1 条规定，为了保护个人信息权益，规范个人信息处理活动，促进个人信息合理利用，根据宪法，制定本法。人格权的本质就是法益，法律并不确认人基于人格权所享有的行为的边界，而仅保护人免受他人的侵扰。因此，个人信息自决权应当在人格权的框架下进行分析，而非支配权。在此意义上，对于个人信息自决权的分析其实就是该项人格权在侵权法上的具体保护范围。关于保护范围的界定，是无法从权利概念的通说中获得答案的，因为无从得知个人意志对个人信息支配的具体范围。

(2) 权利程序理论范式下的个人信息自决权

自然人对其个人信息自决范围的模糊性的背后既有该自然人与其他主体之间的紧张关系，也有个人利益与公共利益之间的紧张关系。如果个人自决让位于法定许可事由，那么则说明此时公共利益优先于个人利益。这里的公共利益并非指传统上的公共利益概念，而是包含了交易安全、生命价值等内容。

无论是《民法典》，还是《个人信息保护法》，甚至比较法，都没有选择从正面的角度去界定自然人对个人信息的支配范围，共同的思路都是规定何种情况下自然人不可支配其个人信息，即从反面划定个人信息权的支配范围。“程序

① 王泽鉴：《人格权法》，北京大学出版社 2013 年版，第 252 页。

性权利理论是根基于主体的平等参与（参与者观点的体现）、着眼于主体的利益评价、取决于主体参与评价意志或利益而形成规则与原则等规范的程序”①，所要解决的是权利产生、权利证立、权利规范适用等难题。我国的立法正是以权利程序理论为基础。

固然自然人对于其个人信息具有利益，但是该项利益是否足以生成权利，即该自然人对于其个人信息具有支配力，要看利益是否具有正当性。正如上文所说，个人信息权本身就是利益衡量的产物，因而正当性的论证仍然需要回归到个人信息权与其他权利的权衡之中。关于权衡的方法或结论，立法已经进行了程序性的设计。第一，根据《民法典》第 1035 条第 1 款，权衡的结果只能由法律、行政法规进行规定。原因在于，法律、行政法规有着更为严格的民主程序，能够保证自然人的正当利益不受侵害。第二，以《民法典》第 1035 条为代表的法定许可制度赋予了处理中立地位的法院在解释适用权，即法院需要解释“公共利益”“合法权益”“合理实施”的具体含义，防止将解释权交给信息处理者。这些制度都体现出权利程序理论的内在思想。

（3）个人信息处理的法定许可事项

未经自然人同意时的信息处理行为是否侵入了自然人的支配领域，要视该信息处理行为是否具有法定事由。如果符合法定事项，就等于自然人在该场景下失去了对其个人信息的支配，是否同意并不影响信息处理行为的合法性。

《个人信息保护法》第 13 条除了自然人同意外，还规定了五项法定许可事由，这些事项与 GDPR 的规定较为相似。在分析信息处理的行为是否侵权时，首先需要检索上述五项事由，在不符合的情况下才有必要考察自然人是否同意。法定许可的第一项事由是“为订立、履行个人作为一方当事人的合同所必需，或者按照依法制定的劳动规章制度和依法签订的集体合同实施人力资源管理所必需”。对个人信息自决权的保护不能架空“契约严守”原则，否则等于赋予自然人一方以任意解除权。典型的例子是，当自然人试图向金融机构贷款时，金融机构有权向征信机构调取该自然人的征信信息，因为征信背景是决定金融机

① 彭诚信：《现代权利理论》，法律出版社 2017 年版，第 190 页。

构是否放款的关键。不过，在本案中，当事人之间不存在任何的合同关系，因而不会涉及合同订立或履行下的法定许可。法定许可的第二项事由是“为履行法定职责或者法定义务所必需”。《关于建立侵害未成年人案件强制报告制度的意见（试行）》确实规定了相关主体对于此类案件负有报告义务。根据该意见第2条的规定，国家机关、法律法规授权行使公权力的各类组织及法律规定的公职人员，密切接触未成年人行业的各类组织及其从业人员，在工作中发现未成年人遭受或者疑似遭受不法侵害以及面临不法侵害危险的，应当立即向公安机关报案或举报。从本案案情来看，被告不符合上述条件，因而不属于负有法定义务的主体。法定许可的第三项事由是“为应对突发公共卫生事件，或者紧急情况下为保护自然人的生命健康和财产安全所必需”。结合本案情况，被告的行为十分符合该项事由。男童的养母被公安机关以涉嫌故意伤害罪逮捕，显示出男童确实已经有影响生命健康的危险。因此，被告的行为有可能符合该项事由，使得其对于男童个人信息的公开具备了合法性。法定许可的第四项事由是“为公共利益实施新闻报道、舆论监督等行为，在合理的范围内处理个人信息”。被告的行为不符合该项条件。法定许可的第五项事由是“依照本法规定在合理的范围内处理个人自行公开或者其他已经合法公开的个人信息”。本案的案情与该项许可事由并不符合。因此，被告的行为最有可能符合《个人信息保护法》第13条第4款规定的法定许可事由。

（四）必要性原则下对案情的追问

除了同意这一合法性事由之外，必要性原则是所有合法性事由下个人信息处理行为所要遵循的基本原则。①《个人信息保护法》第13条第2项至第4项都强调“所必需”一词。具体到本案中，虽然被告的行为有可能符合《个人信息保护法》第13条第4款，即应对突发公共卫生事件，或者紧急情况下为保护自然人的生命健康和财产安全“所必需”。但究竟是否符合“必需”这一要件，还需要对案情事实加以追问，遗憾的是，本案判决没有过多着墨“所必需”一词，但这并不妨碍本文对此加以分析和追问。

① Vgl. BeckOK DatenschutzR/Albers/Veit，32. Ed.1.5.2020，DS-GVO Art.6 Rn.11—17.

1. 网络求助形式是否必需

为了保护自然人的生命健康，被告可以采取的形式有多种，但从本案案情来看，他选择通过网上披露个人信息的方式进行保护，最终被原告起诉。虽然原告的起诉最终被驳回，但其诉求也并非无道理。根据《关于建立侵害未成年人案件强制报告制度的意见（试行）》第 2 条的规定，报告义务主体应当向公安机关报案或举报。类比本案，如果被告知晓了男童受虐待的事实后，所应想到的首先是寻求公安机关的帮助，也可以将求助主体进一步扩大到居委会、村委会等组织。在紧急状况下，只有公安机关等单位具备直接的解救能力，被告却迂回地采用网络举报的方式，有可能会延迟解救行动。不过，案情中并没有披露被告究竟是否曾经或者同时向公安机关等单位进行报案或举报。如果公安机关等单位已经采取了解救行动或正在调查之中，那么被告的网上举报可能已经不符合必要性原则。网上举报的潜在风险是个人信息泄露的不可控性。如果被告明知可以向公权力单位寻求帮助，但是却故意放弃此种手段，转而采取网络求助的形式，从而导致原告的个人信息泄露，那么可能需要承担一定的责任，因为网络求助形式并不是解救行为的必需。当然，对于被告的善意行为也不能过分苛刻，如果被告救人心切且不知道向公权力机关寻求帮助是最有效的手段，那么被告的网络求助行为也可以被认为是符合必要性原则的，具有合法性。

2. 收养信息的公开是否必需

如果案情事实支持网络求助行为符合必要性原则，那么需要进一步分析的是，收养信息的披露是否属于保护男童的生命健康所必需。原告方对于收养信息的披露十分在意，主张被告未经许可就擅自披露了男童的养子身份信息。在现实生活中，是否亲生的身份确实会给当事人带来困扰，尤其是原告 1 还是儿童，可能会受到周围同学的关注，特别不利于原告 1 的成长。具体到必要性原则中，就是收养信息的披露是否属于网络求助所必需披露的内容。在法定许可时对于个人信息的披露量确实应当予以限制，以符合必要性原则，否则自然人将彻底失去对其个人信息的支配力。收养信息的公开是否必要，要看该项信息的公开与否是否会对男童的解救造成实质性影响，这是本文难以回答的。

五、适用启示

第一，《个人信息保护法》的应然适用范围应当是具备数据自动化可能的场景。司法在适用《个人信息保护法》等规范时，应当注意其适用的范围。只具有现实危险而不具有因自动化处理而产生抽象危险的行为应交由民法进行保护。《个人信息保护法》之所以对个人信息采取强化保护，主要的原因是防止个人信息自动化处理所带来的各种抽象威胁。所以，《个人信息保护法》的适用范围应当与当前科技的发展水平相关联。不具备自动化或半自动化处理可能的个人信息处理不应当纳入《个人信息保护法》的适用范围内。

第二，自然人不享有对其个人信息完全的支配权。这涉及个人信息的权属难题，目前可能难以从正面对自然人的权利范围加以界定。可行的方式是从反面切入，通过法定许可事由的立法和司法适用划定自然人的不可支配的范围或场景。

第三，法定许可的适用需要严格遵循必要性原则。具体包括手段的必要性和信息披露量的必要性。必要性原则旨在尽可能地在个人信息上的社会利益和个人利益之间找寻平衡，防止自然人彻底丧失对其个人信息的支配力。

腾讯诉抖音及淘宝诉美景案例评析
——数据及数据权利的法律属性

王黎黎
（大连海洋大学海洋法律与人文学院副教授）

一、基本案情

（一）腾讯诉抖音案情分析

2019年3月18日，天津市滨海新区人民法院对申请人深圳市腾讯计算机系统有限公司、腾讯科技（深圳）有限公司、腾讯数码（天津）有限公司（以下简称腾讯）提出的行为保全申请依法作出裁定，裁定被申请人北京微播视界科技有限公司（以下简称抖音）立即停止使用并分享来源于腾讯的相关用户数据。①

该案经天津市滨海新区人民法院审理后，作出民事裁定书："一、被申请人抖音立即停止在抖音中向抖音用户推荐好友时使用来源于微信/QQ开放平台的微信/QQ用户头像、昵称，直至本案终审法律文书生效；二、被申请人抖音立即停止将微信/QQ开放平台为抖音提供的已授权微信/QQ账号的登录服务提供给多闪使用（裁定生效前已通过微信/QQ账号登录方式登录过多闪的账号除外），并不得以类似方式将其提供给抖音以外的应用使用，直至本案终审法律文书生效；三、被申请人抖音、多闪立即停止在多闪中使用来源于微信/QQ开放

① 参见天津市滨海新区人民法院："深圳市腾讯计算机系统有限公司、腾讯科技（深圳）有限公司商业贿赂不正当竞争纠纷一审民事裁定书"［（2019）津0116民初2091号］，载https://www.qcc.com/wenshuDetail/ae54b32bf4813ed8194871e421c1473f.html，最后访问时间：2021年2月10日。

平台的微信/QQ用户头像、昵称，直至本案终审法律文书生效；四、驳回申请人腾讯的其他行为保全请求。”

（二）淘宝诉美景案例分析

2018年8月16日，杭州铁路运输法院对“淘宝（中国）软件有限公司诉安徽美景信息科技有限公司不正当竞争纠纷案”作出一审判决，认定以提供远程登录“生意参谋”数据产品淘宝用户电脑的技术服务为招揽，通过组织、帮助他人利用已订购“生意参谋”数据产品服务的淘宝用户所提供的子账户获取“生意参谋”数据产品中的数据内容的行为侵犯原告的利益，在判决中认可了原告淘宝对其收集数据产品中的原始数据与衍生数据享有财产所有权。浙江省杭州市中级人民法院依法作出维持原判的终审判决。①

该案经杭州铁路运输法院审理后，作出（2017）浙8601民初4034号民事判决书：“1.被告安徽美景信息科技有限公司于本判决生效之日起立即停止涉案不正当竞争行为，即立即停止以不正当的方式获取、使用（包括提供他人使用）、泄露市场行情标准版和市场行情专业版‘生意参谋’数据产品中的数据内容以及涉案网站上的相关宣传行为等；2.被告安徽美景信息科技有限公司赔偿原告淘宝（中国）软件有限公司经济损失及为制止不正当竞争行为所支付的合理费用共计200万元，于本判决生效之日起十日内履行完毕；3.驳回原告淘宝（中国）软件有限公司的其他诉讼请求。”宣判后，美景公司不服一审判决，向浙江省杭州市中级人民法院提起上诉，浙江省杭州市中级人民法院以同样的事实作出（2018）浙01民终7312号判决：驳回上诉，维持原判。

二、裁判思路

（一）腾讯诉抖音案裁判思路

一审法院总结本案的焦点并不在于数据的获取，而在于被申请人合法获取

① 参见杭州铁路运输法院：“淘宝（中国）软件有限公司与被告安徽美景信息科技有限公司不正当竞争纠纷一案民事判决书”[（2017）浙8601民初4034号]，载北大法宝数据库，最后访问时间：2021年2月10日。

数据后对数据的使用是否合理、适当。法院认为用户尽管对其提交的昵称、头像等个人信息依法享有民事权利，但是腾讯通过与用户订立相关协议，在征得用户同意并保证用户隐私权或其他合法权益免受不法侵害的前提下，对基于自身经营活动收集并用于商业性活动的一系列用户数据同样依法享有合法的民事权益。与此同时，平台对于用户个人信息等各类数据享有相应民事权益，亦承担着保障用户个人信息等各类数据安全的义务，据此围绕焦点分析如下问题：

1. 申请人的请求具有事实基础和法律依据

申请人经营的微信/QQ产品兼具社交平台和开放平台等多重属性，历经多年的投入和运营，通过不断设计、完善、丰富产品的各种服务及功能，了解用户需求、提升用户体验等，具有广泛的知名度，已拥有十亿级的月活账户。尽管用户对其提交的头像、昵称等个人信息依法享有相应的权利，微信/QQ平台通过与用户之间的一系列协议，在用户同意的情况下，在保证用户隐私权等其他合法权益不被侵害的前提下，对基于自身经营活动收集并进行商业性使用的用户数据整体同样享有合法权益。同时，基于相关法律对于用户信息保护的规定以及微信/QQ平台与用户的约定，平台对于用户个人信息等数据享有相应权益，亦负有保护用户个人信息等数据安全的责任。

2. 被申请人行为具有不当性

被申请人北京微播视界科技公司明知该规定，在未获得微信/QQ开放平台及用户授权的情况下，仍然将其来源于微信/QQ开放平台的用户头像、昵称等数据提供给多闪产品，并由多闪产品在推荐好友时展示使用，损害了微信/QQ平台及用户的合法权益。特别是被推荐好友为非多闪用户时，还存在着引导该用户下载多闪产品的情况。作为一款新发布的小视频社交产品，多闪正处于积累用户的推广期，其在与微信/QQ平台没有直接数据交换的情况下，凭借与抖音信息互通的便利，获取并使用相关数据以扩展自身用户的行为不具有合法性、正当性。

（二）淘宝诉美景案裁判思路

法院归纳本案焦点为：一是淘宝公司收集并使用网络用户信息的行为是否正当；二是淘宝公司对于“生意参谋”数据产品是否享有法定权益；三是被诉

行为是否构成不正当竞争；四是本案民事责任的确定。本案的思路是通过认定淘宝公司收集利用的原始数据合法，不存在非法获取用户个人信息的行为，具有正当性。同时确认淘宝公司对其数据产品依法享有竞争性财产权益，应当受到法律保护，具体理由如下：

1. 淘宝公司收集并使用网络用户信息的行为正当

法院认为：从规则公开方面来看，淘宝公司已向淘宝用户公开了涉及个人信息、非个人信息收集规定的《法律声明及隐私权政策》；从取得用户同意方面来看，淘宝公司在其用户注册账号时通过服务协议、法律声明及隐私权政策的形式取得了授权许可；从行为的合法正当性来看，淘宝公司经授权后收集使用的原始数据均来自淘宝用户的主动提供或平台自动获取的活动痕迹，不存在非法渠道获取信息的行为；从行为必要性来看，淘宝公司收集、使用原始数据的目的在于通过大数据分析为用户的经营活动提供参谋服务，其使用数据信息的目的、方式和范围均符合相关法律规定。因此，法院认为，淘宝公司收集、使用网络用户信息以及“生意参谋”数据产品公开使用网络用户信息的行为符合法律规定，具有正当性。美景公司主张淘宝公司未经淘宝商户及淘宝软件用户同意，私自抓取用户相关信息，侵犯了用户个人隐私以及商户商业秘密，具有违法性，但其并未提交有效证据予以证明，故对美景公司的该抗辩意见，法院不予采纳。

2. 淘宝公司对于“生意参谋”数据产品享有法定权益

法院认为：对于淘宝公司诉称其对涉案“生意参谋”数据产品享有竞争性财产权益的诉讼主张，法院予以支持，淘宝公司对于侵犯其权益的不正当竞争行为有权提起诉讼。对于淘宝公司诉称其对涉案原始数据享有财产权、美景公司辩称淘宝用户对涉案网络用户信息享有财产权的诉讼主张，法院不予支持。对于淘宝公司诉称其对涉案“生意参谋”数据产品享有财产所有权的诉讼主张，法院认为，财产所有权作为一项绝对权利，如果赋予网络运营者享有网络大数据产品财产所有权，则意味着不特定多数人将因此承担相应的义务。是否赋予网络运营者享有网络大数据产品财产所有权，事关民事法律制度的确定，限于我国法律目前对于数据产品的权利保护尚未作出具体规定，基于物权法定原则，故对淘宝公司该项诉讼主张，法院不予确认。

不论是腾讯诉抖音案的民事裁定书，还是淘宝诉美景案中的判决书，案件的核心问题虽然都归结到不正当竞争，但是前置性的问题相同：这些涉及网络用户的数据（抑或信息）及数据权利如何界定？这些数据权利归属于谁？亦即在数字化中国时代，我们应当明确数据以及数据权利的概念，才能够清晰地作出数据权利的权属划分，进而才能够保护不同民事主体的民事权利。

三、焦点问题的发展脉络

在两个案件中，核心问题都是围绕着什么是数据以及谁享有数据权利。在淘宝诉美景一案中，法院认为，涉案数据产品的相关数据虽然来自淘宝公司所收集的原始数据，但这些原始数据只是网络用户浏览、搜索、收藏、加购、交易等活动痕迹信息外化为数字、符号、文字、图像等方式的表现形式。原始数据所具有的实用价值在于其所包含的网络用户信息数据，而不在于其表现形式。在腾讯诉抖音一案中，法院认为用户信息已成为互联网经营者特别是社交网络平台的核心财富和重要的竞争资源，如何收集、使用这些用户个人信息也是经营活动的重要内容。

（一）关于数据及数据权利的学理发展

关于“个人数据”，早期是欧盟在 1981 年《有关个人数据自动化处理的个人保护协定》中规定，个人数据指已识别或可识别的个人（数据主体）有关的任何信息；①1995 年欧盟制定了《关于涉及个人数据处理的个人保护以及此类数据自由流动的指令》（简称“数据保护指令”），该指令认为个人数据指任何有关已识别或可识别的自然人（数据主体）信息，一个可识别的人是指可以直接通过身份编号或间接通过一个或多个与身体、生理、心理、经济、文化或社会认同等具体因素将其识别出的自然人；②距今最近的是欧盟 2012 年出台并于

① EU.Directive 95/46/EC of the European Parliament and of the Council. [2017-02-20]. http://ec.europa.eu/justice/policies/privacy/docs/95-46-ce/dir1995-46_part1_en.pdf.

② Council of Europe. Convention for the Protection of Individuals with regard to Automatic Processing of Personal Data. [2016-10-05]. https://rm.Coe.int/CoERMPublicCommonSearchServices/DisplayDCTMContent?documentId=0900001680078b37.

2018年实施的《一般数据保护条例》（GDPR），它将个人数据定义为任何指向一个已识别或可识别的自然人（即“数据主体”）的信息，该可识别的自然人能够被直接或间接地识别。①

除了相关立法外，学界对个人数据也有界定。伊德里奥拜特等多位学者直接使用了欧盟数据保护指令的定义，指出个人数据是指与一个已识别或可识别的自然人（数据主体）相关的所有信息。②斯皮尔克曼（Spiekermann）教授在信息的基础上认为个人数据指高度敏感的、可以揭示人身份的信息。③森泽佳富（Y.Morisawa）教授则认为个人数据是指个人信息（姓名、住址、年龄等）和私人信息（位置信息、路线信息、购买历史等），个人信息可直接识别本人，而私人信息需与其他信息组合来间接识别本人。④我国著名学者张新宝和王利明教授把个人数据定义成“与一个身份已经或者可以被识别的自然人相关的任何信息”。⑤也有其他学者认为个人数据是指包含一切可以识别本人的数据。⑥

目前各国立法和理论中都出现了“个人数据”与“数据”相互使用且无分界，“个人数据”指代具有可识别性的个人信息的现象。法学界这种交互使用的现象并不是相近词代替那么简单，概念的厘清才是权利归属的前提条件。个人数据不能等同于大数据时代的数据概念。

关于数据权利，有学者否定数据的权利性，认为数据的无形性使得数据无法被权利化，数据本身不具有独立的经济价值，因此数据的财产性不是由其本身所定义的，而是由信息内容来定义的，只能服从于代码规则，数据的保护问题应当交由技术手段而非法律手段解决。⑦当然大部分学者是认可数据权利的，

---

① 参见欧盟GDPR（中文版）《一般数据保护条例》，https://www.docin.com/p-2111986496.html。

② ZLIOBAITE I，CUSTERS B. Using sensitive personal data may be necessary for avoiding discrimination in data-driven decision models. Artificial intelligence and law，2016，24（2）:183—201.

③ SPIEKERMANN S，BOHME R，ACQUISTI A，et al. Personal data markets. Electronic markets，2015，25(2)：91—93.

④ MORISAWA Y，MATSUNE S. NESTGate-Realizing personal data protection with k-anonymization technology. Fujitsu scientific & technical journal，2016，52（3）. pp.37—42.

⑤ 参见张新宝：《从隐私到个人信息：利益再衡量的理论与制度安排》，载《中国法学》2015年第3期。

⑥ 参见谢永志：《个人数据保护法立法研究》，人民法院出版社2013年版。

⑦ 参见梅夏英：《数据的法律属性及其民法定位》，载《中国社会科学》2016年第9期。

犹如判决中对数据权利的论述。尽管数据是随着社会科技的发展而产生的一种新的客体，具有无形性和非独占性等独特的特征，但是数据依然具有民事权利客体所要求的独立性和财产性，是现代民法中一类新型的民事权利客体。①有学者认为由于数据权利客体"数据"的自然属性与现有的民事权利客体的自然属性不同，所以数据权利是具有财产权属性、人格权属性、国家主权属性的新型的民事权利。②法学界对于数据权的性质存在两种观点，第一种观点认为数据权是物权，第二种观点认为数据权是知识产权。③肖冬梅认为，数据人格权是一种与隐私权很接近的新型权利，但是数据人格权与隐私权又存在差异，隐私权并不能涵盖所有的个人数据，个人数据兼具人格利益和财产利益，对个人数据的侵害可能损害隐私，也可能造成权利人的财产损失。④齐爱民认为，个人数据权是自然人的一种所有权，可进行自主控制并排除他人干涉的权利，但并不认为个人数据承载财产利益。⑤龙卫球教授认为，数据权是一种新型权利，对于个人用户而言，应在个人信息或者说初始数据的层面，同时配置人格权益和财产权益；对于数据经营者（企业），基于数据经营和利益驱动的机制需求，应分别配置数据经营权和数据资产权。⑥申卫星教授认为，数据权属是用益权，数据用益权既可以基于数据所有权人授权和数据采集、加工等事实行为取得，也可以通过共享、交易等方式继受取得。⑦

（二）关于数据及数据权利的案例发展

2010 大众点评诉爱帮网案件⑧中，大众点评提出爱帮网利用技术直接利用

---

① 参见程啸：《论大数据时代的个人数据权利》，载《中国社会科学》2018 年第 3 期。

② 参见李爱君：《数据权利属性与法律特征》，载《东方法学》2018 年第 3 期。

③ 参见李德恩：《数据权利之法律性质与分段保护》，载《理论月刊》2020 年第 3 期。

④ 参见肖冬梅、文禹衡：《数据权谱系论纲》，载《湘潭大学学报（哲学社会科学版）》2015 年第 6 期。

⑤ 参见齐爱民、盘佳：《数据权、数据主权的确立与大数据保护的基本原则》，载《苏州大学学报（哲学社会科学版）》2017 年第 4 期。

⑥ 参见龙卫球：《数据新型财产权构建及其体系研究》，载《政法论坛》2017 年第 4 期。

⑦ 参见申卫星：《论数据用益权》，载《中国社会科学》2020 年第 11 期。

⑧ 参见北京市海淀区人民法院（2010）海民初字第 24463 号民事判决书；北京市第一中级人民法院（2011）一中民终字第 7512 号民事判决书。

大众点评收集和整理的用户信息构成不正当竞争，法院认可企业付出投入而得到的数据应当受法律保护，爱帮网这种垂直搜索服务在实质上替代大众点评的行为构成不正当竞争。2013 年新浪微博诉脉脉案①，双方在停止合作后就“用户数据”发生争议，新浪微博认为“用户数据”是其商业秘密，应当立即停止使用并删除从新浪微博处获得的用户数据。法院对于新浪微博主张的用户数据是商业秘密的观点并没有进行论证，而是从《反不正当竞争法》角度，认定脉脉未获得新浪微博授权而抓取其用户信息的行为构成了不正当竞争。在 2017 年的酷米客诉车来了案②中，被告破解原告的加密系统并利用爬虫技术爬取了原告通过安装定位器获取实时公交位置的数据，法院在判决中认可了数据的财产属性，同意通过《反不正当竞争法》认定被告的行为构成不正当竞争。直至 2020 年腾讯诉搜道案③，原告腾讯认为其开发运营的个人微信产品中的数据内容（主要为个人微信用户的用户账号数据、好友关系链数据、用户操作数据等个人身份数据和个人行为数据）享有数据权益，被告利用上述数据的行为构成不正当竞争。法院认为腾讯对于某个特定的单一微信用户数据并不享有专有权，故两被告擅自收集、存储或使用单一微信用户数据仅涉嫌侵犯该微信用户个人信息权。但是法院认为被告的被诉行为不仅危及微信用户的数据安全，且对原告享有的数据资源竞争权益构成了实质性损害，因此构成不正当竞争。这与脸书诉 Power 公司案④类似，脸书起诉指控 Power 公司未经脸书许可闯入脸书的计算机系统，擅自收集脸书用户的数据，违反了《计算机欺诈与滥用法》（Computer Fraud and Abuse Act，CFAA）和《加州刑法典》（California Penal Code Section 502）并得到了法院的支持。

我国于 2016 年颁布了《中华人民共和国网络安全法》，2020 年《中华人民共和国民法典》中明确规定了“隐私权”和“个人信息”，《中华人民共和国个人信息保护法》和《中华人民共和国数据安全法》也即将颁布。

---

① 北京市海淀区人民法院（2015）海民（知）初字第 12602 号民事判决书；北京知识产权法院（2016）京 73 民终 588 号民事判决书。

② 深圳市中级人民法院（2017）粤 03 民初 822 号民事判决书。

③ 浙江省杭州市中级人民法院（2020）浙 01 民终 5889 号民事判决书。

④ Facebook，Inc. v. Power Ventures，Inc.，844 F.3d 1058（9th Cir. 2016）.

四、案例评析

腾讯诉抖音及淘宝诉美景案裁定及判决，符合大数据时代对数据保护与利用的要求，一方面充分考虑到对个人信息及隐私的法律保护，另一方面又认可了数据企业对数据所享有的法定权益。然而，随着我国法律对数据及数据权利的认可及研究，本文所探讨的案例也存在不足之处。

（一）两案体现了我国法律对数据、个人信息及隐私的保护

在腾讯诉抖音案裁定中，案件的争议焦点并不在于数据的获取，而在于被申请人合法获取数据后对数据的使用是否合理、适当。法院认为申请人作为提供开放平台服务的经营者，为确保包括用户个人信息等在内的数据安全，不仅有权通过接入审核机制选择向什么样的第三方应用开放数据，亦有权通过制定开发者协议及平台管理规范等，确立、限制其所开放的数据范围及第三方应用获取数据的使用方式、使用范围等，以维护平台合理秩序、维系平台有序运营。法院认为随着互联网、大数据的高速发展，既要鼓励个人信息应用方面的创新又要注重个人信息的合理保护，因此裁定被告的行为不仅直接损害了申请人对用户信息享有的合法权益，也侵害了用户的知情权、选择权、隐私权等合法利益。

在淘宝诉美景案中，法院根据《网络安全法》第 42 条的规定认为，网络用户向网络运营者提供信息是基于对该网络运营者信息安全保护能力的信赖，如果网络运营者公开使用或许可他人使用网络用户信息，网络用户信息安全将面临新的不可预测的风险，超出了网络用户对信息安全保护的原有预期。因网络运营者对于网络用户信息的安全负有法定保护义务和审慎注意义务，网络运营者公开使用或许可他人使用其收集的网络用户个人信息、个人行为痕迹信息的，应事先另行取得被收集者的明示同意。

我国《民法典》对隐私权及个人信息进行了全面的规定，《个人信息保护法（草案）》第 2 条也明确了自然人的个人信息受法律保护，任何组织、个人不得侵害自然人的个人信息权益。《数据安全法（草案）》界定了数据的概念，并明

确对数据的保护。上述案例明确了司法在实践中对个人信息、数据以及隐私权的法律保护。

（二）两案在文书中混用“个人信息”“数据”等概念

在上述法律文书中，法院使用了数据、用户信息、个人数据、原始数据以及衍生数据等名词，试图对用户信息进行物理属性和法律层次的界定。

特别是在淘宝诉美景案中，法院以《网络安全法》的规定为依据，通过区分淘宝公司收集、使用的涉案数据信息属于何种类型，界定淘宝公司收集并使用网络用户信息并非个人信息，“生意参谋”数据产品所涉网络用户信息主要表现为网络用户浏览、搜索、收藏、加购、交易等行为痕迹信息以及由行为痕迹信息推测所得出的行为人的性别、职业、所在区域、个人偏好等标签信息。这些行为痕迹信息与标签信息并不具备能够单独或者与其他信息结合识别自然人个人身份的可能性，故其不属于《网络安全法》中的网络用户个人信息。

我国《民法典》第1034条明确规定自然人的个人信息受法律保护。个人信息是以电子或者其他方式记录的能够单独或者与其他信息结合识别特定自然人的各种信息，包括自然人的姓名、出生日期、身份证件号码、生物识别信息、住址、电话号码、电子邮箱、健康信息、行踪信息等。案例中的网络购物中的痕迹信息通常与个人账户信息相关，淘宝公司根据其收集的个人账户及痕迹信息进行精准定位，例如“大数据杀熟”等情况，因此根据我国法律的规定应该属于“个人信息”的范畴。

此外法院认为案件所涉及的数据内容已经不再是原始的网络数据，而是建立在大量网络数据基础之上运用一定的计算机算法，通过深度的过滤分析、提取整合以及匿名化脱敏处理之后所形成的具有预测型、指数型、统计型的衍生数据。虽然法院使用了“原始数据”“衍生数据”等概念，但是实质上表达了“数据”的概念。数据实际上最重要的是不具有隐私性与可识别性，是一种具备经济价值的数字符号集合体。

（三）两案认可企业对数据产品所享有的法定权益

在腾讯诉抖音案中，法院认为尽管用户对其提交的头像、昵称等个人信息依法享有相应的权利，微信/QQ平台通过与用户之间的一系列协议，在用户同意的情况下，在保证用户隐私权等其他合法权益不被侵害的前提下，对基于自身经营活动收集并进行商业性使用的用户数据整体同样享有合法权益。同时，基于相关法律对于用户信息保护的规定以及微信/QQ平台与用户的约定，平台对于用户个人信息等数据享有相应权益，亦负有保护用户个人信息等数据安全的责任。

在淘宝诉美景案中，法院认为，涉案“生意参谋”数据产品中的数据内容虽然来源于原始用户信息数据，但经过淘宝公司的深度开发已不同于普通的网络数据。该产品所提供的数据内容不再是原始网络数据，而是在巨量原始网络数据基础上通过一定的算法，经过深度分析过滤、提炼整合以及匿名化脱敏处理后而形成的预测型、指数型、统计型的衍生数据，已成为网络大数据产品。这些数据产品中的数据内容系淘宝公司付出了人力、物力、财力，经过长期经营积累而形成，具有显著的即时性、实用性，能够为商户店铺运营提供系统的大数据分析服务，系淘宝公司的劳动成果，其所带来的权益，应当归淘宝公司所享有。依据《民法典》第127条的立法精神，“生意参谋”中的原始数据与衍生数据均系淘宝公司的无形资产，淘宝公司均享有合法权益，有权进行使用、处分。

我国《民法典》第127条规定：“法律对数据、网络虚拟财产的保护有规定的，依照其规定。”近年来，立法者不断对人格权、物权、债权和知识产权进行修订。2020年《民法典》的公布，数据保护在人格权编中具有举足轻重的地位，这实际上就认同了数据的权利是一种新型的财产权利。①

依据该条文可以界定数据权利是民事主体基于数据所享有的民事权利，是自然人、法人和非法人组织在生产、采集、存储、清洗、开发、应用、交易各种数据中产生的民事权利。②具体而言，新型数据财产权是指数据资源初始占有者、持有者、管控者，数据开发、利用及经营者在对其所掌控的数据进行收集、分析、整合以及加工的基础上而形成的一种持有、管控、分成归属及其收益的

---

① 参见程啸：《论大数据时代的个人数据权利》，载《中国社会科学》2018年第3期。

② 参见童彬：《数据财产权的理论分析和法律框架》，载《重庆邮电大学学报（社会科学版）》2019年第31卷第1期。

结构性权利。①个人数据权利是自然人对自己拥有的个人数据的支配、使用、处分的权利。企业的数据权是指企业有依法对自己享有的“数据集合”进行支配、使用、处分的权利。为了满足企业的生产经营活动并达到营利的目的，有必要设立并明确企业对“数据集合”的权利及范围。企业数据的商业价值大部分来源于其在生产经营过程中搜集的大量的数据信息，所以这里的“数据集合”是指数据规模达到一定量级形成的集合。②国家数据权是指国家基于公共利益的需求对国家所有的数据所享有的权利。

随着信息时代的到来和大数据技术的发展，因大数据而新生的事物已经形成了新的产业链条，通过对数据进行收集、加工、处理、关联分析、形成和运用，数据价值的重要性在生活中越来越凸显出来，其逐渐演变成一种新型资产。③本文中的两个案例之所以会引发诉讼，根本原因在于涉案数据具有一定的经济价值。例如淘宝诉美景一案中，法院认可涉案数据呈现的方式是趋势图、排行榜、占比图等可视化的数据内容，这些内容适应市场的需求，得到用户的经济对价。二审法院确认上述数据分析被作为“生意参谋”数据产品的主要内容进行了商业销售，可以为淘宝公司带来直接经营收入，必然属于竞争法意义上的财产权益。在大数据时代，数据财产权毫无疑问成为一种新兴的并被大众所熟知的基本民事权利（或财产权利）④。

数据权利因其具有可评估的经济价值而被认定为财产权。关于数据财产权的观点，莱斯格从法律经济学的角度进行分析认为，现代社会应当意识到数据权利的性质取决于数据的财产属性，只有准确认识到数据权利的财产属性，才能不断适应数据本身的发展需要，尤其应当重视企业对数据享有的财产权。为了促进数据的大规模流动以及增加数据的使用频率，需要逐渐解开传统法律制度框架下对于数据的枷锁，通过“数据财产权”的界定形成数据从用户到企业的数据收集、数据流通以及数据使用的合规模式。因为数据拥有财产权利的属

① 徐汉明、孙逸啸、吴云民：《数据财产权的法律保护研究》，载《经济社会体制比较》2020年第4期。

② 管洪博：《大数据时代企业数据权的构建》，载《社会科学战线》2019年第12期。

③ 朱宝丽：《数据产权界定：多维视角与体系建构》，载《法学论坛》2019年第5期。

④ 童彬：《数据财产权的理论分析和法律框架》，载《重庆邮电大学学报（社会科学版）》2019年第31卷第1期。

性，它能够增强数据的经济驱动能力，从而转变旧视角中的依据单纯隐私或者信息绝对化过度保护用户的格局。进一步来说，应该依靠数据活动的要求，激发数据的活力，给予拥有财产权品格的个人信息以一种新的生机和新的设计，使得数据活动更加方便和顺畅。①

我国民法规定，根据客体不同可以将民事权利分为财产权和非财产权。财产权与我们切身利益相关，其内容主要是涉及财产流转和财产归属，因此债权、物权以及无体财产权等都属于财产权。非财产权是与权利主体的人身密不可分的权利，主要包括人格权和身份权。②毫无疑问，数据作为数据权利的客体具有经济价值，但是数据这个客体究竟属于民法中的哪一类物则成为研究数据权利性质的根本问题。虽然根据洛克的理论，财产权并不仅仅包括人对物质利益所享有的权利，而是超越财富占有，包括人的行动、自由、生命和身体等各种权利，这种观点在一定程度上给予了新型数据权利空间。③但是与此同时数据权利也被当然要求具有财产权属性的内在和外观。根据经济价值的同一性，将不同价值形态的财产进行整合可以形成一个开放且具有逻辑性的“财产权客体谱系”。在“财产谱系”的构图中，根据财产具有实际客体与否，财产分为客观财产和主观财产，客观财产包括物质财产、知识财产，主观财产包括货币化财产和证券化财产。根据客体本身是否具有物质形态性，财产可以分为有形财产和无形财产。前者专指动产、不动产，后者主要指信息财产。④数据就是新时代的信息财产，那么数据权利就是新兴的财产权。

（四）两案并未界定数据权利的性质

在淘宝诉美景案中，对于淘宝公司诉称其对涉案“生意参谋”数据产品享有竞争性财产权益的诉讼主张，法院予以支持；对于淘宝公司诉称其对涉案原始数据享有财产权以及美景公司辩称淘宝用户对涉案网络用户信息享有财产权

---

① ［美］劳伦斯·莱斯格：《网络自由与法律》，刘静怡译，商周出版社 2002 年版，第 396 页。本书即《代码：塑造网络空间的法律》，李旭、姜丽楼、王文英译，中信出版社 2004 年版。

② 王泽建：《民法总则》，北京大学出版社 2009 年版，第 69 页。

③ ［英］洛克：《政府论（下篇）》，叶启芳、翟菊农译，商务印书馆 1964 年版，第 18 页。

④ 刘少军：《货币财产（权）论》，中国政法大学出版社 2009 年版，第 11—14 页。

的诉讼主张，法院不予支持。对于淘宝公司诉称其对涉案“生意参谋”数据产品享有财产所有权的诉讼主张，法院不予确认，法院认为财产所有权作为一项绝对权利，如果赋予网络运营者享有网络大数据产品财产所有权，则意味着不特定多数人将因此承担相应的义务。是否赋予网络运营者享有网络大数据产品财产所有权，事关民事法律制度的确定，限于我国法律目前对于数据产品的权利保护尚未作出具体规定，基于“物权法定”原则，法院不予确认。

数据权利属于数据财产权，最近兴起的数据财产权主要包括三种分类，分别是数据经营权、数据资产权和数据用益权三种。数据经营权实际上是一种被广泛认可的经营限制权，它的产生有利于提高数据经营的效率和降低风险。数据经营权有其存在的必要性，法律规定了数据经营权的具体内容，一方面它为数据经营者提供了一个内在和外在双重保护的机制，另一方面它成为政策扶持的有力支撑。数据经营者可以作为海量数据的所有权人以经营为目的合法地对他人的数据进行处理，比如说收集、分析、加工等环节。与网络企业的网络经营许可权不同，数据经营权它具有专项性和排他性，所谓排他性就是排除他人使用的权利。①数据资产权是数据经营者对其数据集合或加工产品的一种归属财产权，和所有权的法律性质大体相同。作为数据资产的所有权人，数据经营者必然拥有对数据的占有、使用、收益、处分的权利，处分权能是数据资产权的核心。从功能的角度来看，数据资产的权利是法律赋予数据运营商数据资产管理利益的绝对权利。这不仅确认了其操作效果的所有权，而且还提供了安全的生产操作和便捷的管理数据资产的能力和交易的制度基础。②设置数据使用权的目的是防止企业对海量数据的占有和使用，否则企业可能会获得极强的专有数据所有权，这将影响数据的合理使用和自由流通。③为了在数据归因和数据利用需求之间找到平衡，当前最合适的方法是通过法律手段、意愿或谈判的自主权等来划分数据所有权的权利，并将这些能力的一部分保留给发起者，从而创建“数据所有权 + 数据使用权”的双重结构。④

根据管理权和数据用益物权理论，其前提是数据本身（包括个人数据）是

---

① 龙卫球：《数据新型财产权构建及其体系研究》，载《政法论坛》2017 年第 4 期。

② 参见龙卫球：《数据新型财产权构建及其体系研究》，载《政法论坛》2017 年第 4 期。

③④ 参见申卫星：《论数据用益权》，载《中国社会科学》2020 年第 11 期。

对自然人隐私和个人信息的潜在威胁。为了防止此类损害的发生，法律排除了数据企业获得数据专有权的权利。数据经营权虽然能够满足数据的有效流通和利用，但在法理上缺乏收集、储存数据以及使用个人数据的正当性。数据用益物权是在有效区别数据类型的基础上建立，但在实践中进行数据分类却很难。此外，从内部层面对数据用益物权进行分析，本质上分为个人数据与非个人数据。避免数据本身带来的危害以及促使数据企业承担相应的义务，可以有效增强数据的流动性。例如，价值连城的拍卖品本身就有被盗窃的可能，可是不能因为过于担心该拍卖品存在丢失的可能，就拒绝进行拍卖。为了物尽其用促进物的流转，承担拍卖的主体本身就负有保护拍卖品安全的义务，如同数据企业应当保护数据的安全。

数据权利是财产权，数据权利是所有权。数据不同于个人数据，在数据是具有非可识别性的个人数据集合体的概念界定下，数据本身就不会发生自然人个人信息可识别性的可能。数据所有权是数据权利的属性。所有经过脱敏不再具备“可识别性”的信息和不再具备“私密性”的隐私就是数据的内容之一。企业经过用户授权而取得的数据权利，在本质上该部分具有财产性质的数据的所有权归企业所有，企业对该部分数据享有占有、使用、收益以及处分的民事权利；对应的企业收集、存储并处理经授权获得的个人数据，企业对处理后得到的数据（即非个人数据）依法享有所有权，可以复制、转移、加工以及利用。数据企业拥有数据的所有权和处分权，首先可以排除第三方非法获得数据，其次有利于增加数据的流通与共享，最后还可以促进数字经济的发展，实现数据的经济价值。因此在上述两个案件中，法院认为，数据企业淘宝和抖音获得数据的途径正当，并无违法性，实质上是认可企业对其所收集的数据所享有的权利。

五、适用启示

通过上述两个案例分析可以得出，目前我国对于用户信息等数据的法律保护主要是通过《反不正当竞争法》的路径，随着数据的经济价值、社会价值以及个人信息及隐私的伦理价值的发展，对数据及数据权利的保护需要新的保护路径。

（一）个人数据的概念分析

国际标准化组织（ISO）将数据定义为“可重复进行读取的形式化的信息表达，以适宜于通信、解释或者处理”①，我国国家标准的定义是参照国际标准化组织的定义所定义的，定义认为：数据是指信息的可再解释的形式化表示，以适用于通信、解释或处理。②然而事实上，法律体系内的数据不再仅指“有根据的数字和符号”，也不局限于信息的形式化，而是包含经过处理后的文本、图片、音频、视频等。③

在现行法律框架之下，个人数据实质上是个人信息的形式化④，个人数据也是现行法律框架之下数据的基础。个人数据被收集、存储、分析、形成等再加工之后经过可识别性处理后得到的信息综合体即是数据。这种数据内容丰富，既包括简单的收集个人数据，也包括将收集后的个人数据进行再加工，通过处理技术进行数据的收集、汇编与整合、挖掘与分析、使用而生成的新的数据。⑤

这种情况下的数据包含个人数据、企业数据和国家数据。个人数据在形式上不同于个人信息，但在内容上实际为经过处理后的非可识别性个人信息；企业数据是指企业通过对收集、存储个人数据集合体进行脱敏处理，再次进行关联分析，形成可利用的数据综合体；国家数据是指与国家利益相关的，排除企业所收集的数据综合体。

（二）数据所有权的界定可能

隐私与个人信息是有人格权属性的权利，个人数据与数据是具有财产性的

---

① ISO/IEC 2382:2015.

② 国家技术监督局发布的国家标准《信息技术词汇第1部分：基本术语》（GB/T5271.1-2000）。

③ HASANR，SIONR，WINSLETTM. Preventing history forgery with secure provenance. ACM Transactions on Storage，2009，5（4）. pp.1—14. 、

④ 彭诚信教授在《“信息”与“数据”的私法界定》一文中认为，个人数据与个人信息是一回事儿，我国学理上之所以会出现“个人数据”一词，且其与“个人信息”的关系呈现割裂：一是因为想当然地把主体“个人”与自然科学意义上的“数据”简单结合，把“个人数据”变成法律规范意义上的产物。然而我国立法显然已经明确“个人信息”的称谓，且其实质要素是“可识别性”，绝非“个人”与“信息”的纯文字组合而成。“个人数据”的表达实质上指向的就是“个人信息”的内涵。二是因为纯粹的翻译问题。不少学者将经合组织、欧盟、英国、新加坡等国家和地区的立法中的“personal data”直接翻译成字面上的“个人数据”。

⑤ 参见王秀哲：《大数据时代个人信息法律保护制度之重构》，载《法学论坛》2018年第6期。

权利。个人数据不同于数据，数据是不具有可识别性的非个人信息和非隐私的个人数据集合体。自然人对个人数据依法享有所有权，自然人可以处分自己的权利，因此自然人可以授权企业或者国家收集自己的个人数据。因为自然人拥有个人数据的所有权，所以当国家或数据企业依法收集、存储个人数据时需要承担保证个人数据安全的义务，这也是自然人同意国家或者数据企业收集、存储个人数据的前提。企业数据所有权和个人数据所有权都是数据所有权但并不相冲突，二者所有权的客体是完全不同的，从某种意义上来说，与法人所有权和私人所有权在逻辑上相同。有学者持有如果单独给予个人数据财产权会影响企业在合同法上的根本利益并会对企业的财产性权益造成损害的观点。[①]数据企业为了利益最大化而收集个人数据，那么收集、存储个人数据并对其进行非可识别性再加工而获得的数据所有权足以满足数据企业的利益追求。

企业对数据拥有所有权，企业对收集的个人数据并不享有所有权，而针对企业处理后的数据才可以享有所有权。综上所述，企业对数据所享有的所有权是有条件的。首先，企业需要得到自然人的同意，依据法律规定来收集、存储个人数据；其次，企业并不只是单纯地收集数据，而且需要对个人数据来进行脱敏化处理，为了把存在可识别性可能的“个人数据”转变成非可识别性的数据，企业可以对上述数据进行混同存储，进行再加工与再利用，形成企业的非可识别性数据池，从而保证数据不会再具有复原性。只有在这种情况下，企业才可以对自己数据池中的数据享有数据所有权。再次，企业基于数据所有权享有占有、使用、处分和收益的权利，并且数据企业的数据权利在受到他人侵害时有权要求侵权人承担侵权责任。[②]最后，因为企业享有数据所有权，所以企业也要履行相应的义务。一方面来说针对其存储的个人数据而言，企业对收集、存储的个人数据负有法律上的安全保护的义务；另一方面，由于企业享有数据所有权，所以企业也有防止数据倒回为个人数据的义务。

国家对数据享有所有权，自从科技革命时代开始，数据保护就一直被高度重视。1978 年法国颁布的《数据保护法》，首次谈及国家与个人数据的关系，

---

① 参见丁晓东：《论数据携带权的属性、影响与中国应用》，载《法商研究》2020 年第 1 期。

② 参见程啸：《论大数据时代的个人数据权利》，载《中国社会科学》2018 年第 3 期。

并在该《数据保护法》中设置了专门委员会，从而来确保个人数据在公共、半公共和私人领域受到同样的保护。国家对数据所享有的所有权，主要包括以下两个方面：一是国家在进行行政事务处理过程中所产生的数字数据以及基于国家所有权层面的数据，二是基于保护社会公共利益和维护国家安全层面，国家基于法律规定对该类个人数据以及数据享有数据所有权。同样，国家负有保护数据安全的义务。

从淘宝诉美景案到腾讯诉抖音案，关于数据的诉讼案件越来越多，法律不可避免地要回应数据是什么以及数据权利是什么的法律问题。只有进一步在法律上做好不同数据权利主体对数据的使用规则，才能够有效实现数据利用与数据保护之间的自洽平衡。

“查博士二手车历史车况信息查询纠纷案”评析

——《民法典》生效后个人信息保护类案件的裁判思路

许素敏

（上海交通大学凯原法学院博士研究生）

一、基本案情

酷车易美公司（以下简称被告）运营查博士 App，为不特定公众有偿提供车况信息查询服务。余某（以下简称原告）称，2020 年 12 月，其有意出售案涉车辆，在与意向购买人微信洽谈过程中，将该车辆的机动车行驶证内页照片发送给对方。随后，意向购买人把通过被告所运营的查博士 App 获得的案涉车辆的《丰田历史车况报告》发给原告，并基于案涉车辆有多次维修记录，从而要求原告降价 3 000 元。法院对《丰田历史车况报告》的真实性予以确认，对原告与案涉车辆意向购买人的聊天内容真实性不予确认。案涉车辆并未实际发生交易。

2020 年 12 月 18 日和 2021 年 2 月 21 日，原告两次通过查博士 App 查询案涉车辆的历史车况报告。案涉车辆历史车况报告包括“车况概要”信息（包括历史车况综合评级、解析顺序及年均行驶里程、年均保养次数、最后保养时间、最后记录时间的详细数据）以及车况详情信息（包括解析快读版、维保数据、碰撞数据的详细情况）。

原告认为，被告未经原告同意，擅自有偿向他人提供原告案涉车辆的行驶数据、维保数据等信息，导致原告的车辆信息被非法公开，案涉车辆的行驶里程、维保时间、维保项目等个人信息、个人隐私被非法利用，导致原告转让车辆售价降低，严重侵犯了原告的个人信息权益及隐私权，故诉请法院判令被告删除案涉车辆信息并赔偿原告经济损失 3 000 元。被告辩称，诉争信息不属于法律上所指的个人信息，也不属于隐私权保护范围。

二、裁判思路

本案的争议焦点为：一是被告提供案涉历史车况信息的行为是否侵犯原告的个人信息权益；二是被告提供案涉历史车况信息的行为是否侵犯原告的隐私权。

关于争议焦点一，根据《民法典》第 1034 条第 2 款的规定："个人信息是以电子或者其他方式记录的能够单独或者与其他信息结合识别特定自然人的各种信息，包括自然人的姓名、出生日期、身份证件号码、生物识别信息、住址、电话号码、电子邮箱、健康信息、行踪信息等。"案涉历史车况信息是否为个人信息，关键在于该信息能否单独或者与其他信息结合识别特定自然人。

第一，案涉历史车况信息无法单独识别特定自然人。首先，从内容上看，案涉历史车况信息包括了车架号、车辆基本行驶数据等，但并未出现能直接识别特定自然人的信息。其次，从特征上看，案涉历史车况信息能综合反映案涉车辆的日常损耗程度、未来发生故障可能性等，但无法关联到车辆所有人等特定自然人。最后，从来源上看，数据提供方及其关联方公司负责对汽车维修保养数据中涉及自然人隐私的敏感信息进行脱敏处理，并将脱敏后信息发送给被告用于商业用途。因此，案涉历史车况信息无法单独识别特定自然人。

第二，案涉历史车况信息无法与其他信息结合识别特定自然人。实践中存在通过第三方信息与车况信息结合识别到特定自然人的可能性，但一般理性人在实现上述目的时会综合考虑行为成本，比如技术门槛、第三方数据来源等。由于被告与数据提供方采用脱敏化技术传输数据，从而降低了一般公众将车况信息与第三方信息结合重新识别特定自然人的可能性。因此，在车辆交易场景下，案涉历史车况信息与其他信息结合进行关联识别的可能性较低，不能以此认定其为个人信息。

关于争议焦点二，《民法典》第 1032 条规定："自然人享有隐私权。隐私是自然人的私人生活安宁和不愿为他人知晓的私密空间、私密活动、私密信息。

任何组织或者个人不得以刺探、侵扰、泄露、公开等方式侵害他人的隐私权。”案涉历史车况信息是否为隐私，关键在于判定该信息的公开是否会对原告的私人生活安宁带来不当干扰以及该信息是否具有私密性。

一方面，案涉历史车况信息的公开未对原告私人生活安宁带来不当干扰。在车辆交易场景下，案涉历史车况信息无法识别到特定自然人，本案亦无证据证明原告日常生活安宁、住宅安宁、通信安宁等受到了不当打扰。

另一方面，案涉历史车况信息不具有私密性。隐私成立的条件之一是信息处于隐秘状态，且不为社会公众普遍知悉。车架号是可以通过观察车身直接获取的，并非处于隐秘状态。基本行驶及维修保养数据产生于公开汽修经营场所，虽然在公共场所发生的事件也可以成为隐私权的客体，但如果凡是自己不希望被他人知晓的信息都被界定为隐私，将会给社会正常交往带来不必要的负担，所以应当合理界定隐私权边界。如前所述，案涉历史车况信息并非个人信息，并不具有私密性。如将案涉历史车况信息认定为个人隐私，不符合一般社会合理认知。

综上所述，案涉历史车况信息并非原告的个人信息，亦非其个人隐私。

三、焦点问题的发展脉络

（一）个人信息的界定

学界关于个人信息的界定主要有“隐私说”“关联说”“识别说”三种观点。“隐私说”认为与个人隐私相关的信息才是个人信息；“关联说”将与信息主体相关联的信息均认定为个人信息；“识别说”将个人信息界定为可以识别信息主体身份的信息①。“隐私说”的界定方式过于狭窄。如果采取“隐私说”，由于公开的信息不具有隐私性，所以无法纳入个人信息的范畴。“关联说”的界定方式过于宽泛，会导致个人信息的范围过广，进而限制企业对于信息的合理利用。

---

① 参见谢薇、刘泳：《论突发公共卫生事件中的个人信息权保护和限制》，载《政法学刊》2020年第5期。

相比之下，“识别说”更具有合理性，能够合理确定个人信息的范围，避免个人信息范围的无限扩张，有利于信息的合理流动。“识别说”已成为学界通说①。

个人信息保护类案件中，法院明确界定个人信息主要是在原《民法总则》生效之后。在原《民法总则》生效之前，由于司法实践主要是通过隐私权保护个人信息，所以法院一般只会界定相关信息是否属于隐私，而鲜少关注其本身是否属于个人信息②。原《民法总则》第 111 条明确个人信息受法律保护，与原《民法总则》第 110 条规定的隐私权之间属于并列关系，一定程度上确立了个人信息保护与隐私权相互独立的观念。于是，部分法院在审理个人信息保护类案件时，明确界定个人信息的范围。例如，在“王某与李某香、王某香等隐私权纠纷案”中，法院认为自然人个人信息主要指，据以识别特定自然人身份的任何生物性、物理性的数据、文件、档案等资料，任何与特定自然人相关的，可以据此将该自然人特定化的信息均属于个人信息③。在“丁某某与汪某某隐私权纠纷案”中，法院认为自然人个人信息主要是指据以识别特定自然人身份的任何生物性、物理性的数据、文件、档案等资料，其范围不仅包括自然人的身份证信息、户籍信息、家庭构成、职业情况、社会交往、电子数据等物理性数据。任何与特定自然人相关的，可以据此将该自然人特定化的信息均属个人信息④。

在国内法层面，2000 年 12 月 28 日，全国人民代表大会常务委员会通过的《关于维护互联网安全的决定》第 4 条明确规定，“非法截获、篡改、删除他人电子邮件或者其他数据资料，侵犯公民通信自由和通信秘密”构成犯罪的，依

① 参见齐爱民：《中华人民共和国个人信息保护法学者建议稿》，载《河北法学》2019 年第 1 期；吕炳斌：《个人信息权作为民事权利之证成：以知识产权为参照》，载《中国法学》2019 年第 4 期。

② “朱某与北京百度网讯科技有限公司隐私权纠纷案”是原《民法总则》生效之前为数不多的详细论证案涉信息是否属于个人信息的案例之一。法院依据工信部《电信和互联网用户个人信息保护规定》关于个人信息的定义，认为网络用户通过使用搜索引擎形成的检索关键词记录虽然反映了网络用户的网络活动轨迹及上网偏好，具有隐私属性，但这种网络活动轨迹及上网偏好一旦与网络用户身份相分离，便无法确定具体的信息归属主体，不再属于个人信息范畴。参见江苏省南京市中级人民法院（2014）宁民终字第 5028 号民事判决书。

③ 参见北京市门头沟区人民法院（2017）京 0109 民初 4623 号民事判决书。

④ 参见四川省德阳市旌阳区人民法院（2017）川 0603 民初 4743 号民事判决书。

照刑法有关规定追究刑事责任。该条款一定程度上明确了个人信息受法律保护，但是对于个人信息的理解仍比较模糊，只是列举电子邮件或者其他数据资料，未明确界定个人信息的范围。按照《网络安全法》第76条第5款的规定：“个人信息，是指以电子或者其他方式记录的能够单独或者与其他信息结合识别自然人个人身份的各种信息，包括但不限于自然人的姓名、出生日期、身份证件号码、个人生物识别信息、住址、电话号码等。”《网络安全法》关于个人信息的界定不仅强调个人信息能够识别自然人个人身份，而且需要“以电子或者其他方式记录”，即需要具备形式要件。原《民法总则》第111条规定：“自然人的个人信息受法律保护。任何组织和个人需要获取他人个人信息的，应当依法取得并确保信息安全，不得非法收集、使用、加工、传输他人个人信息，不得非法买卖、提供或者公开他人个人信息。”原《民法总则》第111条首次在民事基本法的层面明确个人信息受法律保护，但是并没有明确界定个人信息的范围。《民法典》首次在民事基本法层面明确界定个人信息。《民法典》第1034条第2款规定：“个人信息是以电子或者其他方式记录的能够单独或者与其他信息结合识别特定自然人的各种信息，包括自然人的姓名、出生日期、身份证件号码、生物识别信息、住址、电话号码、电子邮箱、健康信息、行踪信息等。”《民法典》采取“定义＋列举”的模式界定个人信息的范围。在《民法典》编纂过程中，在个人信息的定义方面，始终坚持“识别性”的核心特征。在个人信息的列举方面，各个版本草案则存在差异。

在国外法层面，欧盟1995年《个人数据保护指令》第2条规定，个人数据指的是与一个已识别或者可识别之自然人（数据主体）相关的任何信息。欧盟《一般数据保护条例》第4条延续了欧盟1995年《个人数据保护指令》第2条所采取的定义。美国《加利福尼亚州消费者隐私法案》亦规定，“个人信息”系指直接或间接地识别、关系到、描述、能够相关联或可合理地连结到特定消费者或家庭的信息。欧盟《一般数据保护条例》和美国《加利福尼亚州消费者隐私法案》关于个人信息的定义具有类似的特征，即不仅强调“识别性”，还强调“关联性”。所谓“关联性”，指的是只要信息与特定人相关，也纳入个人信息的范畴。总体而言，各国关于个人信息保护的法律在个人信息的界定上主要以“识别性”为核心要素。

（二）隐私的界定

关于隐私的定义，学界众说纷纭。例如，有的学者认为，隐私“是指一种与公共利益、群体利益无关的，当事人不愿他人知道或他人不便知道的信息，当事人不愿他人干涉或他人不便干涉的个人私事和当事人不愿他人侵入或他人不便侵入的个人领域，以及个人生活安宁”①。有的学者认为，“个人隐私又称私人生活秘密或私生活秘密，是指私人生活安宁不受他人非法干扰，私人信息保密不受他人非法搜集、刺探和公开”②。司法实践关于隐私的定义也存在不同的裁判观点。例如，在“张某某等与京华时报社隐私权纠纷案”中，法院认为隐私是指私人生活安宁和个人信息的秘密，隐私权是指自然人享有的对其个人的、与公共利益无关个人信息、私人活动和私有领域进行支配的一种人格权③。在“刘某与家宝产品设计（深圳）有限公司隐私权纠纷案”中，法院认为隐私是指仅与特定人的利益或者人身发生联系且权利人不愿为他人所知晓的私人生活和私人信息。隐私权是指自然人享有的对自己的个人秘密和个人私生活进行支配并排除他人干涉的一种人格权。隐私权包括个人的安宁权、个人的信息保密权、个人通信秘密权④。

《民法典》出台以前，虽然原《侵权责任法》以及原《民法总则》已将隐私权明确为一项独立的具体人格权，但是立法层面缺乏隐私的明确定义。《民法典》首次在民事基本法层面明确隐私的内涵。《民法典（草案一次审议稿）》人格权编规定，“隐私是具有私密性的私人空间、私人活动和私人信息等”。《民法典（草案二次审议稿）》人格权编仍延续该定义模式。《民法典（草案三次审议稿）》人格权编规定，“隐私是自然人不愿为他人知晓的私密空间、私密活动和私密信息等”。该版本草案主要是增加了“自然人不愿为他人知晓”的主观要件。2019 年 12 月 28 日公布的《民法典（草案）》规定，“隐私是自然人的私人

---

① 参见杨立新：《人格权法》，法律出版社 2020 年版，第 251 页。

② 参见张新宝：《从隐私到个人信息：利益再衡量的理论与制度安排》，载《中国法学》2015 年第 3 期。

③ 参见北京市朝阳区人民法院（2014）朝民初字第 17121 号民事判决书。

④ 参见广东省深圳市福田区人民法院（2012）深福法民一初字第 727 号民事判决书。

生活安宁和不愿为他人知晓的私密空间、私密活动、私密信息”。与《民法典（草案三次审议稿）》人格权编相比，该版本草案主要是明确自然人的私人生活安宁属于隐私的范畴，并采取穷尽列举的方式规定隐私的具体内容，即隐私包括四部分内容：私人生活安宁、不愿为他人知晓的私密空间、私密活动、私密信息①。最终出台的《民法典》坚持了该定义。按照《民法典》关于隐私的定义，隐私权侵权行为的判断需要遵循以下两个步骤。其一，被诉侵权行为是否侵扰自然人的私人生活安宁，具体的行为可以参考《民法典》第 1033 条第 1 项所列举的方式。其二，被诉侵权行为是否涉及侵害自然人不愿为他人知晓的私密空间、私密活动、私密信息。关于这一点，需要重点考察主观要件和客观要件。主观要件指的是自然人不愿为他人知晓，指的是自然人的主观状态。客观要件指的是空间、活动、信息需要满足“私密性”要求。

四、案例评析

（一）本案具有重要的指引意义

长期以来，我国的个人信息保护类案件采用隐私权模式进行处理。法院在处理这类案件时，一般不会去判断被侵害的信息是不是个人信息，而是直接默认其为个人信息，并判断被侵害的个人信息是否属于隐私权的范畴，如果不属于隐私权保护的范围，一般不予以保护。原《民法总则》第 110 条明确隐私权为一项独立的具体人格权。原《民法总则》第 111 条明确自然人的个人信息受法律保护。正是因为原《民法总则》第 110 条和第 111 条的并列设计，促使个人信息保护与隐私权并立的观念开始浮现，并对个人信息保护的司法实践产生深刻的影响。例如，在“丁某某与汪某某隐私权纠纷案”中，汪某某未取得丁某某的同意，擅自公开丁某某的个人信息，法院认为案涉个人信息仅是丁某某身份证上载明的基本信息，且已公开，尚不足以构成对丁某某个人隐私权的侵

---

① 参见何勤华、李秀清、陈颐编：《新中国民法典草案总览（增订本）续编》，北京大学出版社 2020 年版，第 293、404、449、576 页。

犯，但汪某某的行为仍然违反了自然人的个人信息受保护的法律规范，应当停止侵害并赔礼道歉①。在“丁某某与汪某某隐私权纠纷案”中，法院依据原《民法总则》所确立的个人信息保护与隐私权并立的思路，通过明确界定个人信息权以及个人隐私权的内涵的方式，体现个人信息与隐私之间的区别，从而合理保护个人信息。但是，总体而言，就该案而言，法院还是侧重于论证何为隐私，对于案涉信息为何属于个人信息则缺乏详细的论证，这也是《民法典》出台之前，多数法院在处理个人信息保护类案件时的习惯做法。

《民法典》在原《民法总则》所确立的基本立场之上，通过下定义的方式完善个人信息保护与隐私权并立的立法设计。《民法典》第 1032 条第 2 款规定：“隐私是自然人的私人生活安宁和不愿为他人知晓的私密空间、私密活动、私密信息。”《民法典》第 1034 条第 2 款规定：“个人信息是以电子或者其他方式记录的能够单独或者与其他信息结合识别特定自然人的各种信息，包括自然人的姓名、出生日期、身份证件号码、生物识别信息、住址、电话号码、电子邮箱、健康信息、行踪信息等。”《民法典》出台之后，个人信息保护类案件的审理思路有了明显的转变。例如，在“黄某与腾讯科技（深圳）有限公司等隐私权、个人信息权益网络侵权责任纠纷案”中，法院分别详细论证案涉微信好友关系、读书信息是否属于个人信息以及是否属于隐私②。在该案中，法院虽然没有直接以《民法典》为法律依据，但实际上借鉴了《民法典》第 1032 条第 2 款以及《民法典》第 1034 条第 2 款关于隐私和个人信息的定义。采取类似裁判思路的案例还有“凌某某与北京微播视界科技有限公司隐私权、个人信息权益网络侵权责任纠纷案③”“孙某某与北京百度网讯科技有限公司人格权纠纷案④”等。

本案具有重要的研究价值，主要体现于以下几个方面。第一，《民法典》虽然已经生效，但是直接以《民法典》作为裁判依据的个人信息保护类案例较少。本案属于《民法典》生效后的个人信息保护类案例中的典型案例，其遵循《民法典》所确立的个人信息保护与隐私权并立的理念，对案涉信息是否属于个人

① 参见四川省德阳市旌阳区人民法院（2017）川 0603 民初 4743 号民事判决书。
② 参见北京互联网法院（2019）京 0491 民初 16142 号民事判决书。
③ 参见北京互联网法院（2019）京 0491 民初 6694 号民事判决书。
④ 参见北京互联网法院（2019）京 0491 民初 10989 号民事判决书。

信息以及是否属于隐私进行充分的论证，对于《民法典》背景下个人信息保护类案件的裁判具有重要的指引作用。第二，与前述“黄某与腾讯科技（深圳）有限公司等隐私权、个人信息权益网络侵权责任纠纷案”“凌某某与北京微播视界科技有限公司隐私权、个人信息权益网络侵权责任纠纷案”“孙某某与北京百度网讯科技有限公司人格权纠纷案”不同的是，上述三个案例中，法院均认为案涉信息属于个人信息，但是不属于隐私。而在本案中，法院认为案涉信息既不属于个人信息，也不属于隐私，这体现了不同的裁判思路，为个人信息保护类案件的处理提供了多元的指引。而且，在具体的裁判说理上，本案法院在直接识别信息的判断方面，分别从内容、特征、来源三方面详细论证案涉信息是否属于直接识别信息。在间接识别信息的判断方面，本案法院创造性地指出，间接识别需要考虑识别的成本，对于间接识别信息范围的合理确定也具有重要意义。第三，《民法典》将个人信息确立为一项独立的民事权益，因此需要加强个人信息保护。但是，大数据时代背景之下，数据流动与利用已然成为不可避免的趋势，因此对于个人信息的界定不宜过于宽泛，否则将阻碍数据的自由流动，不利于互联网产业的健康发展。因此，在司法实践中，法院需要秉持利益平衡的理念，处理好个人信息保护与数据利用之间的关系。本案明确二手车历史车况信息不是个人信息，有利于二手车历史车况数据的合理利用，有利于规范二手车交易市场，符合诚实信用原则的要求。

（二）个人信息的具体判断

1. 个人信息的具体判断标准

关于个人信息的具体判断标准，我国有多个规范性文件对此作出规定。例如，2012 年 12 月 28 日，全国人民代表大会常务委员会发布的《关于加强网络信息保护的决定》第 1 条规定：“国家保护能够识别公民个人身份和涉及公民个人隐私的电子信息。”该条款强调隐私信息和个人信息保护。其中，个人信息的重要特征在于能够识别公民个人身份。按照《网络安全法》第 76 条第 5 款的规定：“个人信息，是指以电子或者其他方式记录的能够单独或者与其他信息结合识别自然人个人身份的各种信息，包括但不限于自然人的姓名、出生日期、身份证件号码、个人生物识别信息、住址、电话号码等。”《网络安全法》关于个人信息的界定采取的是“定义 + 列举”的模式，该条文强调“身份识别性”是判断个人信息的重要标准①。《民法典》第 1034 条第 2 款规定：“个人信息是以电子或者其他方式记录的能够单独或者与其他信息结合识别特定自然人的各种信息，包括自然人的姓名、出生日期、身份证件号码、生物识别信息、住址、电话号码、电子邮箱、健康信息、行踪信息等。”《民法典》第 1034 条第 2 款的规定基本延续《网络安全法》第 76 条第 5 款所确立的定义，但是未再限于“识别自然人个人身份”，而是规定“识别特定自然人”，这有利于避免将个人信息理解为狭义的身份识别信息。《民法典》第 1034 条第 2 款与《网络安全法》第 76 条第 5 款的主要区别还在于《民法典》第 1034 条第 2 款在具体列举个人信息时，增加了电子邮箱、健康信息、行踪信息。《个人信息保护法》所采取的个人信息界定标准与《民法典》存在一定的差异。《个人信息保护法》第 4 条第 1 款规定：“个人信息是以电子或者其他方式记录的与已识别或者可识别的自然人有关的各种信息，不包括匿名化处理后的信息。”此种界定标准采取的是“定义 + 排除”的模式，即明确个人信息的定义，同时将匿名化处理后的信息明确排除。此外，《个人信息保护法》与《民法典》的不同之处还在于其不仅强调个人信息所具有的识别性，而且还提出关联性标准，即“与已识别或者可识别的自然人有关的各种信息”。

从比较法的角度来看，各国个人信息保护法律关于个人信息的界定也主要是以识别性为标准。例如，2009 年修订的《德国联邦数据保护法》第 3 节规定，“个人数据”是指已识别或可识别个人（数据主体）的个人情况或实质情况的任何信息②。欧盟《一般数据保护条例》第 4 条规定，个人数据指的是与一个已识别或者可识别之自然人（数据主体）相关的任何信息。一个可识别的自然人是指，一个能够被直接或间接识别的个体，特别是通过姓名、身份证号码、位置数据、在线身份识别码之类标识符，或该自然人所特有的一个或多个身体、生理、遗传、心理、经济、文化或社会身份等要素而识别个体。美国《加利福

① 参见彭诚信、史晓宇：《个人信息识别标准的域外考察和在我国的转进——基于美欧国家制度互动的分析》，载《河南社会科学》2020 年第 11 期。

② 参见李爱君、苏桂梅主编：《国际数据保护规则要览》，中国政法大学互联网金融法律研究院、中国政法大学大数据与法制研究中心译，法律出版社 2018 年版，第 3 页。

尼亚州消费者隐私法案》亦规定,"个人信息"系指直接或间接地识别、关系到、描述、能够相关联或可合理地连接到特定消费者或家庭的信息,并详细列举了姓名、邮政地址、电子邮件地址等多个类型的个人信息。欧盟《一般数据保护条例》和美国《加利福尼亚州消费者隐私法案》在个人信息界定上不仅采用"识别性"标准,还采用"关联性"标准。信息具有"识别性"必然与个人关联。但是,信息与个人关联并不一定能够识别个人①。因此,采用"关联性"标准将导致个人信息的范围被无限扩大,不利于个人信息保护与信息自由流动之间的利益平衡。

无论是从国内法的角度来看,还是从比较法的角度来看,虽然各国个人信息保护法律在个人信息界定上存在一定的差异,但是识别性始终是判断个人信息的重要标准。识别性可以区分为直接识别性和间接识别性。据此,可将识别信息分为直接识别信息和间接识别信息。直接识别信息指的是能单独识别特定自然人的信息。间接识别信息指的是能够与其他信息结合从而识别特定自然人的信息②。直接识别与间接识别之间并非一成不变的关系,随着科学技术的发展,间接识别也可能变为直接识别。当对直接识别存在疑问时,直接识别也可能降格为间接识别③。在个人信息保护类案件中,判断信息是否属于个人信息,需要判断其是否属于直接识别信息或者间接识别信息。

2. 本案的二手车历史车况信息是否属于个人信息?

虽然直接识别信息的定义很明确,即该信息能够单独识别特定自然人。但是,学理层面关于哪些类型信息能够单独识别特定自然人仍存在较大争议。例如,有的学者认为姓名属于直接识别信息④。有的学者则认为无法通过姓名直接确定当事人的身份,因为可能存在同名的情形⑤。笔者认为姓名并非直接识

① 参见程德理、赵丽丽:《个人信息保护中的"识别"要素研究》,载《河北法学》2020 年第 9 期。

② 参见张璐:《何为私密信息?——基于〈民法典〉隐私权与个人信息保护交叉部分的探讨》,载《甘肃政法大学学报》2021 年第 1 期。

③ 参见晋涛:《刑法中个人信息"识别性"的取舍》,载《中国刑事法杂志》2019 年第 5 期。

④ 参见齐爱民:《个人信息保护法研究》,载《河北法学》2008 年第 4 期。

⑤ 参见尹志强:《网络环境下侵害个人信息的民法救济》,载《法律适用》2013 年第 8 期。类似观点可参见冯源:《〈民法总则〉中新兴权利客体"个人信息"与"数据"的区分》,载《华中科技大学学报(社会科学版)》2018 年第 3 期。

别信息，其需要与其他信息相结合，才能识别特定自然人。直接识别信息的范围远远小于间接识别信息，直接识别信息仅包括肖像、身份证号码、社会保险号码等少数能够唯一确定特定自然人的信息。本案法院分别从案涉二手车历史车况信息的内容、特征以及来源三个角度论证案涉二手车历史车况信息不属于直接识别信息，裁判说理充分，对于《民法典》背景下直接识别信息的认定具有重要的借鉴意义。案涉二手车历史车况信息包含的信息类型多样，但是其只能反映案涉车辆的日常损耗程度、未来使用寿命、损坏程度等情况，并无能够直接识别特定自然人的信息。案涉车架号也只能识别特定车辆，并不能直接识别特定自然人，所以其并不具有直接识别性。

案涉二手车历史车况信息是否属于间接识别信息？诚然，随着大数据分析技术的发展，很多信息经过与其他信息结合，往往能够达到识别特定自然人的效果。所以，从技术层面而言，似乎多数信息都具有间接识别性。但是，这种间接识别绝非毫无边界，通过间接识别的方式知晓特定自然人必须不存在不合理的困难①。否则，将导致个人信息的范围被无限扩大，进而限制企业对于信息的合理利用。间接识别方式的合理性主要体现在基于已知信息识别特定自然人的成本。例如，就本案而言，虽然从技术层面存在利用第三方信息与案涉二手车历史车况信息相结合从而识别特定自然人的可能性，但是需要综合考虑达到此种识别效果所需耗费的成本。由于被告与数据提供方采用脱敏化技术传输数据，从而增加借由此类数据与其他信息相结合进而识别特定自然人的成本，从而大大降低了识别特定自然人的可能性。所以，案涉二手车历史车况信息不能被认定为间接识别信息。

综上所述，案涉二手车历史车况信息既不属于直接识别信息，也不属于间接识别信息，所以其并不是个人信息。

（三）隐私的具体判断

1. 隐私的具体判断标准

在立法层面，与个人信息不同的是，隐私的定义长期以来并未被明确规定。

① 参见韩旭至：《个人信息概念的法教义学分析——以〈网络安全法〉第 76 条第 5 款为中心》，载《重庆大学学报（社会科学版）》2018 年第 2 期。

原《民法通则》并没有明确将隐私权确立为具体人格权。原《民通意见》第140条第1款规定：“以书面、口头等形式宣扬他人的隐私，或者捏造事实公然丑化他人人格，以及用侮辱、诽谤等方式损害他人名誉，造成一定影响的，应当认定为侵害公民名誉权的行为。”原《民通意见》将侵害他人隐私的行为按照侵害名誉权处理，并未实现隐私权的独立保护。2001年3月10日实施的原《最高人民法院关于确定民事侵权精神损害赔偿责任若干问题的解释》第1条第2款规定：“违反社会公共利益、社会公德侵害他人隐私或者其他人格利益，受害人以侵权为由向人民法院起诉请求赔偿精神损害的，人民法院应当依法予以受理。”该条款只是明确隐私侵害情形下的精神损害赔偿问题，并未实现隐私权的独立保护。2010年7月1日实施的原《侵权责任法》第2条首次在民事基本法层面将隐私权确立为一项独立的民事权益，提升了隐私权保护的法律地位。2017年10月1日生效的原《民法总则》第110条明确将隐私权确立为一项独立的具体人格权。上述规范性文件虽然都肯定了隐私保护，但是都没有明确隐私的范围。

司法实践中，法院关于隐私权的定义，主要有以下三种类型。有的法院认为，隐私权是指自然人享有的对其个人的与公共利益、群体利益无关的个人信息、私人活动和私有领域进行支配的个人权利①。有的法院认为，隐私权是指公民享有的私人生活安宁与私人信息秘密依法受到保护，不被他人非法侵扰、知悉、收集、利用和公开的一种人格权②。有的法院认为，隐私权是自然人保有其生活中不愿被人知晓的信息的权利③。《民法典》首次在民事基本法层面明确界定隐私的范围。《民法典》第1032条第2款规定：“隐私是自然人的私人生活安宁和不愿为他人知晓的私密空间、私密活动、私密信息。”由此可见，隐私

---

① 参见陕西省西安市高陵区人民法院（2016）陕0117民初3号民事判决书。类似的界定方式亦可参见安徽省合肥市包河区人民法院（2017）皖0111民初4056号民事判决书；北京市第二中级人民法院（2017）京02民终7437号民事判决书。

② 参见湖南省郴州市北湖区人民法院（2014）郴北民二初字第947号民事判决书。类似的界定方式亦可参见上海市第一中级人民法院（2018）沪01民终3552号民事判决书；广东省佛山市南海区人民法院（2017）粤0605民初12312号民事判决书。

③ 参见北京市门头沟区人民法院（2017）京0109民初4625号民事判决书。类似的界定方式亦可参见北京市西城区人民法院（2018）京0102民初9690号民事判决书。

包括四方面内容，私人生活安宁、不愿为他人知晓的私密空间、私密活动、私密信息。此种界定方式综合考虑理论以及司法实践中关于隐私的各种界定方式，以合理确定隐私权保护范围。《民法典》出台以前，法院在审理个人信息保护类案件时，一般只是判断相关个人信息是否具有私密性，能否纳入隐私权保护的范围，鲜少考虑是否会侵扰私人生活安宁。《民法典》出台之后所审结的个人信息保护类案件中，有的法院改变了以往的认定思路，即同时判断相关信息是否具有私密性以及被诉侵权行为是否会侵扰受害人的私人生活安宁①。由此可见，《民法典》背景下，法院在个人信息保护类案件中判断被诉侵权行为是否侵害他人隐私权，主要可以从私人生活安宁和不愿为他人知晓的私密信息两方面进行考察。

2. 被告提供二手车历史车况信息是否侵害原告的隐私权?

如上所述，在个人信息保护类案件中，判断被诉侵权行为是否侵害他人的隐私权需要考量其是否侵扰他人的私人生活安宁以及案涉信息是否属于不愿为他人知晓的私密信息。何为侵扰私人生活安宁的行为？按照《民法典》第1033条的规定，侵扰私人生活安宁的行为主要包括以电话、短信、即时通信工具、电子邮件、传单等方式侵扰他人的私人生活安宁的行为。具体而言，向他人发送垃圾邮件、垃圾微信或者进行电话骚扰，在民事主体明确拒绝的情况下，还反复向他人发送小广告、散发传单的行为均属于侵扰他人私人生活安宁的行为②。本案被告并不存在《民法典》第1033条所列举的侵扰他人私人生活安宁的行为，原告也无证据证明被告存在其他侵扰原告私人生活安宁的行为。况且，案涉二手车历史车况信息并不属于个人信息，不能识别特定自然人，所以本案被告提供案涉二手车历史车况信息的行为并不会侵扰原告的私人生活安宁。

按照《民法典》第1032条第2款的规定，信息是否构成隐私需要满足两个条件。第一个条件，就主观方面而言，信息需要满足“不愿为他人知晓”的要件。该要件强调的是自然人的主观意愿，如果自然人希望他人知晓相关信息，

① 参见北京互联网法院（2019）京0491民初6694号民事判决书。

② 参见黄薇主编：《中华人民共和国民法典人格权编解读》，中国法制出版社2020年版，第196页。

即便该信息本身具有私密性，也不宜认定为隐私。“不愿为他人知晓”属于一种主观状态的判断，不同的人对于同一类信息的披露意愿存在一定的差异。虽然“不愿为他人知晓”属于一种主观意愿，但是自然人的主观意愿也不应完全根据个体的意志判断，“社会的一般合理认知”也是重要的考量因素。“不愿为他人知晓”的判断有两种探知进路。第一，从当事人的外部行为作出具体判断。例如，如果自然人试图将相关信息用于社会交往和经济活动，以建立“数字人设”，表明其不具有“不愿为他人知晓”的主观意愿。反之，如果自然人作出明确或者可推定的隐私期待宣誓，则表明其具有“不愿为他人知晓”的主观意愿。第二，从社会一般合理认知标准作出抽象判断。当具体判断路径无法认定自然人“不愿为他人知晓”的主观意愿时，可以根据社会认定的客观合理之期待推知“不愿为他人知晓”的范围①。第二个条件，就客观方面而言，信息需要满足“私密性”的要求，即该信息处于未公开的状态。虽然本案法院经过论证进而否认案涉信息属于隐私，但是，根据《民法典》的相关解读，通说认为隐私信息（不愿为他人知晓的私密信息）指的是隐私与个人信息的交叉部分②。《民法典》出台后审结的几个典型的个人信息保护类案件中，法院亦持此类观点③。换言之，隐私信息（不愿为他人知晓的私密信息）必然属于个人信息。所以，在前述已否认案涉信息属于个人信息的前提之下，实际上可以直接认定其不属于自然人不愿为他人知晓的私密信息。

综上所述，本案被告提供案涉二手车历史车况信息的行为不会侵扰原告的私人生活安宁，案涉二手车历史车况信息也不属于原告不愿为他人知晓的私密信息，所以被告的行为并未侵犯原告的隐私权。

---

① 参见许可、孙铭溪：《个人私密信息的再厘清——从隐私和个人信息的关系切入》，载《中国应用法学》2021 年第 1 期。

② 参见喻海松：《〈民法典〉视域下侵犯公民个人信息罪的司法适用》，载《北京航空航天大学学报（社会科学版）》2020 年第 6 期；张建文：《在尊严性和资源性之间：〈民法典〉时代个人信息私密性检验难题》，载《苏州大学学报（哲学社会科学版）》2021 年第 1 期；最高人民法院民法典贯彻实施工作领导小组主编：《中华人民共和国民法典人格权编理解与适用》，人民法院出版社 2020 年版，第 366 页。

③ 参见北京互联网法院（2019）京 0491 民初 10989 号民事判决书；北京互联网法院（2019）京 0491 民初 16142 号民事判决书。

五、适用启示

（一）特定情形下隐私权、个人信息保护纠纷的合并审理

《最高人民法院关于修改〈民事案件案由规定〉的决定》（法〔2020〕346号）将原《民事案件案由规定》第二级案由“一、人格权纠纷”项下的“6. 隐私权纠纷”变更为“8. 隐私权、个人信息保护纠纷”，并在“8. 隐私权、个人信息保护纠纷”项下增加“（1）隐私权纠纷”和“（2）个人信息保护纠纷”两个第四级案由。由此可见，个人信息保护纠纷已经成为一项独立的案由。但是，如果某个案件的案由为隐私权纠纷，但实际上被诉侵权行为只是构成个人信息权益侵害，未侵害隐私权，那么在隐私权纠纷中，法院不会支持个人信息主体的诉讼请求①。但是，这并不妨碍个人信息主体另行提起个人信息侵权之诉。如此，只会徒增司法负担。因此，法院可以根据受害人的诉请，判断该案是否同时涉及隐私权和个人信息保护两方面的请求权，如果同时涉及，可以将案由变更为隐私权、个人信息保护纠纷，以便有效解决案件争议，这也是本案的重要启示。

（二）个人信息保护类案件的裁判思路总结

按照《民法典》第1034条第3款的规定：“个人信息中的私密信息，适用有关隐私权的规定；没有规定的，适用有关个人信息保护的规定。”由此可见，虽然《民法典》将个人信息和隐私权确立为相互独立的两种民事权益，但是个人信息与隐私权并非泾渭分明的关系，二者存在交叉之处，即不愿为他人知晓的私密信息。此外，由于隐私还包括私人生活安宁，所以被诉侵权行为也有可能侵扰他人私人生活安宁。因此，在个人信息保护类案件中，法院往往需要同

① 最新的《民事案件案由规定》生效之前，个人信息保护纠纷并未被确立为独立的民事案由，而且司法实践中，法院习惯通过隐私权保护个人信息，所以即便是在只侵害个人信息、未侵害隐私权的情形下，有的法院也会支持个人信息主体的诉求。参见四川省德阳市旌阳区人民法院（2017）川0603民初4743号民事判决书。

时判断案涉信息是否属于个人信息、案涉信息是否属于自然人不愿为他人知晓的私密信息以及被诉侵权行为是否会侵扰他人的私人生活安宁。具体而言，个人信息的判断需要考察相关信息是否属于直接识别信息或者间接识别信息。相关信息是否属于自然人不愿为他人知晓的私密信息需要以"合理的隐私期待标准"为重要的考量因素。被诉侵权行为是否会侵扰他人的私人生活安宁应该参考《民法典》第1033条第1项所列举的侵权方式进行判断，不宜过度扩张。这种裁判思路已经为《民法典》出台后所审结的几个典型的个人信息保护类案件所采纳。《民法典》背景下的个人信息保护类案件应当采取此种裁判思路。

（三）个人信息保护与数据利用的利益平衡

正如《个人信息保护法》第1条所言，制定该法的目的在于"保护个人信息权益，规范个人信息处理活动，促进个人信息合理利用"。该条全面阐释了《个人信息保护法》所秉持的价值理念。欧盟《一般数据保护条例》第1条也表达了类似的价值理念，即既要保护自然人的基本权利与自由，也要确保个人信息的自由流动。人格尊严受保护以及信息自由得以实现是信息时代的两种基本社会诉求①。首先，在个人信息与隐私的判断上，如果标准过于宽泛，会导致个人信息、隐私的范围过广，严重阻碍数据利用。如果对于数据利用未施加限制，将严重侵害个人的人格权益。其次，在个人信息的具体处理方面，由于个人信息具有强烈的人格属性，个人信息主体希望能够控制自己的个人信息，避免个人信息被他人擅自处理。如果个人信息被擅自处理，个人信息主体可能会感到精神上的不安。大数据时代背景之下，企业对于个人信息的处理已然成为不可忽视的需求。企业通过处理用户的个人信息，能够掌握用户的需求，充分挖掘个人信息的经济价值。如果对个人信息采取绝对化的保护方式，会导致个人信息处理的成本过高，阻碍信息产业的健康发展②。个人信息保护与共享是此消彼长的关系。如果过度鼓励个人信息共享，可能会对个人

---

① 参见李仪：《个人信息保护的价值困境与应对——以调和人格尊严与信息自由冲突为视角》，载《河北法学》2013年第2期。

② 参见北京互联网法院（2019）京0491民初6694号民事判决书。

信息保护造成冲击，如果严格限制个人信息共享，也不利于发挥个人信息的经济效用①。因此，在司法实践中法院应该始终秉持利益平衡的理念裁判相关案件，应该要把握好个人信息保护以及数据合理利用的边界。本案中，法院认为案涉二手车历史车况信息既不属于个人信息，也不属于隐私，有利于促进二手车历史车况信息的自由流动，减少二手车交易的相关纠纷，有利于数据的合理利用。

① 参见王利明：《数据共享与个人信息保护》，载《现代法学》2019 年第 1 期。

邓某某诉顺丰隐私权案评析

——《民法典》中个人信息与隐私的区分

李　琛

（上海交通大学凯原法学院硕士研究生）

一、基本案情介绍

《民法典》中人格权单独成编体现出人格权作为最重要的民事权利应当加强保护和重视，尤其是近年来备受关注的个人信息保护也被纳入《民法典》人格权编，与隐私权相关规则合为一章。这一立法上的安排说明两者具有一定的联系和相似性，但也正因如此，在个人信息的权利属性和保护方式尚未达成普遍共识的当下，个人信息与隐私在规则上的区分适用成为困扰实践的难题。

在2020年3月宣判的“邓某某与北京顺丰速运有限公司侵权责任纠纷案”中，法官对快递行业所涉个人信息与隐私定性的裁判逻辑正体现了两者区分适用在司法实践中的困境。该案原告邓某某工作单位是嘉永会通公司，其违反该公司规章制度在晋鼎能源公司兼职，社保中心通过顺丰快递向原告寄送兼职公司工作人员社保卡，但快件未妥投。顺丰快递在未联系原告的情况下，调取了本公司系统中原告另一工作单位的地址，并擅自将快件寄到嘉永会通公司，且在原告本人不在场时快递被私拆，导致原告兼职情况被原工作单位所知并因此遭到解雇。一审法院以被告不规范操作行为与原告被解雇的损害事实之间并不存在因果关系为由判决原告败诉。二审法院在审理中着重分析了三个争议焦点：一是原告收件地址和兼职情况的客体定性；二是被告在投递过程中是否泄露了原告的上述信息并存在过错；三是被告应为其过错而泄露原告上述信息承担何种责任。

二、裁判思路

首先，在侵权客体上，本案二审判决肯定了收件地址和兼职情况与个人紧密关联而具有可识别性，属于个人信息。其次，兼职情况是原告不愿为人所知且会对其工作造成实质影响的信息，因而属于隐私范畴。最后，兼职情况是否会为人所知悉与收件地址紧密相关，因此收件地址与兼职情况组合起来也被划入了隐私的范围。在侵权行为上，被告修改寄件地址与私拆信件两项行为组合在一起造成了原告隐私被侵害的后果。这两项行为一方面违反了《快递暂行条例》第 26 条第 1 款对快递无法投递的处理规定，另一方面违背了快递包装提示单上的说明，因此被告明显有主观过错。在责任承担上，法院认定被告承担责任的基础在于侵害隐私权，在责任具体内容方面认为被告行为与原告被解雇的损失之间存在部分关联，但未造成原告精神损害，因此酌定赔偿 10 000 元。

三、焦点问题的发展脉络

《民法典》颁布之前，我国个人信息权益侵害案件一般适用隐私权规定。从比较法来看，无论是欧洲、美国，还是日本等亚洲国家，对隐私和个人信息也是采取一体保护的模式。国外个人信息保护立法最早出现在 20 世纪 70 年代。美国采用大隐私权框架，将个人信息保护纳入隐私权保护当中，并采用分散立法的模式对不同领域和不同性质的信息主体的个人信息保护予以规定。从欧盟立法趋势来看，《欧洲人权公约》第 8 条对隐私权作出了规定，即“人人有权享有使自己的私人和家庭生活、家庭和通信得到尊重的权利”。20 世纪六七十年代，面对自动化处理数据的风险问题，德国在隐私权保护方面从领域理论转向“信息自决权”理论。①

① 参见王泽鉴：《人格权的具体化及其保护范围 · 隐私权篇（上）》，载《比较法研究》2008 年第 6 期。（个人的人格开展于不同领域，人一方面为个体，一方面为社会人。私人领域是指为个人的人格自由和自我负责发展，必须保留给每个人一个内部空间，在此内部空间得以保有自我，公开隐退，不让外围环境进入，享有安宁与寂静。该理论将涉及隐私的领域分为三类：隐秘领域（绝对保护）、秘密领域、私人领域。“信息自决权”概念起源于 20 世纪 70 年代德国宪法法院审理的人口普查案，在一般人格权保障范围的具体化上进一步创设的个人信息自主权，以数据的使用或结合可能性作为判断标准。）

其后欧盟出台了一系列个人信息保护的公约和条例，直到2018年生效的《一般数据保护条例》，欧洲总体也采取了更为严格的信息保护模式，强化个人对信息的控制，明确信息主体的同意是“无歧义”或“清晰”的，并且细化了收集、利用过程中的通知义务，以及在超出使用目的以及转让给第三方时应遵循的规则。但值得注意的是，2020年出台的《欧盟基本权利宪章》第7条和第8条对传统的隐私权与个人数据保护权作出了分别规定。《欧盟基本权利宪章》第7条沿用了《欧洲人权公约》第8条对隐私权的规定，而其后紧接着的第8条则是个人数据保护的规定，有学者在剖析评论“谷歌诉冈萨雷斯被遗忘权案”时，将这两条分别称为“尊严隐私”（dignitary privacy）与“数据隐私”（data privacy）。①

我国《民法典》第1032条和第1034条承继《民法总则》第100条和第111条的规定，对隐私与个人信息采取二元区分的保护模式。大数据时代的到来引起了全社会生产和生活的巨大变革。当下几乎任何活动与行为都可以被量化，有关个体的任何生理特征与社会特征都可以成为收集和分析的数据。近年来随着个人信息被非法收集、利用和泄露的事件频发，如何平衡数据流通与个人信息保护的问题已成为实务界和理论界关注的焦点。正因如此，个人信息从隐私权范围内脱离出来而成为具有独立保护价值的权益客体。

隐私权的内容涉及的是自然人比较私密的事件或者所处空间不受他人打扰的权利，而个人信息保护的内容涉及的是信息主体的个人信息不被随意收集、利用、侵扰的权利，两者的立法目的是不同的，诚然个人信息与隐私存在交叉关系，但是就目前我国学界对隐私权范围的界定，主流观点仍是对自然人私密生活的保护，即未被公开的私人事件、私人秘密以及私密空间，而单条个人信息的使用或者知晓并不会损害信息主体的利益，人具有社会属性，若将个人信息的所有权完全归属于个人，那么个人若严锁个人信息，则将成为一个“孤岛”，而不能成为社会的一员，个人信息立法保护的目的是防止他人对个人信息利用之后可能产生的严重后果，轻则将个人信息进行非法交易，扰乱其正常生活；重则将个人信息用于下游犯罪。故基于个人信息与隐私的立法目的不同，

---

① Robot C. Post, Data Privacy and Dignitary Privacy: Google Spain, the Right to be Forgotten, and the Construction of the Public Sphere, Duke L.J., Vol.67, 2018, pp.981—1045.

在立法上有对两者加以区分保护的必要。

立法在肯定两者应区分保护的前提下并未明确如何区分适用的规则，因而，实务中判断究竟是侵害隐私还是个人信息成为司法实践中的普遍难题。由于我国语境下狭义的隐私重在防御公开和侵入，维护人格尊严，而个人信息则是在允许利用和流通的前提下强调合理利用，如果混淆两者的适用将会走向降低隐私权保护力度或者限缩个人信息利用范围两类极端。比如张建文教授认为，“微信读书案”中法官以私密性判断为基准任意区分隐私与个人信息，存在将个人信息合理使用范围扩大化的倾向，贬损了我国立法语境下传统隐私权的独立保护价值。①另一方面，如果将个人信息纳入更狭窄的隐私权保护范围，已经公开的个人信息以及公开后的个人信息维护无法得到调整，并且会从反面阻碍信息的流通和利用。②为了探讨个人信息与隐私适用的边界和转化，笔者将以地址这一信息为例，探讨为何同一信息在不同场景下被判定为不同侵权客体，影响法院作出判断的考量因素有哪些，并基于以上探讨大致廓清狭义的隐私权保护范围。

随着《网络安全法》以及《民法典》的制定颁布，越来越多的司法实务开始回应立法上对个人信息与隐私区分保护的要求。比如在孙某某与北京搜狐互联网信息服务有限公司等人格权纠纷案中，法院判决表示，“在民法典对隐私权和个人信息采取二元保护的体系下，应精准划定二者的界限，以明确不同权利类型下社会行为的自由和界限。涉案信息是否构成个人隐私或个人信息，需要着重考察二者区分的界限，结合法律规定的认定标准，一般社会大众的普遍认知，以及信息的具体运用场景综合进行判断”。③但鉴于个人信息与隐私在客体和损害后果等各方面具有相似性，两者区分的规则也尚未明确建立，实务中对不同信息的性质判定存在争议，在有些案例中法官在裁判中并没有明确界分个人信息与隐私，导致两种不同权益客体适用规则混淆。

---

① 参见张建文：《在尊严性和资源性之间：〈民法典〉时代个人信息私密性检验难题》，载《苏州大学学报（哲学社会科学版）》2021 年第 1 期。

② 参见谢远扬：《信息论视角下个人信息的价值——兼对隐私权保护模式的检讨》，载《清华法学》2015 年第 3 期。

③ 北京市互联网法院（2019）京民初字第 10989 号民事判决书。

四、案例评析

该案法官在论述涉案信息的法律属性时，首先是判断该信息是否是个人信息，然后再进一步讨论是否属于范围更窄但保护层级更高的隐私。尽管如此，法官在判决中也承认道："在面对个人信息和隐私信息的区分及保护路径上，理论界虽存争鸣……"作为裁判依据的法条，法院既引用了《民法总则》第 111 条个人信息保护的规定，及《侵权责任法》第 2 条涉及隐私权的规定，但在最后认定本案争议性质时还是确定为隐私权纠纷，即法院裁判的逻辑是隐私侵权吸收个人信息侵权。对于隐私与个人信息保护是不是并行保护，或者规则适用的优先顺序问题，《民法典》第 1034 条第 2 款规定："个人信息中的私密信息，适用有关隐私权的规定；没有规定的，适用有关个人信息保护的规定。"据此，当个人信息构成私密信息时才优先适用隐私权规定，但由于隐私与个人信息在保护目标和对行为限制程度上存在差异，因而在判断某一项个人信息是否属于私密信息时应当尤为谨慎，如果过分扩大隐私保护的范围，将会影响到信息的流通和利用。笔者认为，该案中寄件地址并不能被贸然认定为隐私，地址具有一定公开性，本案中私拆信件和修改寄送地址是两个不同的侵权行为，其中私拆信件侵犯了原告隐私权，而对寄件地址的不当处理构成侵害个人信息。

根据《民法典》第 1032 条规定，隐私包含了不愿为他人知晓的私密空间、活动和信息以及私生活安宁，侵害隐私的形态包括刺探、侵扰、泄露和公开等。从文义上来看我国的隐私界定依然采用了公私二分的方式，将私密空间和私密信息作为隐私权客体。从隐私权产生和发展的历史来看，隐私（privacy）产生之初就是与公开（publicity）相对的概念，起初在英美法判例中，涉及上流社会家庭暴力案件，丈夫往往会以隐私作为抗辩来掩盖家庭这个领域范围内的权力不平等关系。直到沃伦和布兰代斯法官首次提出作为侵权法上概念的"隐私权"，也是因为在 19 世纪，相机、报纸、大众媒体的兴起在一定程度上造成对家庭等私人领域的侵犯，人们需要一种独处的权利，在私人领域内人们可以自由安排和享受生活而不被打扰。1967 年美国的"卡茨诉美国"（Katz v. United States）一案中，美国最高法院首次提出判断是否侵犯隐私权应当适用"合理隐私期待标准”，即个人是否在主观上有实际的隐私期待和从客观角度评价社会是否认可这项隐私期待具有合理性。这一判决将以往私人领域的重心从有形的场所转向对人的关注。该案法官指出：“《宪法第四修正案》保护的是人，而不是场所。如果他人故意向公众披露自己的隐私，那么即便他人处于自己的住宅或办公室中，他人也不受《宪法第四修正案》的保护。如果他人试图维持自己的私人状态，他人处于公众可及的区域，他人仍然可以受到《宪法第四修正案》的保护。”①这就形成了美国物理性隐私的典型案例。物理性隐私所保护的是私人物理空间，其范围包括个人的身体、房屋、宾馆房间、商店、汽车以及信件等，②只要权利主体对此空间享有合理隐私期待。在强调隐私与个人信息区分保护的前提下，学界也有观点指出空间性隐私应当属于狭义隐私范畴。高富平教授将隐私侵权类型化为两类，公开私密信息和刺探他人私密活动，其中后者包括侵入他人私密空间。③李永军教授把广义的个人信息划分为三类：纯粹的个人隐私、隐私性信息和纯粹的个人信息。纯粹的个人隐私中第一项就是空间性隐私。④王利明教授把隐私分为三种形态：作为无形隐私的个人信息、作为动态隐私的个人私事，以及作为有形隐私的个人领域。⑤

空间性隐私保障权利主体在具有合理隐私期待的私密领域范围内的活动自由和个人自治。具体到本案中，快递包装本身就形成了有形的物理边界，正如人们对待传统的信件一样，当下社会也普遍认可人们对快递包裹享有合理的隐私期待，无论快递包裹里的内容为何，仅凭快递包装的有形边界本身就可推定其为隐私，而不需要再去判断快件具体内容是否是不愿为人所知的私密信息。

---

① 参见 Katz v. United States，389 U. S. 347（1967），该案案情：联邦调查局特工怀疑原告通过公用电话非法传递犯罪信息，在未取得搜查证的前提下，在公用电话亭外部安装监听设备对原告通话予以监控，并以此为证据逮捕了原告。后原被告双方就证据的取得是否合法，公用电话亭是否属于《宪法第四修正案》所保护的“住宅”产生了争议。

② 参见吴伟光：《从隐私利益的产生和本质来理解中国隐私权制度的特殊性》，载《当代法学》2017 年第 4 期。

③ 参见高富平：《论个人信息保护的目的——以个人信息保护法益区分为核心》，载《法商研究》2019 年第 1 期。

④ 参见李永军：《论〈民法总则〉中个人信息与隐私的“二元制”保护及请求权基础》，载《浙江工商大学学报》2019 年第 3 期。

⑤ 参见王利明主编：《人格权法新论》，吉林人民出版社 1994 年版，第 480—482 页。

本案的快递包装上专门张贴了提示单说明，要求派件员在无法投递的情况下将快递退回，签收时必须由收件人提供相关身份证明本人亲自签收，这更加证明了当事人对快件存在合理隐私期待。但法院在裁判时却并不是从快件内容处于有形私密空间范围内即构成隐私的角度来论证，而是直接将快件内容与原告的工作现状结合推断出的兼职情况作为本案隐私侵权客体，而兼职情况无论从当事人主观心理还是社会客观评价角度来说都是不愿为人所知的私密信息，因而构成隐私。这种推论似乎隐含的观点是，只有在快件信息内容满足合理隐私期待的评价时才给予隐私权保护。但在现实生活中，无论我们邮寄的快件内容是否满足这种评价，我们都不希望被随意打开，任何未经允许私拆本人快件包裹的行为在直觉上都造成了对隐私的侵犯。法院对兼职情况的推断认定略过了传统的空间性隐私判定思路，而在之后直接将寄件地址与兼职情况结合，判定寄件地址也构成私密信息则更是架空了个人信息的独立保护价值。

派件员在快件未妥投的情况下直接调取公司系统数据库中原告其他工作地址并擅自将快件寄往其他地址的行为应认定为个人信息侵权，有别于私拆快递的隐私侵权。《民法典》第 1034 条第 2 款规定："个人信息是以电子或者其他方式记录的能够单独或者与其他信息结合识别特定自然人的各种信息，包括自然人的姓名、出生日期、身份证件号码、生物识别信息、住址、电话号码、电子邮箱、健康信息、行踪信息等。"就可识别性而言，工作地址与住址类似，当该信息与自然人姓名结合时，就成为识别特定自然人的信息，同时也反映了该自然人社会活动与社会联系方面的个体特征，显然属于个人信息。其次，该工作地址同时也是寄件地址，不仅具有一定范围的公开性，同时也是快递公司提供服务必须利用的信息，因而很难将该地址划入具有私密性的隐私范畴。

更为重要的是，隐私权规范仅仅对未公开的私密信息提供保护，当信息公开后如何合理利用和维护并不在隐私权保护范畴内，这就意味着纳入隐私权保护仅仅只能提供事后救济，而无法适用事前的预防性规则。本案显然是有关快递行业最基础的地址信息合理利用问题。根据《民法典》第 1035 条至 1037 条的规定，信息处理者在处理个人信息时应遵循合法、正当、必要原则。根据顺丰隐私政策，如果用户提供了不准确或错误的地址，在不违反相关法律法规的强制性规定前提下，顺丰可能会使用系统存储的过往运单信息进行纠正补全，以节省运送时间，保证用户拥有更好的快递服务体验。实际上在现实生活中，在运送过程中修改寄件地址的情况并不少见，尤其是当收件人地址在快件已经寄出但尚未到达时发生了先前难以预料的变动，收件人和快递公司可以通过协商的方式修改寄件地址。本案的问题在于，当快递公司对个人信息作出如此处理时，并未向收件人告知并获取同意，而且该信息处理行为不存在其他的正当性基础，比如满足社会公共利益等。

此外，本案还涉及的一个前提性问题是，快递公司系统保存用户以往寄件地址的行为是否具有合理性以及保存的期限和范围，后续应如何处理。由于电商企业和全国物流网络的快速发展，快递已经成为人们日常生活中必不可少的一部分，这也意味着快递行业基于实名制要求掌握了大量的个人信息，存在很高的信息泄露风险，国内也已经发生了多起快递公司内部员工泄露用户个人信息的事件。大量快递信息的累积叠加不仅可能形成完整的用户个人画像，在个人信息泄露后引发歧视对待或造成其他人身、财产损害，而且快递公司对信息的不当利用也可能会对用户正常生活造成重大影响。美国学者海伦·尼森鲍姆（Helen Nissenbaum）提出的语境完整性理论就指出，不同社会场景下信息流动的规则不同，这些规则受到政治、经济、文化等各方面的影响。因而即便是同一信息在不同的社交场景下面对不同的接收主体，规则也不同。[①]比如有关工资和薪资的问题我们愿意在工作场合与上级沟通，但未必愿意与其他朋友交流，而一些私生活秘密人们往往愿意与朋友分享而不会希望这些信息传播到其他社交领域。信息流动的场景化特征正反映了人类社会性的一面，个人信息保护同样体现了保护人格尊严与个人自治的价值面向。

本案中如果将寄件地址作为个人信息看待，就可以继续探讨快递公司储存用户以往寄件信息行为的合理性，以及用户是否可以根据《民法典》第 1037 条的规定行使删除权。笔者认为，对于大多数用户而言，合理的隐私期待是快件信息内容仅被允许为单次服务利用。因而在本案中，不仅修改寄件地址的行为

---

① Helen Nissenbaum, Privacy as Contextual Integrity, Wash. L. Rev, Vol. 79, 2004, pp.119—157.

构成侵害个人信息权益，不当储存以往快递信息的行为也可能构成对个人信息的侵害。《个人信息保护法》第19条规定：“除法律、行政法规另有规定外，个人信息的保存期限应当为实现处理目的所必要的最短时间。”但如何确定个人信息存储的必要期限却仍然是实务信息处理和司法实践判定时所面临的难题。上述法条指出在确定个人信息保存期限的最短时间优先考虑法律、行政法规的规定。实际上信息存储期限的具体规定较少见于法律、行政法规等效力等级较高的法律文件，因此就需要考虑是否可参照大量部门规章等更低效力的规则。此外，也要回归到“处理目的”这一基础判断标准，不同行业领域、不同规模和类型的信息处理者所适用的信息存储期限必然存在差异。“处理目的”是一个个体化判断标准而非统一适用规则，在实际适用中处理目的可能是主要但并非唯一的考量因素，同样还需要考虑到信息处理者的技术水平、所采取的安全保密措施、信息本身的敏感性等。这个规则适用和判断过程最终是在对信息流通效益与信息保护之间作出平衡，而这一规范目的难以为传统隐私权保护规则所囊括。回归到本案，快递行业是个人信息泄露和不当利用的高危行业，快递物流信息的迅速和大量累积形成信息泄露的隐患，如何在企业信息利用的经济效益、快递服务的便利性与用户的个人信息保护之间找到最佳平衡点，需要在司法实践中对个案仔细衡量并积累经验规则，而不是遁入隐私保护的框架内试图寻找个人信息保护的解决方案。

五、适用启示

（一）个人信息与隐私的区分

个人信息与隐私都对保护人格尊严与人格自由具有重要意义，体现了个人自主价值，两者在保护客体上存在私密信息这一交叉领域，在司法实践中因两者在客体、侵权形态、价值目标方面具有一定相似性，故存在一定区分困难。

但两者仍然存在差异，在保护客体方面，个人信息是指直接或间接识别到个人的信息，隐私保护客体则包括私密领域、活动、信息以及私生活安宁，有学者指出隐私是一种抽象存在而信息则是具体的，两者并不是对应关系。①就权利属性而言，隐私权是绝对权，与人格尊严的保护密切相关，在我国狭义隐私的语境下，隐私仅包含人格利益而不具有可予以商品化的财产利益，个人对隐私享有支配权和控制权；个人信息则天然地具有公开性和流通性，因而信息主体无法对个人信息享有绝对的控制权，个人信息具有商业化利用价值，兼具人格属性和财产属性。个人信息和隐私在保护客体和权利属性上的区别决定了两者适用规则的差异，隐私权是消极性、防御性权利，因而隐私权保护旨在防止隐私公开或者私密领域被侵入，已经公开的信息不受隐私权规则调整。个人信息权益则侧重于信息的合理使用，因而我国对个人信息保护出台了更为详尽的规则来规范信息收集和处理行为，保证已经公开和流通的信息被正当合理地利用。

本文以地址信息为例，认为个人信息与隐私的区分不仅具有必要性，而且在实践中有操作可能性。在一般情况下，地址信息应属于个人信息范畴，适用个人信息保护规则，不宜划入隐私领域以妨碍信息的合理利用。狭义的隐私范围主要包括空间性隐私和私密信息，但个人信息与隐私的界分并不是完全固定的，个人信息在一定条件下可以构成隐私或者个人信息在不当利用的情况下也可以造成隐私损害后果，在具体个案判断中依然要回归到合理隐私期待的检验。

（二）个人信息向隐私的转化

在《民法典》和《信息安全技术　个人信息安全规范》中，住址和工作单位都被列为个人信息，且并未被列入敏感信息的范畴。在对个人信息分类时，学界也有观点认为地址属于纯粹个人信息，敏感度远低于隐私且离“人格尊严”较远。②但在《寄递服务用户个人信息保护指南》中，寄件地址却被列为个人敏感信息。也有美国学者提出，地址信息应当属于敏感信息。③暂且不论敏感信息在我国并非严谨的法律概念，至少敏感信息对于区分隐私和个人信息具有一定

---

① 参见谢远扬：《信息论视角下个人信息的价值——兼对隐私权保护模式的检讨》，载《清华法学》2015 年第 3 期。

② 参见李永军：《论〈民法总则〉中个人信息与隐私的“二元制”保护及请求权基础》，载《浙江工商大学学报》2019 年第 3 期，第 15 页。文中将广义的个人信息区分为纯粹的个人隐私、隐私性信息及纯粹的个人信息。

③ Paul Ohm，Sensitive Information，S. Cal. L. Rev，Vol.88，2015，pp.1170—1171.

预判性的意义，即如果被归类为敏感信息，则该类信息的隐私性相对更高。在司法实践中，对地址这类信息的定性结果也并不一致。笔者认为在一般情况下地址信息应当属于个人信息而不涉及隐私，但在特殊情况下，个人信息可能适用隐私权规定。第一类涉及传统隐私侵权形态，在这类案件中，地址信息是指长期居住或活动的地址，即住址和工作地址。侵权行为通常表现为公开他人私生活秘密的同时附带公开可识别到具体个人的信息，即私密信息与一般个人信息的组合。第二类案件则是随着互联网和物联网的高速发展，移动电子设备及定位系统的广泛普及所产生的新类型隐私，在国外被称为“位置隐私”（locational/geolocation privacy），它是指当人们走出私人领域进入公共领域时，对于自己活动轨迹和位置信息享有不被监控不被收集利用的隐私期待。

1. 私密信息覆盖非私密信息的情景

在“王某诉张某某名誉权、隐私权纠纷案”中，被告在其注册的网站上披露原告婚姻家庭生活等私密信息，并公开了原告的住址和工作单位等个人信息，法院最终判决认定，“私人信息是隐私权益的主要内容，包括个人的姓名、性别、职业、学历、联系方式、家庭住址、婚姻状况等与个人及其家庭密切相关的信息。”①该案审理裁判时间为2008年，我国立法对个人信息保护尚未予以规定，因而将地址等个人信息纳入隐私权的保护范围。同样的判决思路在类似案件也有体现。在“施某某、张某某与徐某某隐私权纠纷案”中，上诉人在公开场合张贴与被上诉人相关的民事纠纷公告，里面包含了被上诉人的地址、工作单位等身份信息，法院判决认为，“隐私权是自然人享有的私人生活安宁与私人信息不被他人非法侵扰、知悉、搜集、利用和公开的一项人格权，其中包括公民的姓名、肖像、住址、身体肌肤形态等秘密未经本人许可，他人无权刺探、公开或传播”。②在这两个案件中，侵权行为是公开私生活秘密，因私生活秘密被披露导致当事人社会评价降低、人格尊严受到贬损则是损害后果的主要表现。而地址作为组成私生活秘密的部分信息也被纳入隐私权保护当中。

在讨论被公开的信息是否属于私生活秘密，是否包含值得保护的隐私利益

① 北京市朝阳区人民法院（2008）朝民初字第10930号民事判决书。

② 昆明市中级人民法院（2015）昆民三终字第719号民事判决书。

时，实际上还是需要探讨一个国家或地区对隐私的“直觉”，即被公开的事项是不是隐私的判断需要结合不同的文化和社会背景来探讨。对此，詹姆士·Q.惠特曼（James Q. Whitman）在比较美国和欧洲不同的隐私文化时就指出，欧洲的隐私保护核心是个人尊严，法律之所以赋予个人控制私密信息公开的权利，主要考量是个人可以控制自己公开形象，使他人能够以自己期望的方式看待自己。[①]我国在定义侵犯私生活秘密时背后所反映的价值观似乎更偏向欧洲的尊严隐私，即这类信息对于社会大众而言，普遍会造成损害个人公众形象、降低社会评价的后果，相反如果没有这类实际产生的精神损失，一般不会被认为侵犯隐私权。

比如在“徐某某与都市快报社隐私权纠纷案”中，法院就提出，“本案所涉都市快报的报道并未公布上诉人徐某某的身份信息，亦未披露房屋门牌等具有具体指向性的信息，尚不足以导致一般公众能锁定‘芳满庭小区3楼’即上诉人房屋，因而，被上诉人的报道不存在擅自宣扬他人隐私的行为，不构成对徐某某作为房屋所有人私人信息的侵犯”。[②]该案显示，即便所披露的信息有损个人尊严，但只要没有实际指向性，且造成具体当事人的社会评价降低等实际损害，就不被认定为隐私信息。在“朱某与王某某一般人格权纠纷案”中，原被告同为公司员工，被告将自己与原告的相关诉讼材料披露到仅同事可见的微信朋友圈中，法院认为，“被告设置的公布对象为浙江黄金宝投资股份有限公司员工，对这些员工来说，原告的上述个人信息不属于隐私，且被告后更改朋友圈设置为最近三天可见，故不构成对原告隐私权的侵犯”。

首先，在这类案件中，私密信息主要是指与保护人格尊严密切相关的隐私，其不包含任何财产属性，在任何情况下都不允许被商业性公开和利用，主要包括身体隐私和生活隐私等。美国学者罗杰·克拉克（Roger Clarke）基于马斯洛需求理论将隐私予以分类，其中最基本的就是身体隐私，来自马斯洛需求金字塔底端的生理和安全需求。[③]但美国法律语境下的身体隐私侵权还包括我国侵

---

① James Q. Whitman, The Two Western Cultures of Privacy: Dignity versus Liberty, Yale L. J., Vol.113, 2004, pp.1151—1221.

② 杭州市中级人民法院（2014）浙杭民终字第975号民事判决书。

③ Roger Clarke, Introduction to Dataveillance and Information Privacy, and Definitions of Terms, ROGER CLARKE'S HOME-PAGE (July 26, 2016), http://www.rogerclarke.com/DV/Intro.htm.

权法中所指的侵害身体权或健康权，在我国法律语境下身体隐私侵权应限缩为公开权利主体身体有关的私密信息。其次，狭义的私密信息还包括生活隐私，主要是涉及家庭生活与亲密关系的私密信息。当地址信息与这些私密信息同时被公布，地址信息成为将私生活秘密与特定个人联系起来的具体指向性信息，个人信息与私密信息成为隐私的信息组合。

2. 非私密信息组合成为私密信息的情景

美国学者保罗·欧姆（Paul Ohm）曾将敏感信息划分为内在敏感型（inherently sensitive information）、推断敏感型（inferentially sensitive information）以及工具敏感型信息（instrumentally sensitive information），其中内在敏感型信息是指该信息一旦为他人所知就会造成损害，推断敏感型信息则是指需要对信息予以进一步的推断或预测操作才能对信息主体造成损害，而工具敏感型信息是指信息单纯为人所知或者推断不足以造成损害，只有不当利用该信息才可能产生损害。在美国大隐私权框架下，个人信息与隐私得到一体保护，其所称的敏感信息与美国法下的隐私大体相同。但在我国《民法典》已经对个人信息与隐私采取二元保护的前提下，狭义的私密信息应仅指内在敏感或者部分推断敏感信息，工具敏感型信息则对应个人信息。法律保护个人信息的目的在于保证信息的合理利用和流通，而不是赋予信息主体类似隐私权性质的绝对权和控制权，信息主体对个人信息享有的利益是防止信息被非法收集和利用而产生其他人身或财产权益损害。①

地址信息显然属于具有工具性价值的个人信息，但地址信息和空间隐私紧密结合，是外界对私密领域接触的渠道，虽然地址信息并不内在地具有私密性，但对地址信息的不当利用则可能造成隐私侵权的后果。英美法上传统的“地址隐私”随着定位和追踪技术的发展逐渐演化为引发新型隐私风险的“位置隐私”，前者是指信息主体单一的、长期定居的位置信息，后者则是电子设备追踪定位形成的大量位置信息的累加。位置信息的累加形成个人活动轨迹，该信息的不当利用将会产生不同于单一地址信息被非法利用的新型损害，即侵害隐私

① 个人信息的工具性价值在我国学者中已经广泛得到认可，参见程啸：《民法典编纂视野下的个人信息保护》，载《中国法学》2019 年第 4 期；高富平：《论个人信息保护的目的——以个人信息保护法益区分为核心》，载《法商研究》2019 年第 1 期。

中的私生活安宁。

在2018年卡彭特诉美国司法部案中，原告因涉嫌参与底特律及其周边地区的一系列武装抢劫而被捕，在调查取证过程中，美国联邦调查局通过两家无线运营商调取了原告手机基站定位数据（Cell-Site Location Information，即CSLI），并基于此数据形成了原告一段时间内的活动轨迹。本案的争议焦点在于原告是否对此基站定位数据享有合理隐私期待。根据“第三方原则”，个人一旦将信息披露给第三方就不再对该信息存在合理隐私期待。①但美国最高法院在本案中放松了第三方原则的判定标准，即便信息主体将信息披露给第三人，但如果该信息属于敏感私密信息，信息主体仍然存在合理隐私期待。

该案对我国个人信息向隐私转化认定具有借鉴意义。一方面，具有一定公开性的个人信息累积叠加形成的信息组合敏感性和私密性可能发生变化，转化为隐私范围的私密信息；另一方面，即便在私密性检验上存在不确定性，但利用该信息组合可能侵害个人私生活安宁。构成隐私个人生活安宁权的客体包括正常生活安宁，包括禁止尾随、跟踪他人，禁止偷窥、偷听、偷录和偷拍他人具有隐私性质的谈话、对话和活动，因此使他人的安宁生活遭受妨害。②

（三）数据时代隐私保护的选择

苏永钦教授曾提出人格权与其他权利的区别：“人格权不同于其他绝对权之处，在其既不是法定，也不许意定，只是社会自然形成的规范……人格权作为绝对性的权利，相较于物权、知识产权，最大的不同就在这里，也就是说人格权是每个人都能平等享有的绝对性权利，是从社会伦理直接转换的法规范，因此不待公示就自明。从这个本质可以推知，人格权必然趋于保守，只能跟着社会演进而形成，假使社会大多数人没有隐私权的价值观，请问法院要如何作出保护隐私权的判决而不造成社会混乱？”③

---

① 合理隐私期待测试中的第三方原则源自Smith v. Maryland一案（Smith v. Maryland 442 U.S. 735），在该案中美国最高法院认为个人对自愿提交给第三方的信息不再享有合理隐私期待。

② 参见王利明：《生活安宁权：一种特殊的隐私权》，载《中州学刊》2019年第7期。

③ 参见苏永钦：《只恐双溪舴艋舟，载不动许多愁——从法典学的角度评价和展望中国大陆的民法典》，载台湾《月旦民商法杂志》2020年第9期。

隐私与个人信息作为相类似的人格保护客体，对其法律保护上的难题在于社会演进对隐私观念的冲击，从而导致对不同权利客体及其属性的混淆。正如有学者提出，“在个人信息领域，民法定义中的‘隐私’理念应作出扩张性的解释，由此引出了‘数据隐私’的概念。数据化隐私权概念的提出，是对传统隐私理念的突破，网络传播的快速性与广泛性，促成了数据化隐私权理念的形成，数据化隐私权有赖于网络空间而存在，隐私意识与理念存在扩张的现象与趋势。因此，不同于传统私法领域中隐私权客体，个人的数据隐私不单纯针对隐私利益，一般个人信息和敏感信息亦蕴含隐私保护价值”。①还有学者提出，隐私的保护应当采用动态判断的“相对公开”标准，因而用隐私权就能够对个人信息予以保护，“法院通过隐私权来保护个人信息，非但不是实践落后于理论，恰恰相反，是实践在检验和修正理论，实践已走在了理论的前面”。②

但正如前文所提出的，隐私和个人信息在诸多方面存在差异，如果混淆适用规则可能会导致个人信息保护立法的真正目标无法完全实现，正如前文所探讨的案例判决所示，个人信息保护的独立价值在司法实践中会受到忽视。也正因如此，数据时代对社会隐私观念的冲击并不应当使得我们无限度地扩大隐私的框架以试图囊括个人信息保护所引发的新问题，尤其是司法和实务在规则适用上尚处探索阶段的前提下，明确两类人格权益客体各自的权利属性、内容和规则更有利于全面明确地应对实践中不断涌现的难题。彭诚信教授也提出：“我国狭义的隐私内涵至少在法理上能够与个人信息界分清楚，隐私保护的是主体不愿为人所知的部分信息，而个人信息保护的是主体愿意为人所知，但不愿为人所滥用的部分。由此决定了隐私的保护目标应是禁止任何意义上的公开或侵入，确保隐私不为人所知，而个人信息的保护目标则是保障个人意愿的自由，实现个人对相关公开、利用、处理行为的知情和控制，确保个人信息不为人所滥用。”③

---

① 参见商希雪：《个人信息隐私利益与自决利益的权利实现路径》，载《法律科学（西北政法大学学报）》2020 年第 3 期。

② 参见房绍坤、曹相见：《论个人信息人格利益的隐私本质》，载《法制与社会发展》2019 年第 4 期。

③ 参见彭诚信、杨思益：《论数据、信息与隐私的权利层次与体系建构》，载《西北工业大学学报》2020 年第 2 期。

但隐私与信息的二元区分保护模式并不排斥对于美国等其他比较法上的规则借鉴。个人信息与隐私的边界并非泾渭分明，需要实务基于实践经验对不同场景下的各类信息利用作出预判，司法上也需要根据对社会现实观念的把握对二者予以仔细辨别。判断的标准本身也并非变动不居，正如美国隐私侵权从最初的私密空间到卡茨诉美国（Katz v. United States）案确立的主观与客观结合的合理隐私期待，再到史密斯诉马里兰（Smith v. Maryland）一案提出的“第三方原则”对合理隐私期待的补充，直至 2018 年卡彭特诉美国司法部案中美国最高法院对“第三方原则”的弱化，正体现了随着科技进步和社会观念的变动，对于“私密性”标准的把握也在变化。因此，在明确隐私与个人信息立法保护宗旨存在差异的前提下，对于两者之间重合接近的“私密性信息”的认定还有待实践中经验的积累，形成更多共识性判断，在此过程中其他国家的案例和立法规则也值得参考借鉴。

乔某诉钉钉、伊某诉贝尔塔及孙某诉联通案评析
——个人信息“附条件的可让与性” 的司法适用

向 秦
（上海交通大学凯原法学院博士研究生）

一、基本案情

案例一：乔某诉钉钉公司案①

钉钉是智能移动办公软件，向会员提供聊天、网络电话、设置企业通讯录、创建群、考勤、签到等功能。企业用户和个人用户均通过点击同意《钉钉服务协议》《钉钉隐私权政策》成为钉钉会员。原告乔某称其为德宏公司员工，并通过钉钉打卡完成考勤，后与德宏公司发生劳动争议纠纷而要求钉钉公司向其提供考勤信息被拒，遂诉至法院。

案例二：伊某诉贝尔塔公司案②

贝尔塔开办了启信宝网站，主要提供商业查询服务，公众可以通过该网站查询企业工商登记、涉讼裁判文书等信息。涉讼裁判文书等信息来自对中国裁判文书网、人民法院公告网文书的转载。原告伊某作为案件当事人所涉四起纠纷的判决文书被贝尔塔转载至启信宝。贝尔塔转载时未获得中国裁判文书网和人民法院公告网主办单位的授权，亦未征询伊某的意见。其后，伊某要求贝尔塔删除相关裁判文书被拒，遂诉至法院。

① 参见杭州互联网法院（2019）浙0192民初8646号民事判决；浙江省杭州市中级人民法院（2020）浙01民终1040号民事判决书。

② 参见苏州工业园区人民法院（2018）苏0591民初2244号民事判决；苏州中级人民法院（2019）苏05民终4745号民事判决书。

案例三：孙某诉上海联通案①

孙某为中国联通手机用户，在入网时向联通提供了户名、电话号码、身份证号、地址、邮编等信息。中国联通将孙某的前述信息提供给新国信上海分公司，该公司利用所得到的信息筛选客户资料，用以与案外人海康人寿合作，向孙某电话销售保险产品。上海联通辩称其合法获得孙某信息，而电话销售仅是对自家产品的促销，为孙某提供增值服务。后孙某因其被海康人寿骚扰对自己的信息安全产生担忧、恐慌，遂诉至法院。

二、裁判思路

案例一："乔某诉钉钉公司案"裁判思路

一审法院对乔某要求钉钉向自己提供他的考勤信息的诉求不予支持，二审法院以乔某的诉请已在另案中得到支持为由而维持原判。其论证思路分两步走：

第一步，对事实进行认定。一是客观事实即考勤信息是否真实存在？乔某起诉要求钉钉公司向其提供在德宏公司工作期间的钉钉打卡考勤信息的前提是钉钉公司有相对应的考勤信息的存在。根据"谁主张谁举证"的规则，该事实应由原告乔某负举证责任，即乔某需提供足够证据证明自己加入了德宏公司钉钉企业群并进行了打卡考勤，对此法院认为证据不足。但考虑到乔某本身的诉请就是要钉钉公司向其提供考勤信息，让其自证进行了打卡存在客观不能。因而判决并未止于此步，而是采让步处理，即假设考勤信息是客观存在的。二是法律事实即考勤信息存在的情况下，乔某与钉钉公司是何种法律关系？判决认可了钉钉平台的商业模式，认为乔某点击同意了《钉钉服务协议》《钉钉隐私权政策》就表明其自愿受协议约束，乔某和钉钉公司对协议的适用形成了双方合意，构成合同法律关系。

第二步，结合案件事实进行法律适用。依法成立的合同，对双方当事人具有法律约束力。《钉钉服务协议》《钉钉隐私权政策》不违反国家法律、行政法规的强制性规定，合法有效。根据《钉钉隐私权政策》第三部分列明："1）我

① 参见上海市浦东新区人民法院（2009）浦民一（民）初字第 9737 号民事判决书。

们如何收集和使用您的个人信息……2）使用钉钉服务过程中收集信息……3）日志信息：如您作为钉钉企业组织管理员选择开通、管理钉钉服务的，我们会收集您所在钉钉企业组织用户的钉钉个人用户使用钉钉相关功能/应用过程中提交或产生的信息和数据（下称“企业控制数据”），企业控制数据可能包括：1）您所在企业组织分配给您的职位、隶属部门、主营行业、办公邮箱账号、办公电话等信息，以及您为完成企业组织日常经营管理开通的考勤、审批、签到、日志功能而要求提供或产生的指纹底图、指纹特征、人脸识别底图、面部特征、签到人脸照片、地理位置等个人信息以及考勤打卡信息、发布日志信息、日程信息、钉盘文件信息等。……您理解并同意，企业组织用户为上述企业控制数据的控制者，钉钉公司仅根据企业组织用户管理员选择开通、管理和使用上述应用服务处理您的个人信息/数据。”根据《钉钉隐私权政策》的约定，乔某在公司的考勤信息属于企业控制数据，即归属于德宏公司，而非钉钉公司，故钉钉公司没有义务向乔某提供有关考勤信息。

案例二：“伊某诉贝尔塔公司案”裁判思路

对于贝尔塔公司转载文书行为是否侵权的问题，一审和二审法院作出了截然相反的判决。一审法院援引《民法典》第 111 条认为贝尔塔转载行为侵犯了伊某的个人信息权，二审法院则根据《最高人民法院关于审理利用信息网络侵害人身权益民事纠纷案件适用法律若干问题的规定》第 12 条①判决贝尔塔在伊某要求删除涉案文书之前的转载行为不构成对个人信息权益的侵犯，但当伊某要求贝尔塔删除但贝尔塔仍坚持公开涉案文书的行为构成对个人信息权益的侵犯。

一审判决的论证思路是：首先，确定理论及法律依据。自然人的个人信息受法律保护，任何组织和个人需要获取他人个人信息的，应当依法取得并确保信息安全，不得非法搜集、使用、加工、传输他人个人信息，不得非法买卖、提供或者公开他人个人信息。其次，被转载的裁判文书涉案信息是否属于个人

① 原 2014 年《最高人民法院关于审理利用信息网络侵害人身权益民事纠纷案件适用法律若干问题的规定》第 12 条：网络用户或者网络服务提供者利用网络公开自然人个人信息，造成他人损害，被侵权人请求其承担侵权责任的，人民法院应予支持，但自然人自行在网络上公开的信息或者其他已合法公开的个人信息除外。该条于 2021 年 1 月 1 日起被《最高人民法院关于修改〈最高人民法院关于在民事审判工作中适用《中华人民共和国工会法》若干问题的解释〉等二十七件民事类司法解释的决定》所删除。

信息。上述文书由中国裁判文书网依法公开发布，伊某是涉案文书的案件当事人，文书中记述了伊某发生相关纠纷的情况，能够据以识别其身份，故属于个人信息，那么不得违法使用。再次，贝尔塔的行为是否构成非法使用他人个人信息。判决认为贝尔塔公司以营利为目的转载案涉法律文书，并未获得中国裁判文书网和人民法院公告网主办单位的授权，亦未征得当事人同意，其行为已构成非法使用他人个人信息。此外，法院还认为贝尔塔公司的非法使用行为，还会使当事人个人信息的传播范围被不当扩大。故贝尔塔以营利为目的转载涉案法律文书的行为不具有合法性。

二审判决的论证视角是：首先，贝尔塔公司公开的涉案裁判文书和公告文书能够识别出伊某的个人身份，包含了伊某的个人信息。根据《网络安全法》第76条之规定，个人信息是指以电子或者其他方式记录的能够单独或者与其他信息结合识别自然人个人身份的各种信息，包括但不限于自然人的姓名、出生日期、身份证件号码、个人生物识别信息、住址、电话号码等。涉案裁判文书及公告文书展现了伊某与原就职公司或者合同相对方发生纠纷的情况，伊某的名字较长（五个字），相较于大多数人的姓名，其独特性和显著性的特征较为明显，结合文书内容易于识别伊某的个人身份，可以认定贝尔塔公司通过转载相关文书实施了公开伊某个人信息的行为。

其次，在伊某联系贝尔塔公司要求删除相关法律文书之前，贝尔塔公司公开文书行为并未侵害伊某对其个人信息的知情同意权，不构成非法公开他人信息的行为。理由是涉案文书已在互联网上合法公开，贝尔塔公司基于公开的渠道收集后在其合法经营范围内向客户提供、公开相关法律文书，属于对已合法公开信息的合理使用。虽贝尔塔公司转载并再次公开裁判文书及公告文书具有吸引潜在客户加入其注册会员之意图，具有实质营利的目的，但营利并不等同于谋取非法利益，也不属《民法典》第111条规定的非法使用、提供或公开他人个人信息的行为。

最后，在伊某联系贝尔塔公司要求删除相关法律文书之后，贝尔塔公司仍以中国裁判文书网已公开诉争文书为由拒绝删除该文书，构成对伊某的个人信息的非法公开使用。理由是根据《网络安全法》及《民法典》的规定，网络运营者收集、使用个人信息，应当遵循合法、正当、必要的原则。在衡量网络运营者收集、使用已经合法公开的个人信息是否遵循合法、正当、必要原则时，应妥当平衡已经合法公开的个人信息流通与个人信息主体对信息传播控制之间的关系，从价值衡量上来看，个人信息主体对信息传播控制的人格权益显然高于已经合法公开的个人信息流通所产生的潜在财产权益，个人信息主体对其个人信息传播控制的权利更不因个人信息已经合法公开而被当然剥夺。

案例三：“孙某诉上海联通案”裁判思路

本案判决是通过保护隐私权的方式来保护孙某的个人信息。隐私的内涵是自然人享有私人生活安宁且不受他人非法干扰的权利，非依法律、法规之规定或非经权利人许可，任何人不得搜集、利用、公开他人隐私，而私人信息是隐私权益的主要内容，包括个人的姓名、性别、职业、学历、联系方式、家庭住址、婚姻状况等与个人及其家庭密切相关的信息。

本案中，孙某签署了上海联通的入网登记表，向联通提供了姓名、地址、电话号码、身份证号等个人信息，对于这些孙某的个人信息上海联通负有保密义务，未经孙某许可上海联通不得将其信息披露给第三方，也不得逾越收集的初始目的而利用孙某所提供的个人信息。而上海联通将孙某的个人信息提供给第三方新国信上海分公司，该公司利用所得到的用户个人信息筛选客户资料，用以与案外人海康人寿合作推销保险产品，上海联通未经孙某许可将其个人信息提供给他人的事实成立，构成对孙某隐私权的侵犯。

三、焦点问题的发展脉络

（一）“是否属于个人信息”的判断

上述三个案例中共同的焦点问题是涉案客体“是否属于个人信息”，在个人信息纠纷中，这一定性判断是后续法律适用的前提。“乔某诉钉钉公司案”中涉及的考勤信息是否属于个人信息是判断乔某能否以同意或合同形式赋予钉钉公司或德宏公司合法性基础，“伊某诉贝尔塔公司案”中涉案文书信息是否属于法律规范意义上的个人信息是认定贝尔塔的转载行为侵权与否的先决问题，“孙某诉上海联通案”中孙某在入网登记表中提供的个人信息是否属于私密信息是判断究竟是侵犯个人信息权益还是隐私权益的适用前提。

个人信息是信息隐私监管最核心的概念之一，是法律适用的“触发器”。“属于个人信息”这一法律事实的定性判断是涵摄个人信息保护相关法规的前提。换言之，如果个案审理中根本不涉及任何个人信息，那么对个人信息权益的侵害就无从谈起。鉴于我国目前已生效的《网络安全法》《民法典》及《个人信息保护法》等法律中对个人信息的概念予以规定，在维护法律的统一性、权威性、透明性的考量下，故，通过狭义法律解释方法来解析和确定个人信息应然意义上的“射程”符合成文法国家适用法律的前提。

我国现行立法对个人信息的界定可归纳为三种主要模式：

一是“概括定义＋列举”式。如《电信和互联网用户个人信息保护规定》（2013）采取的“能够单独或者与其他信息结合识别用户”（概括定义）＋“用户姓名、出生日期、身份证件号码、住址、电话号码、账号和密码等及用户使用服务的时间、地点等”（列举）。

二是“概括定义＋列举＋记录”式。如《网络安全法》第76条采取的“能够单独或者与其他信息结合识别自然人个人身份”的各种信息（概念定义）＋“姓名、出生日期、身份证件号码、个人生物识别信息、住址、电话号码等”（列举）＋“以电子或者其他方式记录”（记录）；《民法典》第1034条在前述第76条基础上，增加列举了“电子邮箱、健康信息、行踪信息等”。

三是“概括定义＋记录”式。如《个人信息保护法》第4条规定的，个人信息是“以电子或者其他方式记录的与已识别或者可识别的自然人有关的各种信息”但不包括匿名化处理后的信息。

通过“提取公因式”，上述三种界定模式反映出个人信息的共性四要素：识别性、记录、各种信息、与自然人相关。

1.“识别性”是个人信息的实质要素

我国立法吸收了识别说，有“单独或者与其他信息结合识别”与“已识别或者可识别”两种方式，已形成以“可识别”为核心的个人信息概念①。“单独

① 参见齐爱民、张哲：《识别与再识别：个人信息的概念界定与立法选择》，载《重庆大学学报》2018年第2期。

或者与其他信息结合识别”是以识别方法为标准将信息分为两类：一类是可单独、直接关联到自然人的识别信息，如身份证号码、指纹、虹膜、基因遗传等，另一类是在宽泛的碎片化信息中各种信息关联在一起能识别出特定自然人的信息。“已识别或者可识别”是以识别结果为标准，对域外个人信息保护框架中“identified”和“identifiable”信息①的直接翻译，内涵是当某自然人在某个群体中能与该群体中其他所有成员区分开来时，该自然人是“已识别”的，退一步讲，若该自然人尚未被识别出来，但具有被识别出的可能性，则该自然人是“可识别”的。可识别意味着即使信息本身不能与某个特定自然人相关联，但如果合理地与其他信息结合起来能直接或间接地识别出该自然人，那么该信息仍落入个人信息范畴②。

我国个人信息识别性的判断呈现如下特点：其一，“举轻以明重”，可识别是判断个人信息识别型的阈值门槛，而非已识别；其二，尽管有学者批判识别说强调技术性，是静态的，受到实践严峻挑战，而应加入“关联说”塑造更具有包容性的个人信息概念③，但已识别的定义已经相当宽泛和模糊，可谓“除了纯粹的机器、传感器和天气数据，再也没有非个人信息”④；其三，未区分不

① 个人信息＝个人数据＞个人可识别信息。个人信息与欧盟框架下的个人数据（personal data）的实质相同，个人数据是个人信息的数字化转换。欧盟语境下的个人数据就是指与特定自然人相关的已识别或可识别的信息，定义相当广泛和模糊，禁止在没有法律依据的情况下处理个人数据。我国个人信息保护法律几乎是在欧盟框架的基础上设立的，采取了“识别性”界定方式。“利”是几乎没有任何信息能逃脱隐私信息监管，具有统一性，“弊”是无论是已识别个人的信息还是间接识别的可识别信息都不加区分地构成个人信息而落入数据保护的范畴，从而监管成本是繁重的，与个人信息面临的实际风险不相称。个人信息比美国框架下的个人可识别信息（personally identifiable information）更宽泛。美国语境下的个人可识别信息关注的是与已识别（identified）自然人有实际关联的信息，定义狭窄。这是因为美国个人可识别信息是通过部门性法律来调整，侧重于利用个人信息的特定行业或环境。一般情况下允许个人可识别信息的处理，除非造成了侵害或法律规定其处理受到限制。参见彭诚信、向秦：《“信息”与“数据”的私法界定》，载《河南社会科学》2019年第11期。

② Paul M. Schwartz and Daniel J. Solove, “Reconciling Personal Information in the United States and European Union”, 102（4）California Law Review 877（2014）.

③ 参见高秦伟：《个人信息概念之反思与重塑——立法与实践的理论起点》，载《人大法律评论》2019年卷第1辑。

④ Winfried Veil, “The GDPR: The Emperor’s New Clothes—On the Structural Shortcomings of Both the Old and the New Data Protection Law”, 10 Neue Zeitschrift für Verwaltungsrecht. pp.686—696（2018）.

同识别性风险的个人信息的保护，已识别和可识别的信息均受到同等水平的法律保护，个人信息可谓变得更宽泛。

2.“记录”是个人信息的形式要素

“以电子化或其他方式”表明规范对象不仅限于以电子化方式记录下来的信息，如互联网时代通过二进制代码记录在计算机内存或云盘里，还包括其他方式，如记录在纸上或其他实在媒介上。记录一词予以宽泛，不确定性意味颇浓，可能导致杂乱的书面文件都落入个人信息保护范畴。欧盟对自动化处理和非自动化处理进行了区分，后者限制在一个易于检索的档案系统之中①。这一限缩式立法不无道理。并非每一个非自动方式处理的信息都是法律意义上必要保护的个人信息，比如将一串电话号码写在纸上并锁进保险柜里使人难以获取。法律之所以开始保护个人信息是因为与传统的非自动信息处理形式相比，电子自动方式处理信息的新技术使得其更容易和更广泛地取得个人信息。为更好符合社会背景下信息应更高效便捷的获取要求，避免机械和不确定性，对“记录”这一形式要素应采限缩解释，要求信息具有切实可行的可获取性。

3.“各种信息”是个人信息的外延要素

“各种”一词表明个人信息范围的包容性，具体化为任何特定信息片段的“标识符”，既可以是客观信息，如自然人的身高、头发颜色、衣着打扮等外表，也可以是主观信息，如意见、评论，总之是与自然人的身体、生理、心理、经济、文化或身份有关的一个或多个标识符，涉及私人及家庭生活的方方面面。个人信息不仅要确定“是谁”，还包括“是什么样的人”的形象勾勒。如在监护权案件中，儿童的绘画可能因反映了其心情和对不同家庭成员的感受等信息被视为个人信息，因为从精神病学角度看，该绘画体现了其健康状况。

我国关于个人信息的“列举”是对个人信息定义的解释说明，而非表明所列举的信息必然具有识别性、必然就是个人信息。其一，从《民法典》在《网络安全法》基础上增加列举了电子邮箱、健康信息、行踪信息等具体信息可知，个人信息的外延是开放式的列举；其二，以“姓名”为例，几乎所有立法都将

① 参见韩旭至：《论个人信息的形式要素》，载《河北法学》2018 年第 5 期。

其列举为个人信息，但其可能构成个人信息，也可能不构成个人信息，取决于个案考察。如在“汇法网案”[①]中，汇法网发布了与原告刘某相关的民事裁定书以供其用户查阅案件当事人名称、案由和裁定内容等，一审判决认为虽然公开了原告的姓名，但对出生日期、住址等关键信息隐蔽，识别度极其有限，未对其隐私造成损害；而在“庞某与趣拿案”[②]中，判决认为个人的姓名和手机号等虽然属于进行正常社会生活所需对外公开的信息，但在大数据时代，信息的收集和匹配成本低，姓名、手机号与其他信息结合完全可以识别出特定自然人。

4.“与自然人相关”是个人信息的补充要素

“相关”这一补充要素是对关联说的吸收。既可以与自然人直接相关，也可以间接相关，比如“某房屋价值两百万”这一看似属于房屋相关的信息，当该信息仅用作说明该地区的房价水平时，显然不属于个人信息范畴，但当该信息用于确定其所有权人缴纳某些税款的义务范围时，则间接与自然人相关，可能被视为个人信息[③]。如何认定“相关”可以从内容、目的、结果方面去考察。第一，信息的“内容”是关于某特定自然人的，如医疗分析报告的结果显然与患者相关、身份证上的号码与公民相关。第二，信息产生的“目的”与特定主体相关，如出于网购目的将A学校地址作为收货地址的老师甲与出于找工作目的将A学校作为毕业院校填在领英网站上的同学乙，目的不同，A学校的信息既可能与老师甲相关，也可能与同学乙相关。第三，在考虑到具体案件中的所有情况下，信息的使用会对特定自然人的权益产生影响，这种潜在“结果”不一定是重大影响，如在网约车情境下，平台方可以实时确定车辆的位置，最优化地分配离客户上车点最近的车，严格来说，车辆实时位置数据并不是关于司机的信息，而是车辆的卫星数据，但该类数据也能监测出司机是否遵循限速、何时停车休息、是否为乘客提供合适的行程等，故能对司机产生相当大的影响，也可被视为与特定自然人“相关”。由此可知，同一条信息可能在同一时间与不

① 参见湖北省襄阳市襄州区人民法院（2016）鄂0607民初1454号民事判决书；湖北省襄阳市中级人民法院（2017）鄂06民终139号民事判决书。

② 参见北京市海淀区人民法院（2015）海民初字第10634号民事判决书；北京市第一中级人民法院（2017）京01民终509号民事判决书。

③ Article 29 Data Protection Working Party：Opinion 4 /2007 on the concept of personal data，01248 /07 /EN WP 9.

同的自然人相关，其取决于每个自然人满足的内容、目的或结果。

（二）个人信息处理的合法性基础判断

上述三个案例对于“是否属于个人信息”这个问题，若答案是肯定的，下一个焦点便是被告的个人信息处理行为是否具有合法性基础。个人信息处理的“合法性基础”这一概念在德国法上被称为“Praventives Verbot mit Erlaubnis-vorbehalt”。其意味着默认规则是禁止处理个人信息，除非法律中规定了例外或者通过信息主体的同意而提供了例外。因此在开始处理个人信息之前，信息处理者必须寻求法律依据以证明其个人信息处理行为的正当性。根据完整“数据生命周期”理论，个人信息的处理不仅涉及收集的上游环节，还涉及收集后的利用、对外提供等下游环节。对于上游环节，三个案例的共同点是相关信息的收集获取具备合法性基础，案例一中隐私政策的合同法属性及其效力得到司法确认，案例二中涉案文书信息属于已经合法公开的个人信息，案例三中办电话卡入网填的个人信息已获得同意。对于下游环节，案例一中的“下游环节”表现在德宏公司（第三方）对于乔某（信息主体）的考勤信息的获取是通过钉钉（平台方）实现的；案例二中的“下游环节”是贝尔塔从合法途径获取伊某（信息主体）涉案文书信息后公开转载以及伊某要求删除后的继续公开转载；案例三中的“下游环节”是上海联通（平台方）将孙某（信息主体）的个人信息提供给新国信（第三方）使用。

个人信息处理的合法性基础判断，一个重要的标准是“同意”。我国《关于加强网络信息保护的决定》（2012）首次将“同意”作为处理信息主体的个人信息的合法性基础，接着《消费者权益保护法》（2013）和《网络安全法》（2016）中延续了“同意”作为合法性基础的地位以规范生活中的大多数场景，《民法典》第1035条规定个人信息的处理应“征得该自然人或者其监护人同意”。信息处理者对个人信息的处理应向信息主体充分告知，并征得其明确同意①。充分告知是为了实现信息处理者与信息主体之间的信息透明化，以帮助信息主体作出自主决策，即同意权的行使。告知同意正是源于个人对其信息的自决权，

---

① 参见齐爱民：《信息法原论》，武汉大学出版社2010年版，第76页。

同意是信息主体意思自治的表现①。其理论基础可追溯至洛克的同意理论，即“一切自然人都是自由的，除了他自己的同意外，无论什么事情都不能使他受制于任何世俗权力”②。知情同意不仅被视为“数据保护法的基石”和“信息自决权的真正体现”，有时甚至要求同意应优先于个人信息处理的所有其他合法性理由，表现出“同意的首要地位”③。

但是，同意并不是个人信息处理的唯一合法性基础，正如上述三个案例中的上游环节就体现出了合同、已经合法公开及同意三种不同的合法性基础。

此外，同意要受到正当、必要原则的限制，《民法典》第 1035 条将同意与“双方的约定”并列，置于合法、正当、必要原则之后，这样安排的目的体现出了对同意规则的修正，即使同意使得信息处理行为合法，但最小必要原则也可能使其非法，体现的是个人信息保护在于根本上的人格尊严受到保护，不受个人决定的限制。与欧盟《一般数据保护条例》第 6 条的安排有异曲同工之妙，欧盟的“信息隐私不可让渡理论”（information privacy inalienability）认为数据主体不能通过同意来“出售”受欧盟《宪章》保护的隐私和数据保护基本权利，从而创造了“不契约”（non-contract）和“不同意”（non-consent）的区域，也就是说没有同意或契约的自由能凌驾于正当、必要等基本原则之上，通过这样的设置，企业相对不容易以“同意”为其不合理处理个人信息的行为进行辩护。

（三）个人信息的可让与性的边界

最后一个争议焦点就是上述案件中被告的行为是否侵犯了信息主体的个人信息权益。鉴于上述案件都在上游环节获得了合法性支持，那么判断的重点就是下游环节是否会因为上游环节的合法性而被当然地认为是合法处理，比如已经公开是否意味着对个人信息的控制被当然剥夺？基于同意获得个人信息就可

① 参见张新宝：《个人信息收集：告知同意原则适用的限制》，载《比较法研究》2019 年第 6 期。

② ［英］洛克：《政府论（上册）》，叶启芳、瞿菊农译，商务印书馆 2013 年版，第 74 页。

③ Veil, Winfried, The GDPR: The Emperor's New Clothes—On the Structural Shortcomings of Both the Old and the New Data Protection Law (December 21, 2018). Neue Zeitschrift für Verwaltungsrecht 10/2018: 686—696, Available at SSRN: https://ssrn.com/abstract=3305056.

以自由使用或转让给第三方？这一焦点的实质是法院如何判断个人信息的属性以及个人在多大程度上能对其个人信息进行控制，尤其是在其个人信息已经通过合法方式让与后。

1. 个人信息法律属性的主要学说

学界进行了多种理论尝试，包含了人格利益说、个人信息权肯定说、人格权财产权双重权利说、个人信息权否定说、财产权说与准财产权说等不同界定。

人格利益说包括了个人信息上人格利益回归到隐私权范畴的“隐私权说”和个人信息作为人格权体系下的一种“新型人格利益说”两种。隐私权说以房绍坤、谢青等学者为代表①：个人信息的人格利益回归隐私范畴，《民法典》第111条规定个人信息受法律保护却不使用“个人信息权”的表述是对第110条隐私权内容的宣示性规定。新型人格利益说以程啸、王晨等学者为代表②：个人信息权益是一种不同于隐私权、姓名权、肖像权等具体人格权的新型人格权益，其上的经济利益涵盖在我国基于德国一元保护模式上的人格权的商品化利用中。自然人对个人信息享有的民事权益属于人格性权益，是《民法典》以人为本的基本立场的体现，是对人格尊严和自由尊重的彰显，是对《宪法》关于“公民的人格尊严不受侵犯”要求的落实。

个人信息权肯定说包括了以王利明、叶名怡、杨立新等学者为代表③的“具体人格权说”，认为个人信息权符合“权益区分”归属效能、排除效能和社会典型公开性三标准，而不单单是民事权益，属于绝对权，而非支配权。此外，有学者将个人信息权视为一种以个人对其信息的控制和自决为核心内容的权利，个人有权控制和支配其个人信息的流向。新型民事权利说的学者则认为个人信息权是一种以个人对其信息的控制和自决为核心内容的权利。个人对信息的控

① 参见房绍坤、曹相见：《论个人信息人格利益的隐私本质》，载《法制与社会发展》2019年第4期；谢青：《日本的个人信息保护法制及启示》，载《政治与法律》2006年第6期。

② 参见程啸：《论我国民法典中个人信息权益的性质》，载《政治与法律》2020年第8期；程啸：《论我国民法典中的个人信息合理使用制度》，载《中外法学》2020年第4期；王晨：《关于〈中华人民共和国民法典（草案）〉的说明——2020年5月22日在第十三届全国人民代表大会第三次会议上》，载《全国人民代表大会常务委员会公报》2020年特刊，第191—192页。

③ 参见王利明：《论个人信息权的法律保护——以个人信息权与隐私权的界分为中心》，载《现代法学》2013年第4期；叶名怡：《论个人信息权的基本范畴》，载《清华法学》2018年第5期；杨立新：《个人信息：法益抑或民事权利》，载《法学论坛》2018年第1期。

制应理解为服务于“有效地阻止个人信息被非法滥用”，而非使个人对其个人信息享有绝对权和对第三人的效力而排除他人的合理使用①。

人格权财产权双重权利说以余筱兰、龙卫球、刘德良等学者为代表②，即个人信息既有人格利益也有财产利益，受到人格权和财产权的双重保护，相互分离，各自承载和实现不同的功能，信息人格权近似于隐私权，信息财产权近似于一种所有权地位的财产利益。对于财产权的部分，有物权或所有权说、知识产权说、债权说、新型财产权等，物权说则视个人信息为特殊物权客体，属于无体物。

个人信息权否定说以杨芳、吴伟光、梅夏英等学者为代表③：个人信息保护法中的对象是外界无法识别的“保密意志”和信息自决，如果将个人信息作为客体排他性地归属于个体，一是无法为他人的行为设定清晰的“禁区”，二是有阻碍信息交流和禁锢思想的危险。更有甚者认为个人信息属于公共物品，属于公法而非私法的规制范畴，治理的主体应该是政府专门机构。

财产权说与准财产权说主要流行于美国和欧盟法域。美国联邦层面信息隐私法的重点是维护数据交易的公平性和反欺诈。随着商业模式的更新，个人信息的财产权属性在美国法上更加明显。比如个人数据经济（personal data economy，PDE）模式④的出现，信息处理者直接从个人购买其个人信息。欧盟讨论的是个人数据的准财产权，“准”意味着其本质并非财产权，但具备财产权的特征（如具有一定排他性），而模拟对财产权的保护，赋予个人对某一客体享有有限排他性利益，在排除他人获取或使用该客体的同时，不能给予其完整的和不

---

① 参见梅夏英：《在分享和控制之间——数据保护的私法局限和公共秩序构建》，载《中外法学》2019 年第 4 期。

② 参见余筱兰：《信息权在我国民法典编纂中的立法遵从》，载《法学杂志》2017 年第 4 期；龙卫球：《数据新型财产权构建及其体系研究》，载《政法论坛》2017 年第 4 期；刘金瑞：《个人信息与权利配置——个人信息自决权的反思和出路》，法律出版社 2017 年版；刘德良：《个人信息的财产权保护》，载《法学研究》2007 年第 3 期。

③ 参见吴伟光：《大数据技术下个人数据信息私权保护论批判》，载《政治与法律》2016 年第 7 期；杨芳：《个人信息自决权理论及其检讨——兼论个人信息保护法之保护客体》，载《比较法研究》2015 年第 6 期；梅夏英：《数据保护的私法局限和公共秩序构建》，载《中外法学》2019 年第 4 期。

④ Stacy-Ann Elvy, “Paying for Privacy and the Personal Data Economy”, 117 Columbia Law Review 1369（2017）.

受约束的对物的所有权或产权。

学说纷纭，但对于个人信息属于人格利益几乎是学界共识。个人信息的实质要素是可识别到特定个人的身份，不仅知道“是谁”而且还能识别出“是怎样的人”，与人的自由、尊严紧密相关，个人信息的显性属性是人格，而将其视为人格也体现出对人的社会存在样态（包括虚拟世界身份）的尊重。

2. 个人信息是天然附合着财产属性的人格权益

人格本身并不能成为权利客体，甚至人是一切客体的对立面，人格被认为是一种受尊重的权利、一种人身不可侵犯的权利，而非一种支配权，因此支配权的客体既不能是自己，也不能是他人。这也是为什么几乎所有人格包含交易属性，却不能交易。但之所以个人信息可以交易，是因为个人信息中天然地“附合”着财产属性。“附合”一词本是出现在物权制度中，意指物与物（主物与附属物）在客观上的结合，而此处的“附合”被借用来表达财产属性被隐含在个人信息中，这种附合着的财产属性可以成为权利客体。正如拉伦兹所言，“人的各个独立的、分离的并且由此成为一种标的的外在表现形式或形态，比如他的肖像、一封私信的内容、一个通知的内容、他在一张纸上留下的笔记、在录音带上的声音”,①也可以是权利客体，而拉伦兹列举的那些外在表现形式本质上都可能因“可识别”而被纳入个人信息中。

一是，个人信息作为客体具有不兼容于现行法律体系中的特殊性。物权的客体是物，物也被认为是第一顺位的权利客体，其特点是权利人对物享有排他性，可以对物的所有权进行处分，而个人信息与物权比较，有财产价值，但不具有排他性。知识产权的客体是客观存在的无体物，特点是其上具有独创性，法律对于智力劳动所产生的具有独创性的智力成果确认了其财产法意义上的财产价值，②而个人信息与知识产权比较，二者共性是可为众多人加以使用且可无限复制，个人信息也具有巨大的财产性，但个人信息不具有智力上的独创性。债权的客体是一方请求另一方为给付行为，个人信息不具备这个属性。人格权的客体是保护人之为人的尊严与自由，隐私和个人信息本质上都属于人格利益，但区别在于隐私

① ［德］卡尔·拉伦茨：《德国民法通论》（上），王晓晔等译，法律出版社 2003 年版，第 379 页。

② 参见何敏：《知识产权客体新论》，载《中国法学》2014 年第 6 期。

是不希望信息被公开，个人信息是希望他人知道或者不在乎他人是否知道。

二是，个人信息上天然附合着财产属性的判断源于互联网社会现实和个人信息商业化利用活动的数据竞争实践。其一，在传统社会中个人信息一直存在，但并未产生个人信息的法律问题，个人信息的问题是在进入网络时代后由互联网所触发的，因此我们在谈论个人信息时大多数是基于数据背景。传统社会中积极意义上的很多信息是不能进行商业化利用的，无法交易，通过消极防御的隐私权保护就已经能够解决社会现实问题了。到了互联网时代，信息可以剥离下来，甚至交易，交易产生价值。其二，互联网为个人信息的海量收集、存储、分析提供滋养的土地。比如在隐私付费模式（pay for privacy）中，消费者支付额外的费用，以防止其个人数据被收集和挖掘用于广告目的，有助于将个人信息转化为一种可交易的产品；在数据洞察模式（data-insights model）中，互联网企业为用户提供控制、汇集、聚合以及从其个人数据中获得洞察分析的平台，同时在某些情况下为用户提供将其个人数据货币化的市场，消费者通过将自己的数据货币化来换取个性化交易，从而成为数据市场的主动参与者，而非被动参与者，消费者可以分享其数据创造的红利①。其三，个人信息的商业化利用追求的是财产性利益的实现，尤其在数据竞争中，数据企业为了在竞争中获得优势地位，往往想取得个人信息利用的稳定的排他性的地位②。法院也因而从“反不正当竞争”的视角来审视企业数据权益纠纷。

三是，个人信息上的财产属性具备转化的可能性。财产属性的转化途径一般认为包括德国一元模式对人格权商品化中的人格利益和财产利益统一保护、美国二元模式对人格利益和经济利益分别保护两种。择其一种，取决于立法选择。法律是什么？是“一种社会想象力”，我国社会对个人信息的想象是：一方面数据经济的发展需要个人信息的流通与共享，另一方面个人信息与识别出一个特定自然人相关，而识别使人的人格尊严受到威胁，人类无法忘记法西斯主义、极权主义和纳粹主义的毁灭性教训。因此，我们寻求的是一种在能保护人

① See Stacy-Ann Elvy，“Paying for Privacy and the Personal Data Economy”，117 Columbia Law Review 1369（2017）.

② 参见于晓：《自然人人格标识商业利用民事权利独立设为新型财产权研究》，载《山东大学学报》2017 年第 3 期。

格利益的前提下，建立个人信息上的财产属性得以转让的模型。

个人信息是一种天然附合着财产属性的人格权益，决定了个人信息具有“附条件的可让与性”。其理论基础是斯瓦茨教授提出的“hybrid inalienability”制度。情景假设：自然人A同意为了W目的而把自己的个人信息卖给公司X，但A不希望X将其个人信息再卖给Y或者Z，甚至不希望X将其个人信息用于W外的其他目的而处理其个人信息。

如果赋予个人信息完全的“可让与性”，则意味着信息主体A自由选择交易或者不交易，此时个人信息就被视为一项可自由让渡的财产，A无法限制X公司使用或转让其个人信息给Y或者Z，个人不能限制其已经转让的财产利益①。

如果赋予个人信息完全的“不可让与性”，则意味着个人信息将变得和隐私权一样成为一项消极的防御的权益，个人将不能积极参与数字经济，A不能将其信息卖给X以获得免费使用其产品或服务或获得折扣，甚至直接的经济利益。个人信息的货币价值是巨大的，当其以数据化形式出现时，可为自然人带来财产性利益，如“隐私折扣模式”中通过折扣计划鼓励消费者让渡其个人信息，如果消费者允许该公司使用其网络浏览信息来定制和推送广告就可以获得大约30美元的月费减免，消费者为了折扣而提供他们的个人信息。

如果赋予个人信息“附条件的可让与性”，则意味着介于“自由让与”与“不可让与”之间，允许信息主体提供和分享自己个人信息的同时，对个人信息在未来使用中进行限制。首先，个人信息体现出不可让与的部分，是对个人信息可转让性的限制及使用转移限制。由于知情同意本身的限制和缺陷使得个人不能平等地参与市场，体现出“市场失灵”，个人在交出自己的个人信息后实际上就失去了控制，因此不可让与性的限制跟随个人信息到下游传输和对外提供环节，第三方对其个人信息的处理受到一定限制，比如我国《个人信息保护法》第23条要求第三方在个人同意的处理目的、处理方式和个人信息的种类等范围内处理个人信息。其次，所附条件主要体现在下游个人信息转移环节，由此限制利用个人的同意沦为对所有个人信息的交易的“一次性”（one-shot）许可。

① Pamela Samuelson, “Privacy as Intellectual Property?” 52 Stanford Law Review 1125, 1143 (2000).

为了限制个人信息交易一次性许可的负面影响，进一步通过默认“选择加入”模式来对信息处理者进行强制，比如第24条同样要求个人信息处理者应当向个人告知第三方的身份、联系方式、处理目的、处理方式和个人信息的种类，并取得个人的单独同意。

相对应地，隐私权具有“不可让与性”，这是由其人格权属性决定的，隐私权在我国是狭义上的隐私，具有严格的人格权属性，即使权利人同意也不能任意自由处分，不存在对隐私的合理利用。理由是关涉人在社会上自由和尊严的基本存在样态，这决定了隐私权中的私密信息是不能自由交易和公开的，①故隐私具有“不可让与性”。数据具有“可让与性”，数据的财产性维度得到我国司法裁判认可，如“新浪微博诉饭友App案”②中“数据”成为网络经营者竞相争夺的基础性资源；“谷米诉元光”案中原告后台存储的公交实时数据具有实用性并能够为其带来现实或潜在的经济利益，具有无形财产的属性；“淘宝诉安徽美景案”中网络运营者对其开发的数据产品享有独立的财产性权益。根据布莱克斯通（Blackstone）对于财产权的经典论述，财产权是一种绝对权、对世权、排他性权利，是“对外部世界的事物享有唯一的、专有的统治”③。卡罗尔·罗斯（Carol Rose）进一步把这种财产概念称为“排他性公理”（Exclusive Axiom）。财产权意味着个人信息可以自由转让，也即“自由可让与性”（free alienability）。允许信息和处理者对数据的自由流通和商业化利用，会促进数据共享流通。

四、案例评析

（一）“是否属于个人信息”的前提缺失

“乔某诉钉钉公司案”中乔某在钉钉平台上打卡的考勤信息是否属于乔某之

① 参见彭诚信：《数据利用的根本矛盾何以消除——基于隐私、信息与数据的法理厘清》，载《探索与争鸣》2020年第2期。

② 参见北京市海淀区人民法院（2017）京0108民初24510号民事判决；北京知识产权法院（2019）京73民终2799号民事判决。

③ William Blackstone，“Commentaries on the Laws of England” 2（facsimile ed. 1979）（1766）.

个人信息，该案一审判决并未就考勤信息是否属于乔某的个人信息问题作出判断，而是依据合同约定和契约自由直接得出结论：考勤信息属于乔某的雇佣单位所有，既不归属于乔某，也不归属于作为平台方的钉钉公司。二审判决回避了前述问题，仅称乔某的诉讼请求已经在劳动纠纷的另案中得到了支持而维持原判。另案是指在乔某与德宏公司的劳动争议诉讼中法院依职权要求钉钉公司提供乔某加入德宏公司钉钉群的起止时间、其在该公司钉钉群的考勤信息、该公司的注册信息。

（二）个人信息与隐私权的区分不清

“孙某诉上海联通案”中涉及孙某入网时提供的姓名等个人信息，是否构成隐私则涉及个人信息与隐私的区分。个人信息分级划分得到司法实践的进一步发展，结合“黄某诉微信读书”[①]案的判决，个人信息可细分为四层：①符合社会一般合理认知下的共识的私密信息。列举了性取向、性生活、疾病史、未公开的违法犯罪记录等，此一级信息与私密性最为接近，落入隐私权范畴强化其防御性保护，即非特定情形不能处理。②不具备私密性的一般信息。一般在征得信息主体的同意之后皆可正当处理。③兼具防御性期待及积极利用期待的个人信息。此类信息主要是因为“私密性”强调不愿为他人知晓的主观意愿，需要结合信息内容、处理场景、处理方式等进行符合社会一般合理认知的判断。④公开的个人信息。通过上述四层含义可见，孙某的姓名、电话等入网信息实际上不属于私密信息，而属于个人信息，至于是一般个人信息或兼具防御性期待及积极利用期待的个人信息，则应结合具体场景由法院判断。

（三）确立了个人信息控制的优先地位

“乔某诉钉钉公司案”中，涉及三方主体：乔某、企业和钉钉平台。根据《钉钉隐私权政策》的约定可以看出三方的法律关系是：一是企业出于运营及管理目的，在钉钉上提交和收集其员工乔某的人事信息、考勤信息等个人信息之前，事先获得乔某的明确同意。二是企业注册成为钉钉组织用户，并同意其隐

① 参见北京互联网法院（2019）京 0491 民初 16142 号民事判决书。

私政策。三是乔某注册成为钉钉的用户，并同意其隐私权政策，即同意其“职位、隶属部门、主营行业、办公邮箱账号、办公电话等信息，以及您为完成企业组织日常经营管理开通的考勤、审批、签到、日志功能而要求提供或产生的指纹底图、指纹特征、人脸识别底图、面部特征、签到人脸照片、地理位置等个人信息以及考勤打卡信息录、发布日志信息、日程信息、钉盘文件信息等”属于企业控制数据，而非乔某个人所有。钉钉公司和企业收集和使用乔某的考勤信息是具有合法性基础的，可能是基于同意，也可能是基于合同，取决于对《钉钉隐私权政策》的性质判断，会产生争议。但根据个人信息“附条件的可让与性”理论，其限制个人信息的自由让与，要求下游第三方获取个人信息时要获得“选择加入”的同意，企业是合法处理乔某考勤信息的第三方，但这并不意味着就排除了乔某对其考勤信息所享有的利益，合同和同意的自由让与受到人格“不可让与性”的限制。

“伊某诉贝尔塔案”中，涉案文书信息是已经合法公开的个人信息。根据个人信息“附条件的可让与性”理论，信息主体对其个人信息的控制延伸至下游第三方获取的环节，即使是对于不需要信息主体同意或合同即可处理的个人信息，其处理也受到“合法、正当、必要”等原则的限制，正如欧盟对其自由处理个人信息的限制。贝尔塔对伊某涉案文书信息的初次转载行为，因其具有“合理处理该自然人自行公开的或者其他已经合法公开的信息”的合法性基础，不属于对于个人信息权益的侵犯；贝尔塔在伊某明确要求删除涉案文书信息后仍继续转载，伊某明确不同意其个人信息继续被公开，一方面伊某对其个人信息的下游继续处理享有控制，是基于人格利益的控制，另一方面贝尔塔对已经合法公开的个人信息享有潜在的财产权益，利益平衡的一种标准是位阶理论，即低位阶的法益不能对抗高位阶的法益。详言之，其一，民事权益不能用来对抗受宪法保护的权利；其二，民事权益中的个人的财产性权益让位于个人的人格性利益①。因此伊某的人格权益高于贝尔塔的财产权益。该案体现出“附条件的可让与性”理论下信息主体对其个人信息的控制不能因为个人信息已经被

① 参见张新宝：《个人信息收集：告知同意原则适用的限制》，载《比较法研究》2019 年第 6 期。

合法公开就被当然地剥夺的法律精神。

“孙某诉上海联通案”中，涉及上游阶段上海联通收集孙某办理入网时提供的个人信息、下游阶段上海联通共享孙某的前述信息给第三方新国信，新国信再利用超出收集目的范围的信息与案外人海康人寿合作向孙某推销保险产品。根据“附条件的可让与性”的解释，对于上游阶段孙某作出同意收集其个人信息，不代表对下游阶段提供给第三方的“概括性同意”，该阶段并非判决关注的重点，一是因为知情同意的障碍，比如孙某不能读懂长篇累牍的入网协议、孙某不同意提供信息便无法使用电话号码等；二是收集个人信息已经成为无法阻止的事实，信息一直在交流和传播中，阻止收集没有现实意义。该案中，关注的重点是下游阶段上海联通未经过孙某许可擅自将信息转移给新国信，上海联通对外提供孙某的个人信息需经其选择加入式的明确同意，因为孙某对其个人信息的人格性权益是跟随着信息一直从上游到下游的，而知情同意是保障个人信息控制的经典方式。

（四）确立了个人信息的可识别性标准

司法实践观察，自然人在网络上的信息主要有用户身份类注册信息和用户行为类使用信息两种。前者是指在使用网络产品或服务时用户提供的包含其姓名、身份证件号码、昵称、头像、职业、教育背景等信息，比如“新浪微博诉脉脉案”①中脉脉通过开放平台接口抓取的新浪微博用户的头像、名称、职业信息、教育信息、用户自定义标签等用户信息数据。后者如“大众点评诉百度案”“新浪微博诉头条案”“淘宝诉安徽美景案”等案②中的用户自行录入、撰写的点评信息、微博内容、微信聊天、发言信息及交易产生的支付信息等信息。“淘宝诉安徽美景案”中判决认为网络用户行为痕迹信息属于非个人信息，但又不同于其他非个人信息，因为“这些行为痕迹信息包含有涉及用户个人偏好或商

① 参见北京市海淀区人民法院2015年海民（知）初字第12602号民事判决；北京知识产权法院（2016）京73民终588号民事判决。

② 参见上海市浦东新区人民法院（2015）浦民三（知）初字第528号民事判决、上海知识产权法院（2016）沪73民终242号民事判决；李俊慧：《新浪微博诉今日头条案是否适用三重授权原则》，载《民主与法制时报》2020年3月1日；杭州铁路运输法院（2017）浙8601民初4034号民事判决、浙江省杭州市中级人民法院（2018）浙01民终7312号民事判决。

户经营秘密等敏感信息……因部分网络用户在网络上留有个人身份信息，其敏感信息容易与特定主体发生对应联系，会暴露其个人隐私或经营秘密”，故认为应比照个人信息保护的相应规定予以规制。由此可见，无论是我国立法还是司法实践中对个人信息的认定都是“已识别”+“可识别”的宽泛模式。判断是否属于个人信息除了“已识别”标准，即直接识别出某一特定自然人，还应考虑“可识别”标准，即与其他信息的结合后间接识别到特定自然人。

“乔某诉钉钉公司案”中涉及的是乔某在钉钉应用软件上的考勤信息，属于用户行为类使用信息。根据判决事实认定，用户注册钉钉会员，通过输入手机号码及短信验证码，同意《钉钉服务协议》《钉钉隐私权政策》后，设置登录密码就算完成注册并能使用打卡签到的功能。乔某用自己的手机号码注册成了钉钉会员，手机号在我国是采实名制，直接与自然人的姓名、身份证号等标识符关联。乔某在此实名账号下在特定时间与某某公司的企业群作出确认上下班的行为留下的信息，具有识别出乔某的可能性，应属于“可识别”的个人信息。

“伊某诉贝尔塔公司案”中涉及的是转载的涉案文书信息，涉案文书展现了伊某的姓名及与原就职公司或者合同相对方发生纠纷的情况，属用户身份类注册信息。一般而言仅凭姓名难以识别出某一特定个人，重名者比比皆是。但伊某的全名为五个字，相较于大多数人的姓名而言具有明显独特性和显著性，结合文书内容易于识别出其个人身份，属于个人信息。但因信息是由中国裁判文书网依职权公开的，属于已经合法公开的个人信息。

五、适用启示

（一）“四要素”是识别说和关联说在判决中的综合运用

关于个人信息的界定，我国司法判决确立了“已识别”+“可识别”的宽泛模式。判断是否属于个人信息除了“已识别”标准，即直接识别出某一特定自然人，还应考虑“可识别”标准，即与其他信息的结合后间接识别到特定自然人。个人信息与私密信息是可以区分的，私密信息严格来说指的是性取向、性生活、疾病史、未公开的违法犯罪记录等符合社会一般合理认知下共识的私密信息，“孙某诉上海联通案”的类似案件可不通过隐私权来保护个人信息。

（二）对于收集之后的下游环节加强个人信息控制

关于个人信息的法律属性，个人信息的附条件的可让与性解释了平台方即使是基于合法性基础而获取的个人信息，比如案例一中隐私政策的合同法属性及其效力得到司法确认，案例二中涉案文书信息属于已经合法公开的个人信息，案例三办电话卡入网填的个人信息已获得同意，三者共同点是相关个人信息的收集行为具备合法性基础。但并不意味着平台方自己超出目的利用个人信息、向第三方共享转让其收集的个人信息的下游环节就“概括性”地具备合法性。“乔某诉钉钉公司案”中尽管乔某通过同意隐私权政策的方式将其考勤信息归属于德宏公司，但当其在劳动争议纠纷中需要此信息作为证据时，其仍然可以要求钉钉公司或德宏公司向其提供其个人信息；“伊某诉贝尔塔公司案”中也表明已经合法公开的个人信息的下游环节利用中并不必然剥夺伊某对其个人信息的控制。在此类案例中，对个人信息的收集持宽松态度，对个人信息的利用和下游环节持严谨态度，前者可以促进个人信息的获取和流通，后者有利于保护个人信息权益。

（三）个人信息与隐私、数据在个案中应区分

个人信息[①]与隐私有交叉。《民法典》进一步在“隐私权和个人信息保护”一章中将个人信息划分为私密信息（第 1032 条）、一般个人信息（第 1034 条）

---

① 个人信息 = 个人数据＞个人可识别信息。个人信息与欧盟框架下的个人数据（personal data）的实质相同，个人数据是个人信息的数字化转换。欧盟语境下的个人数据就是指的与特定自然人相关的已识别或可识别的信息，定义相当广泛和模糊，禁止在没有法律依据的情况下处理个人数据。我国个人信息保护法律几乎是在欧盟框架的基础上设立的，采取了“识别性”界定方式。“利”是几乎没有任何信息能逃脱隐私信息监管，具有统一性，“弊”是无论是已识别个人的信息还是间接识别的可识别信息都不加区分地构成个人信息而落入数据保护的范畴，从而监管成本是繁重的，与个人信息面临的实际风险不相称。个人信息比美国框架下的个人可识别信息（personally identifiable information）更宽泛。美国语境下的个人可识别信息关注的是与已识别（identified）自然人有实际关联的信息，定义狭窄。这是因为美国个人可识别信息是通过部门性法律来调整，侧重于利用个人信息的特定行业或环境。一般情况下允许个人可识别信息的处理，除非造成了侵害或法律规定其处理受到限制。

以及公开的个人信息（第1036条）。生物属性上、自然法意义上的“自然人”转变为存在于现实/虚拟网络双重空间，以数字信息方式存在的“信息人”①，在我国语境下具体化为“信息主体”。私密信息首先落在隐私权的保护范畴，隐私权不能适用时才落入个人信息保护的第二道防线，以此加强对私密信息的双重保护；第1036条规定合理处理自然人自行公开的或者其他已经合法公开的信息，除非自然人明确拒绝或者侵害其他重大利益，否则信息处理者不承担民事责任，以此弱化对公开信息的保护。“孙某诉上海联通案”中所涉信息显然不是私密信息，私密信息的标准是很高的，否则轻易落入私密信息范畴，不利于个人信息的流动与共享，不利于数据经济的发展。

个人信息与数据应区分②。单个的个人信息一旦以电子化的方式记录并被信息处理者收集就会拥有自己的生命，进入数据利用和数据财产流转的过程，从而形成一个“收集、存储、使用、共享到删除销毁”的完整的数据生命周期（data life cycle）。从实践中观察，个人数据与非个人数据被视为一个连续的概念。但法律概念上的数据应采狭义理解，实则指的是经过清洗、加密等脱敏手段处理后无法识别或关联到信息主体的非个人数据。通过排除法加列举法可知非个人数据主要有两类：一是最初收集时便确定与自然人无关的数据，如“谷米诉元光案”③中平台自采的公交车实时数据；二是最初收集的是个人数据，但后来经过匿名化处理后不能识别特定个人的数据或进行加工处理后的数据产品，如“淘宝诉安徽美景案”④中的“生意参谋”数据产品。

---

① 参见马长山：《智慧社会背景下的“第四代人权”及其保障》，载《中国法学》2019年第5期。

② 参见彭诚信：《数据利用的根本矛盾何以消除——基于隐私、信息与数据的法理厘清》，载《探索与争鸣》2020年第2期；彭诚信、向秦：《“信息”与“数据”的私法界定》，载《河南社会科学》2019年第11期。

③ 参见广东省深圳市中级人民法院（2017）粤03民初822号民事判决。

④ 参见杭州铁路运输法院（2017）浙8601民初4034号民事判决、浙江省杭州市中级人民法院（2018）浙01民终7312号民事判决。

校友录信息置顶搜索引擎等类案评析

——个人信息权益性质检讨

史晓宇

（上海交通大学凯原法学院博士研究生）

一、基本案情

原告孙某在使用被告百度公司的搜索引擎时发现输入其姓名关键词搜索后，网页收录并置顶了其在“Chinaren校友录”网站上传的个人账户头像（个人证件照），该网站由第三人搜狐公司运营，但是已于2012年至2013年间对外关闭。原告向被告发出通知要求删除该个人证件照，并删除与其姓名关键词的关联，但被告一直未处理。因此原告向法院起诉要求判令被告停止侵权，赔偿其经济损失1元并承担其维权费用40元。

类似这种个人社交信息泄露引发的侵权纠纷案件还有很多，如在“凌某某诉微播视界案”①中，原告凌某某在使用其手机注册抖音账号后发现App向其推送大量“可能认识的人”，涉及其社会交往关系中的朋友、同学等，原告基于抖音App获取其手机信息、社交关系、位置信息等行为侵犯了其隐私权和个人信息权益，向法院起诉要求被告微播视界公司停止相应的侵权行为、赔礼道歉并赔偿经济损失、精神损害抚慰金等费用共计60 000元。

二、裁判思路

“孙某诉百度公司等人格权纠纷案”中，法院以被告通过搜索引擎技术爬取

① 参见北京互联网法院（2019）京0491民初6694号民事判决书。

到涉案信息，并向对其发出相关指令的用户作为搜索结果展示，使得涉案信息可被全网不特定用户检索获取，在客观上导致该信息在原告授权范围之外被公开，且在收到被告的通知后怠于采取删除措施，导致涉案侵权损失进一步扩大，故法院判决支持原告的诉讼请求。

“黄某诉腾讯公司案”中，法院以原告的微信好友关系、读书信息属于个人信息但不构成隐私，被告开发的微信读书 App 为原告自动关注其共同使用该应用的微信好友，使他人可以查看原告的读书信息的信息处理行为未经原告的明确同意，以构成个人信息权益侵害为由，判决被告停止相应的权益侵害行为并赔礼道歉。

“凌某某诉微播视界案”中，法院以被告自动匹配原告及其他个人之间手机号码信息而未删除的行为、被告获取原告 IP 地址后进一步分析获取其位置信息的行为虽然并未侵害其隐私权，但构成个人信息权益的侵害为由，判决被告立即删除其储存的原告涉案信息，赔礼道歉，并以被告对个人信息的采集和利用必然会为其商业运营带来利益为由，将被告向原告赔偿经济损失的数额酌定为 1 000 元。法院以原告未证明被告行为造成严重后果为由判决驳回原告要求精神损害抚慰金的诉讼请求。

上述案件中法院采取了相似的审判思路：

第一，在客体层面上区分了隐私和个人信息的范围。受理论研究领域主流学说①的影响，目前司法裁判领域也基本达成共识，即隐私和个人信息权益区分保护，二者在客体范围上虽然有交叉，但是个人信息侵害并不总触发隐私侵害，隐私之外的个人信息权益应单独受到保护。比如，“孙某诉百度公司等人格权纠纷案”中，法院在认定涉案信息属于个人信息还是隐私时首先论证了涉案个人信息的泄露不构成隐私侵害：原告的姓名和照片信息泄露本身尚不足以构成私密信息，因此其不具有隐私所具有的一经泄露即易导致人格利益受损的特征。在此基础上，法院指出上述个人信息权益需要给予不同于隐私权的单独保

① 相关的研究成果可参见王利明：《论个人信息权的法律保护——以个人信息权与隐私权的界分为中心》，载《现代法学》2013 年第 4 期。张新宝：《从隐私到个人信息：利益再衡量的理论与制度安排》，载《中国法学》2015 年第 3 期。

护路径，是否需要保护的关键在于防止滥用，即防范因超出范围和目的的信息公开导致的人身财产损失的风险。

第二，个人信息保护呈现分级保护的特征。虽然法院以个人信息的客体界定为基础，将具有可识别性的信息都判定为个人信息，但对这些个人信息并非一揽子无差别的概括保护，而是在内部有所侧重，呈现分级保护的样态。比如，“黄某诉腾讯公司案”中，法院在说理中对个人信息划分了层级，将个人信息区分为符合社会一般合理认知下共识的私密信息、不具备私密性的一般信息、兼具防御性期待及积极利用期待的个人信息，并指出不同类型的信息之间在收集、存储、使用、加工、传输、提供、公开等方面应当形成相区别的授权同意规范、技术安全规范、信息处理规范。私密信息非特定情形不得处理，一般信息在征得信息主体的一般同意后，即可正当处理，兼具防御性期待及积极利用期待的个人信息处理是否侵权则需要结合信息内容、处理场景、处理方式等，进行符合社会一般合理认知的判断。

第三，个人信息保护呈现行为规制的特征。法院在裁判时侧重于审查信息处理者的行为是否存在过错、是否获得授权、处理行为是否超出必要范围，从而判断是否存在个人信息权益侵害。在上述三个案件中，法院都审查了就涉案个人信息原告授权被告收集和使用的范围，以此评价被告是否存在不当的信息处理行为。

以上案件的焦点问题是被告是否造成原告个人信息权益或隐私权侵害，该焦点问题又可以细分为涉案信息是否构成个人信息、涉案信息处理行为是否造成权益侵害。法院裁判对该焦点问题的回应方式最终影响理论上对个人信息权益性质的判断。

三、焦点问题的发展脉络

（一）国外个人信息权属学说、判例与规范演进

个人信息是用以标记每个自然人个体的社会存在，在信息结构多元的现实世界，信息的流动又会形成以信息技术为基础的社会人际关系，并附着多元的

价值，展现单个自然人及社会整体的人格利益样态和财产利益样态。[①]在个人信息的多元价值维度下，信息流动链条各环节中捆绑了个人和信息受众群体的人格尊严诉求和财产利益诉求，并催生整体性的社会伦理价值。权利话语试图从权利视角界定信息流动链条中多方利益并以确权的方式确保个人信息的多元价值实现。两大法系对个人信息权属的理论争鸣与实践探索由来已久，并且体现了宪法与私法的相互影响。

欧洲大陆的个人信息保护深受宪法的影响，这在国家和区域层面都有体现。首先，在德国法上，宪法判例中曾出现涉及个人信息权属界定的问题。著名的"《人口普查法》案"中，针对1983年颁布的《人口普查法》，民众提起宪法诉讼，主张该法案全面调查个人的数据涉及对基本权利的侵犯，法院通过援引宪法中个人一般人格权，认为个人对其信息的独立控制权是基于宪法的基本权利。通过"《人口普查法》案"，德国法创设了"个人信息自决权"并将其视为"一般人格权"。其次，在区域层面，欧盟《一般数据保护条例》对个人数据权利属性的界定源于《欧盟基本权利宪章》第8条第1款和《欧盟运作条约》第16条第1款的规定[②]，其立法理由书中指出"对自然人的个人数据处理的保护是一项基本权利"。[③]

私法领域中，大陆法系国家对个人信息权属的界定与人格权息息相关。在德国法上发展出的"领域理论"依据个人与社会联系的紧密程度将人格权的范围区分为个人领域、私人领域和私密领域，其中个人对其信息保护的权利被纳入个人领域。[④]因此，大陆法系国家将个人信息通过人格权进行保护。不过欧洲也有学者提出对个人信息权益中的财产利益应当通过准财产权进行保护，在性质上类似于商业秘密，并且根据个人信息描述个人的方式将其与个人人格的关系作了强弱区分，相应的保护强度有所差异。[⑤]

---

① 参见杨惟钦：《价值维度中的个人信息权属模式考察——以利益属性分析切入》，载《法学评论》2016年第4期。

② 《欧盟基本权利宪章》第8条第1款和《欧盟运作条约》第16条第1款均规定：人人均有权保护与其相关的个人数据。

③ 参见GDPR立法理由第1款。

④ 参见贺栩栩：《比较法上的个人数据信息自决权》，载《比较法研究》2013年第2期。

⑤ See Gianclaudio Malgieri, Property and (Intellectual) Ownership of Consumers' Information: A New Taxonomy for Personal Data (April 20, 2016). Privacy in Germany—PinG, n. 4, 2016, 133 ff., https://ssrn.com/abstract=2916058.

与欧洲大陆相比，关于个人信息权属，美国法最初通过隐私权进行保护。隐私权保护模式在美国20世纪60年代开始盛行，源于宪法领域的隐私权从决策隐私扩张到信息隐私领域。① Whalen v. Roe案和Nixon v. Administrator of General Services案是在这一阶段非常重要的两项判例。在这两项案件中，虽然法院都认定隐私权仅仅涵盖尚未被公开的秘密资料，没有支持原告主张隐私权的诉讼请求，但是最高法院在判决意见中都直接肯定了个人信息隐私宪法性权利（individual constitutional right to information privacy）确实存在。②自此，个人在信息网络领域的隐私权利得到判例法的确认。不过，隐私权的保护范围在司法实践中存在局限。一方面，普通法上的隐私侵权形态长期被局限于威廉·普罗瑟（William L.Prosser）提出的四种形态，损害赔偿主要限于精神损害赔偿。③另一方面，受美国宪法第一修正案的影响，名人一度被认为是不存在隐私的。④当名人效应引发名人标签在商业领域具有广泛经济价值时，上述隐私权保护的不足便开始日益显现，为了弥补隐私权保护的法律漏洞，美国法院创设了公开化权。⑤后来公开化权的保护范围在学说与判例中日益扩大：在客体上扩及姓名、肖像、声音等一切可以促使消费者联想到该名人的身份标识甚至独特行为⑥；在主体上扩及非名人。⑦因此，具有可识别性的个人信息中的经济利益在美国也可以通过公开化权诉讼得到一定保护。

此外，在理论学说上美国还存在财产权说和类商业秘密说。财产权说的提出有特定的历史背景。20世纪末21世纪初的美国社会呈现鼓励数据流通的整

---

① See Daniel J. Solove，The Origins and Growth of Information Privacy Law，in Fourth Annual Institute on Privacy Law：Protecting Your Client in a Security-Conscious World. New York：Practicing Law Institute，2003，p.30.

② See Whalen v. Roe 429 U.S. 589（1977）；Nixon v. Administrator of General Services，433 U.S. 425（1977）.

③ See William L. Prosser，Privacy，48 California Law Review. 383，389（1960）.

④ See Melville B. Nimmer，The Right of Publicity，19 Law & Contemporary Problems 203，204（1954）.

⑤ Haelan Laboratories，Inc. v. Topps Chewing Gum，Inc.，202 F. 2d 866（2d Cir. 1953）.

⑥ See Sheldon W. Halpern，The Right of Publicity：Commercial Exploitation of the Associative Value of Personality，39 Vanderbilt Law Review 1199，1244—1245（1986）.

⑦ Christoff v. Nestle USA，Inc.，62 Cal. Rptr. 3d 122，126—128，140—141（Ct. App.2007）.

体趋势，财产权说试图在不改变这一趋势的前提下对个人信息的传统隐私价值进行必要的挽救。①因此该学说主张将个人信息视为个人的财产，通过有国家监管的市场交易保证信息的有序流动。②财产权说最终希望达成的愿景是“允许个人以不同的方式衡量其隐私的价值”③，即实现传统隐私中“独处的权利”不受侵犯和自由有序的信息互动不受影响。类商业秘密说由少数美国学者提出，该学说将个人信息对于个人的价值类比于商业秘密对于企业的价值，并提出个人对其信息被收集和后续处理的授权可以通过类似企业对其商业秘密的许可使用来实现，从而将个人信息权解读为类商业秘密权。④

统观国外学说、判例和规范的演进可以发现，个人信息权属界定并不统一，宪法与私法在个人信息保护问题上的交织和互动更使得个人信息权益性质判断变得复杂。不过值得一提的是，个人信息保护的初衷始终是对个人人格尊严和选择自由的维护。不同法律语境和历史背景下出现的不同学说是在各自主流媒体变迁、信息爆炸的历史环境下对个人人格独立自主的传统价值一次又一次的挽救。因此，个人信息权属的学说争鸣无碍其人格权是个人信息权底色的价值共识。

（二）我国对个人信息权属学说的理论继受与立法进程

关于个人信息的权益性质及保护方式，我国深受两大法系相关学说规范的影响，形成不同的观点。受欧洲大陆的“信息自决权”理论和该项权利源于“基本权利”的影响，国内不少学者主张个人信息应当作为一项权利进行保护。⑤同时，

---

① See Lawrence Lessig, The Code of Privacy, 151 Proceedings of the American Philosophical Society 283, 287 (2007).

② See Kenneth C. Laudon, Markets and Privacy, in International Conference on Information Systems (ICIS). Orlando, Florida, 1993.

③ Lawrence Lessig, Privacy as Property, 69 Social Research 247, 261 (2002).

④ See Pamela Samuelson, Privacy as Intellectual Property? 52 Standford Law Review 1125, 1151—1173 (2000).

⑤ 相关观点参见王利明：《论个人信息权在人格权法中的地位》，载《苏州大学学报（哲学社会科学版）》2012 年第 6 期。杨立新：《个人信息：法益抑或民事权利——对〈民法总则〉第 111 条规定的“个人信息”之解读》，载《法学论坛》2018 年第 1 期。吕炳斌：《个人信息权作为民事权利之证成：以知识产权为参照》，载《中国法学》2019 年第 4 期。张里安、韩旭至：《大数据时代下个人信息权的私法属性》，载《法学论坛》2016 年第 3 期。

受德国法上“一般人格权”不同于绝对权的认识的影响，也有很多学者提出个人信息仅仅应当作为一种利益进行保护，不必上升为权利。①在权利说的内部，对个人信息权具体的权属定性还存在人格权说、财产权说、新型权利说的分歧。②在民事权利说和利益说两大阵营之外，同样存在很多不同观点。有学者指出权利说与利益说的争论并非必要，个人信息权属界定的关键应在于探索如何将具有人格属性的个人信息转化为可以进行商业利用的财产，为此设计行之有效的法律程序。③还有学者认为个人信息保护中会涉及个人、企业、社会多重法益类型的冲突和平衡，因此很难给个人信息权益一个相对确定的权属定性，故而主张个人信息保护只能通过在具体场景的信息关系中确定个人信息权利的边界。④甚至有学者认为试图从民法视角为个人信息权属定性是不可能实现的，个人信息权是一项新型公法权利。⑤

与理论研究不同，我国个人信息保护领域的立法起步较晚。个人信息保护长期处于刑法和行政法规制的状态，民法领域相关立法较为落后，主要见于以《最高人民法院关于审理利用信息网络侵害人身权益民事纠纷案件适用法律若干问题的规定》为代表的一系列司法解释。直到《民法典》在“总则编”和“人格权编”对个人信息保护作单独规定，个人信息保护才彻底进入私法领域的基本法律文件。除此之外，经过历次修订的国家标准《信息安全技术个人信息安

---

① 参见房绍坤、曹相见：《论个人信息人格利益的隐私本质》，载《法制与社会发展》2019年第4期。方新军：《权利保护的形式主义解释方法及其意义》，载《中国法律评论》2020年第3期。郑晓剑：《个人信息的民法定位及保护模式》，载《法学》2021年第3期。金耀：《个人信息私法规制路径的反思与转进》，载《华东政法大学学报》2020年第5期。

② 人格权说参见叶名怡：《论个人信息权的范畴》，载《清华法学》2018年第5期。郑维炜：《个人信息权的权利属性、法理基础与保护路径》，载《法制与社会发展》2020年第6期。王叶刚：《人格权确权与人格权法独立成编——以个人信息权为例》，载《东方法学》2017年第6期。财产权说参见刘德良：《个人信息的财产权保护》，载《法学研究》2007年第3期。新型权利说参见赵宏：《〈民法典〉时代个人信息权的国家保护义务》，载《经贸法律评论》2021年第1期。李伟民：《“个人信息权”性质之辨与立法模式研究——以互联网新型权利为视角》，载《上海师范大学学报（哲学社会科学版）》2018年第3期。钱继磊：《个人信息权作为新兴权利之法理反思与证成》，载《北京行政学院学报》2020年第4期。

③ 参见彭诚信：《数据利用的根本矛盾何以消除——基于隐私、信息与数据的法理厘清》，载《探索与争鸣》2020年第2期。

④ 参见丁晓东：《个人信息权利的反思与重塑：论个人信息保护的适用前提与法益基础》，载《中外法学》2020年第2期。

⑤ 参见周汉华：《个人信息保护的法律定位》，载《法商研究》2020年第3期。

全规范》也经常被法官援引而在司法实践中发挥了裁判规范的作用。因此，个人信息保护呈现不同部门法、不同效力层级法律文件均作规定的“多法共治”的局面。不久前，《个人信息保护法（草案）》提交全国人大常委会二审，反映了立法机关加快个人信息单独立法的步伐。①

四、案例评析

（一）相关类案裁判亮点

1. 个人信息和隐私区分

个人信息与隐私区分已经成为目前司法裁判的趋势，这在当事人以个人信息被不当使用造成侵害为由选择不同的请求权基础时产生三种不同的判决结果中可以得到相互印证：

第一，当事人仅主张隐私权之诉而败诉：法院裁判有时以涉诉个人信息虽然属于受法律保护的范围，但不属于隐私为由驳回起诉。比如“刘某诉乐元素公司隐私权纠纷案”中，原告以被告在其使用“开心消消乐”游戏期间未经原告授权，私自获取其个人的位置信息等，构成对自身隐私的侵犯为由向法院起诉，法院裁判中指出“公民的隐私权和个人信息权益不属于等同的法律概念”，“隐私权与个人信息保护在权利客体、权利内容以及权利保护方式等方面均存在一定区别，在各自侵权责任构成要件的认定方面亦应予以区别”。具体来说，“位置信息在一定范围内被人知悉，一般不具有私密性，故位置信息一般属于应予保护的个人信息范畴”。但原告对这些信息并未“特别加以保密，或存在特殊场景下的特殊利益，故该位置信息不属于私密信息”。②基于以上，法院判决驳回原告的诉讼请求。

第二，当事人仅主张隐私权之诉而胜诉：在某些特定情形下，法院也会认定个人信息的不当处理会造成隐私权的侵害。比如“林某诉张某等网络侵权责

---

① 相关报道参见荆龙：《个人信息保护法草案提交二审》，载《人民法院报》2021 年 4 月 27 日第 01 版。

② 北京市第一中级人民法院（2020）京 01 民终 8911 号民事判决书。

任纠纷案”中，原告林某主张被告张某等人在其微博上发布、转发包含原告身陷司法案件的微博内容泄露其个人信息等内容，因此向法院起诉。一审法院认为涉诉微博内容包含原告的身份信息、开庭时间和地点等，在网上传播后会很容易导致原告位置泄露，陷入隐私暴露的麻烦，因此判决被告侵犯原告的隐私权。原审被告上诉后二审法院驳回上诉，维持原判。①

第三，当事人同时主张隐私权和个人信息保护之诉：法院有时会仅支持个人信息保护之诉而否定隐私权之诉。比如“孙某诉百度公司等人格权纠纷案”中，法院认定被告的信息处理行为构成对原告个人信息权益的侵害，但是判决书中明确指出“涉案信息虽属于个人信息，但并不构成个人信息中的私密信息，不能通过隐私权加以救济，故原告关于被告侵犯其个人隐私的诉讼主张，缺乏法律和事实依据，本院不予支持”。相似的裁判方式在“黄某诉腾讯公司案”“凌某某诉微播视界案”中也有体现。

2. 个人信息保护采纳行为规制模式

在“孙某诉百度公司等人格权纠纷案”中，法院在判断被告是否构成对原告个人信息权益或隐私权的侵害时，开宗明义地指出个人信息权益“通过社会行为控制的方式场景化地加以保护。因此，需根据涉案行为对个人信息的具体利用场景、利用方式，考量其是否存在违反法律规定的情形”。

上述审查方式在“凌某某诉微播视界案”中同样被展示得淋漓尽致：该案涉诉焦点为被告的两项信息处理行为，即对原告社交关系的使用、推荐行为和对地理位置的分析行为是否构成侵犯个人信息的侵权行为。对于第一项行为，法院说理中明确指出：“被告在未征得原告同意的情况下，通过读取其他用户手机通讯录收集、存储原告的社交关系，并基于此种关系向原告推荐可能认识的人”，“在原告注册后未征得原告同意的情况下，进行推荐的行为构成对原告该项个人信息权益的侵害”。这意味着法院基于被告获取原告社交信息并向他人推荐的行为未经原告授权，因此判定该行为构成个人信息侵害。对于第二项行为“作为软件经营者在互联网信息交互时获得了用户的 IP 地址，但 IP 地址并不必然等同于地理位置，通过 IP 地址去分析用户所在地理位置并在软件中进行显

① 参见山东省德州市中级人民法院（2020）鲁 14 民终 1348 号民事判决书。

示，属于对信息的进一步处理和使用，同样需要征得用户同意，否则依然构成对个人信息的不当使用和过度处理”。因此，“被告在未征得原告同意的情况下收集原告的地理位置信息，构成对原告该项个人信息的侵害”。这意味着法院基于被告进一步的信息处理行为超过了原告预先授权的仅允许被告获取 IP 地址的授权范围，因此判定该行为构成个人信息侵害。

3. 具体说理环节借鉴隐私期待理论

美国法官比格斯（Biggs）曾在其判决书中直言不讳地指出：“隐私就是飓风中难以捉摸的蓬草堆。”[①]个人信息保护需要在考量信息主体使用偏好的同时，更侧重于考虑具体信息使用方式、信息流动规范的要求，顾及网络情境的异质性，符合信息流动场景中出现的多个主体的不同预期。[②]这意味着信息时代背景下的权利侵害问题并非全有全无的判断，需要结合信息社会的复杂环境进行场景化的判断。以隐私权为例，即使在我国隐私采狭义说，界定其范围在司法实践中都不是恒定的，法院在判定是否存在隐私侵权时的具体说理环节中已经渗透了英美法中的“情景脉络完整性理论”和“合理隐私期待理论”，对个人信息处理行为是否构成隐私侵害进行了场景化的判断。比如，“黄某诉腾讯公司案”中，法院判决在论证被告获取原告微信好友关系、并使其好友可以查看原告读书信息的行为是否侵犯隐私权时，明确指出：“用户隐私期待强烈程度不同的信息笼统划入某相对固定的概念，并不是有效保护权利或权益的最优选择，而有必要深入实际应用场景，以‘场景化模式’探讨该场景中是否存在侵害隐私的行为。”上述司法裁判中的新变化反映了在个人信息风险未知且多元的社会背景下，传统的权利话语理论正由遵循线性的规范结构向复杂性理论更新。[③]

（二）相关类案裁判商榷

法院在司法裁判中注意区分个人信息和隐私，并对个人信息进行场景化的保护固然是可喜的进步，但是目前的个人信息保护纠纷案件审理仍然有值得商

① Ettore v. Philco Television Broadcasting Co., 229 F.2d 481（3d Cir. 1956）.

② See Helen Nissenbaum, Privacy as Contextual Integrity, 79 Washington Law Review 119, 158（2004）.

③ 参见程关松：《个人信息保护的中国权利话语》，载《法学家》2019 年第 5 期。

权之处，即个人信息权益性质仍然未明。具体来说，法院裁判中对个人信息的保护过于依赖客体分析，即判断涉诉信息是否属于受法律保护的个人信息，并从侵权行为构成要件审查的角度分析被告的信息收集和后续处理行为是否构成侵权行为。以上判决思路的形成反映了目前的法院没有正面回答个人信息权益性质的问题，由此便会产生疑问：法院采取侵权行为规制的说理方式是否意味着将个人信息作为权益而非权利进行保护？还是因对个人信息权利属性认定态度踌躇而选择有意回避？由于目前的《民法典》中对个人信息是否属于权利没有直接言明，导致司法裁判对于个人信息权益究竟是不是一项权利始终没有达成明确的共识，在实践中判决方式各异，主要包括以下几种情形：

第一，明确不支持个人信息权益是一项权利。比如“孙某诉百度公司等人格权纠纷案”中，判决书中明确指出“立法未赋予个人信息权益绝对权的地位，而是将其作为一种受保护的民事权益，通过社会行为控制的方式场景化地加以保护”。

第二，避而不谈。这是目前我国司法裁判中较普遍的案件处理方式，造成这种现象的原因主要包括两个方面：一方面，很多案件虽然涉及对原告个人信息的处理，但被告的行为主要造成对当事人其他权利的侵害，个人信息的使用仅仅是次要法律事实，因此个人信息权是否被侵害并非案件的核心争议。比如“李某诉武汉保利康桥公司商品房预售合同纠纷案”中，案件的核心争议是双方未能达成商品房买卖合同是否构成恶意违约。虽然二审法院认定被告公司未经原告书面授权查询其个人信用报告的行为属于不当的信息处理行为，并直接指明原告的“个人信息权利应受保护”，因此原告拒签商品房买卖合同并非恶意违约，但由于个人信息保护并非本案核心，故而法院在说理中对其权益性质没有展开论述。①另一方面，个人信息保护与否主要采取侵权行为构成要件审查的方式，权利和利益在现行侵权法体系下都可以得到保护，法院论证个人信息权益是否构成一项权利并非必须。

第三，一审判决支持，二审判决模糊化处理。比如“杨某诉孙某、凯迪公司人格权纠纷案”中，原告以被告孙某在凯迪公司运营的网络平台上发布大量侮辱、诽谤文章并泄露其个人信息侵犯其名誉权、隐私权、个人信息权为由向

---

① 参见湖北省武汉市中级人民法院（2016）鄂01民终6316号民事判决书。

法院起诉。一审法院在判决中明确支持了原告关于个人信息权的主张，认定被告孙某“通过网络上传相关法律文书时并未对当事人杨某的个人信息采取必要的保护措施，侵害了杨某的个人信息权”。①而在二审中，法院又对关于“个人信息权”的肯定性意见进行了模糊化处理，将争议焦点认定为“孙某在凯迪社区所发布的案涉文章是否构成对杨某名誉权、隐私权及个人信息权益的侵害”。②

第四，有意模糊化处理。比如“何某诉北京神州彩虹公司等人格权纠纷案”中，原告起诉被告冒用其姓名、肖像等个人信息为陶某申报专利侵犯其姓名权、肖像权和个人信息权，法院在裁判说理中明确阐述了被告不存在冒用原告个人信息的行为，未侵犯其姓名权或肖像权，但始终没有提及“个人信息权”而仅仅采用了“民事权益”的说法。③

第五，因当事人以名誉权、姓名权等其他权利起诉，故法院不再讨论个人信息保护的问题。比如“李某某诉李某名誉权纠纷案”中，虽然被告“多次在微博中公布原告的名字、用原告的照片作为配图”是对原告个人信息的不当使用，但法院围绕名誉权侵害的构成要件进行了说理，认定上述行为“致使原告的社会评价被降低，亦对原告的名誉造成了负面影响”。④再如“谭某诉广州学无涯教育咨询公司等姓名权纠纷案”中，原告的姓名信息是因被告之一某电信公司的工作人员工作疏忽而将案涉号码的使用人关联到原告名下，因此法院认定被告电信公司侵犯原告的姓名权。⑤

解决上述类案司法实践中存在的争议，还需要回归权利保护与利益保护模式的检讨，从而明晰个人信息权益的性质。

（三）个人信息权益作为权利进行保护并非不可

1. 个人信息权益可以经受正当性评价

虽然目前我国法律的制定法文本中没有明确地将个人信息权益定性为一种

---

① 杭州互联网法院（2019）浙0192民初2435号民事判决书。
② 浙江省杭州市中级人民法院（2020）浙01民终4251号民事判决书。
③ 参见北京市第三中级人民法院（2020）京03民终1445号民事判决书。
④ 广东省清远市清新区人民法院（2020）粤1803民初2531号民事判决书。
⑤ 参见广东省佛山市中级人民法院（2019）粤06民终1957号民事判决书。

权利，导致司法判决中对此讳莫如深，但是权利的确认并非仅存在于制定法体系，甚至也不仅存在于司法判决中，个人信息权在立法文本中没有明确的形式承认并不妨碍其有机会成为一种法律上的权利。“程序性法律体系不仅包含了法律规范从产生到适用的全部制度化过程，甚至包含某些非制度化程序。”①如果对权利的法律解释过于倚重法律文本和司法裁判，而忽视广大普通民众的诉求，就会陷入与法律实证主义类似的误区。因此，权利的法律确认同样应当注意立法者与公民之间营造的有效互动。

权利的内核是正当化的利益，正当利益始终保持开放而并非封闭。评价利益上升为权利的标准是正义，即正义是利益走向权利的桥梁。②正义原则的判断标准包括价值判断和程序判断：价值判断要求一项被上升为权利的利益反映社会普世性价值，尊重和保障人们选择的自由，③并且能够体现对社会弱势群体的关注而不会使他们的生存发展情况更糟。④程序判断要求一项利益被上升为权利只能通过公民参与的多数原则实现。⑤正义原则的判断标准意味着“法律权利最终走向对人的基本权利的保护”。⑥个人信息权益可以符合上述评价标准，从而上升为一种权利，详述如下：

首先，观察世界主要经济体欧盟和美国的个人信息保护法律实践可以发现，个人信息权益与国际公约和国家宪法层面的基本人权存在密切的历史渊源。《世界人权宣言》和《欧洲人权公约》对欧盟范围内一系列的个人数据保护立法文件影响深远，欧盟各成员国内的个人数据保护以国家宪法为基础，配以专门的数据保护立法，因此“欧盟是在基本权利（人权）意义上规范个人数据保护的”。⑦

---

① 彭诚信：《现代权利理论研究——基于“意志理论”与“利益理论”的评析》，法律出版社2017年版，第186页。

② 同上注，彭诚信书，第294页。

③ 参见雷磊：《新兴（新型）权利的证成标准》，载《法学论坛》2019年第3期。

④ 彭诚信：《现代权利理论研究——基于“意志理论”与“利益理论”的评析》，法律出版社2017年版，第261页。

⑤ 参见彭诚信：《从利益到权利——以正义为中介与内核》，载《法制与社会发展》2004年第5期。

⑥ 彭诚信：《现代权利理论研究——基于“意志理论”与“利益理论”的评析》，法律出版社2017年版，第204页。

⑦ 高富平：《个人信息保护：从个人控制到社会控制》，载《法学研究》2018年第3期。

美国的个人信息保护最初是通过几项富有标志性意义的宪法性判例而逐渐受到重视，随后才逐步走向联邦和各州层面的专门立法。

其次，个人信息权益上升为权利可以赋予人们选择的自由，即社会多数群体可以在权利范围内选择享受信息时代各种产品和服务带来的福利，同时也允许其中的少数人随时选择退出。这意味着只有个人信息权益上升为权利后，美国《加州消费者隐私法案》等文本中确立的“选择加入（Opt-in）”“选择退出（Opt-out）”机制、欧盟《一般数据保护条例》中确立的数据可携带权等才有赖以存在的法理基础。个人信息权在保障大多数人积极的普遍的个人利益同时，也为少数人追求法律允许的自由留下了空间，这符合自然法理论中的道德权利话语。

最后，数字社会背景下，作为一个个活生生的自然人个体，正逐渐成为实实在在的弱势群体。在技术和资本的双重加持下，在“数字利维坦”和个人之间日益形成个人无法跨越的“数字鸿沟”。①正在享受信息时代福利的个人也面临成为“透明人”的危机，除此之外还有很多老年人、生活在欠发达地区和文化水平较低的人群无缘数字社会的红利。在此背景下，将个人信息权益上升为权利进行保护就更具现实意义。

2. 权利保护强度并不会导致利益失衡

首先，权利保护并不意味着不存在利益的平衡。利益的保护方式主要有权利化模式和行为规制模式，权利化模式的保护强度高于行为规制模式。②既然利益的保护方式可以通过行为规制实现，如果权利的本质是利益，那么权利保护同样不排斥行为规制，只是因为权利经过正当性程序评价增加了权利化的保护模式，而被提升了保护强度。权利保护规则虽然具有确定性，但是不排斥权利行使中存在利益的平衡甚至冲突，甚至“权利应以实现利益和解决利益冲突为核心”③。美国学者乔纳森·齐特林（Jonathan Zittrain）指出如今的个人信息权益保护与曾经的知识产权保护都面临对数据加工处理行为失控的类似困境。

---

① 参见单勇：《跨越“数字鸿沟”：技术治理的非均衡性社会参与应对》，载《中国特色社会主义研究》2019 年第 5 期。

② 参见叶金强：《〈民法总则〉“民事权利章”的得与失》，载《中外法学》2017 年第 3 期。

③ 彭诚信：《现代权利理论研究——基于“意志理论”与“利益理论”的评析》，法律出版社 2017 年版，第 251 页。

不过与知识产权实现权利化不同的是，人们对个人信息的权利保护始终踌躇徘徊，齐特林将两种故事的不同结局归咎于金钱利益的驱动：技术研发者出于逐利心理有很大的热忱推动知识产权权利化以杜绝各种盗版和技术剽窃行为，而数据产品服务供应商则完全不想这么做。①无论齐特林对个人信息权利化失败原因的分析是否有道理，通过知识产权权利化的故事，可以明确的是，个人信息权利化后规制的重点也可以落在对信息处理行为的规制，即审查信息处理者是否未经授权、信息处理行为是否超过授权范围。因此，行使权利过程中必然面临对相对人行为的限制，从而达到利益平衡的效果。

其次，不同权利之间的保护强度可以有差异，个人信息权利化不会因保护强度提高而影响相对人的自由。名誉权和隐私权这些人格权虽然也是权利，但是在司法裁判中常常需要与言论自由、新闻自由、艺术创作自由等进行利益的权衡，因此这些权利虽有权利之名，但与所有权这种绝对权相比，保护强度会减弱，故而德国法上将名誉权、隐私权理解为一种“框架权”。与“框架权”类似，欧盟《一般数据保护条例》中规定的保护个人数据的权利也并不是绝对权。②这意味着权利和利益保护强度的区别可能仅是在应然的理论层面，实然层面上两者可能没有想象中区别那么大。参与立法者甚至认为，我国对权利及利益的保护就强度和构成要件审查方面不作区分，两者可以等同。③这同样体现在个人信息保护案件审理中，司法实践中权利化模式与行为规制模式在实际说理中区别不大甚至趋同，在“黄某诉腾讯公司案”中，主审法官无论是对被告的信息处理行为构成隐私权侵害还是个人信息权益侵害的说理，均采用了确认客体范围、侵权行为构成要件审查的方式。亦有学者认为权利与利益在本质上并无不同，不足以进行差别保护。④在实在法规范层面，我国侵权法并不能解释出权利与利益需要作区分保护。⑤既然权利与利益的保护实际效果差异甚微，那么

① See Jonathan Zittrain, What the Publisher Can Teach the Patient: Intellectual Property and Privacy in an Era of Trusted Privication, 52 Standford Law Review 1201, 1203—1250 (2000).

② 欧盟《一般数据保护条例》法案中立法理由第 4 款规定：“……保护个人数据的权利不是绝对权，必须根据比例原则，考虑其在社会中的作用，并与其他的基本权利相较权衡……”

③ 参见王胜明主编：《中华人民共和国侵权责任法解读》，中国法制出版社 2010 年版。

④ 参见陈忠五：《论契约责任与侵权责任的保护客体》，载《台大法学论丛》第 36 卷第 3 期。

⑤ 参见叶金强：《〈民法典〉第 1165 条第 1 款的展开路径》，载《法学》2020 年第 9 期。

个人信息保护权利化并不会导致赋予信息权利主体过度的控制权而阻碍数据信息的流通。

最后，从统一权利话语体系、遵循《民法典》“民事权利”部分形式一贯性、宣示权利价值的角度考虑，将个人信息作为权利进行保护也并非不可。既然《民法典》人格权编在有名的具体人格权利之外增设个人信息保护，而具体人格权之外的一般人格利益在司法实践中遵循行为规制模式同样获得一定的保护，那么举轻以明重，被单列的个人信息权益一定应当获得比一般人格利益更强的保护，被纳入权利保护在体系解释论中也可以说得通。更具现实价值的是，个人信息权利化可以避免自然人与以企业为主的信息处理者因谈判力量悬殊导致的维权困难，降低当事人的起诉难度，避免了原告因不能举证复杂而繁复的信息处理行为不法性而造成的败诉风险。①

3. 个人信息人格权属性判断符合我国立法意旨

我国主流理论学说继受了大陆法系的人格保护一元模式，这意味着在中国法律语境下，个人信息中的财产属性不影响其权属性质的变更。②个人信息权益定性在世界各国不同学说中所呈现的“殊相”不妨碍其“本相”的一致性，个人信息权中所呈现的多元属性恰恰体现的是其对人格权法生长的构造功能。③无论个人信息权中的财产性利益在不同领域中产生何种不同的表现形态，其贯穿始终的主线是人格权属。回归我国立法实践，个人信息权的人格权属性判断符合当前我国立法的原本之义，这可以从以下几个方面得到印证：

第一，《民法典》将个人信息保护置于人格权编，与姓名权、名誉权、荣誉权、隐私权等人格权并列，同时《民法典》第990条第2款明确规定：“除前款规定的人格权外，自然人享有基于人身自由、人格尊严产生的其他人格权益。”

---

① 现实中存在原告因举证困难而败诉的风险，比如“盛某诉中国电信股份有限公司北京分公司一般人格权纠纷案”中，原告以其名下持有的五个在被告公司的手机号码是由他人冒用其姓名办理，造成额外的电话费用为由主张被告侵犯了其姓名权、个人信息权和隐私权。在裁判过程中法院查明涉案手机号中有的并非属于被告公司业务地域范围、有的已经销号，且在办理开通入网时被告对其身份信息真实性已作核验无误，对此原告不能提供反证，因此法院判决驳回原告诉讼请求。参见北京市东城区人民法院（2020）京0101民初4050号民事判决书。

② 参见项金桥：《个人信息权权益特征及其利益平衡》，载《学习与实践》2019年第4期。

③ 参见许娟：《个人信息权对人格权法生长的续造功能》，载《苏州大学学报（哲学社会科学版）》2019年第3期。

从该体例编排结构和兜底性条款的表述可以推出个人信息权益在《民法典》体系下是人格权。

第二，《民法典》人格权编中规定的各项人格权以人格利益为起点，通过功能续造的方式产生民事主体可以从事的各项人格利用的经济行为，并提供为尊重和保障民事主体的人格权而对他人的具体行为要求和相应的侵权责任条款。比如《民法典》人格权编中，对姓名权、名称权和肖像权的规定都呈现这种立法模式。首先，第990条肯定这些权利具有人格尊严价值；其次，第993条规定民事主体在法律允许的范围内可以许可他人使用其姓名、名称、肖像，第1012、1013、1018条又对民事主体的经济行为在姓名、名称、肖像范畴内分别作出规定；再次，第998条对认定行为人是否存在侵权行为提供具体的考量要素，第1014、1019条分别规定了禁止行为人从事的侵害民事主体姓名权、名称权、肖像权的行为，第999、1020条规定了行为人合理使用民事主体姓名、名称、肖像的情形；最后，第996、997、1000条规定了行为人应当承担的不同类型的侵权责任。类似地，个人信息保护条款在我国《民法典》中也呈现“人格利益属性确认——民事主体经济行为——相对人行为要求——相对人侵权责任”的立法逻辑。上述立法模式一方面反映了人格权在我国法律体系下涵盖消极的防御权能和积极的使用权能，另一方面反映了人格权包含人格尊严和财产自由的双重属性。因此，承认个人信息权的人格权属性符合我国人格权法立法意旨和立法技术。

第三，个人信息权益的人格权属性可以从立法官员的态度中得到推测和佐证。第十二届全国人大法律委员会副主任委员张鸣起曾撰文明确指出《民法典》总则编中“在民事权利的种类上，增加了对一些新型权利（如自然人的人身自由权、自然人的隐私权以及对个人信息的保护、对数据和网络虚拟财产的保护）的列举”。①由此可知，个人信息权益至少被立法机关认可为一项新型权利。

第四，以《个人信息保护法（草案）》为代表的个人信息保护领域的单行立法并不能改变个人信息的权属认定，只是顺应了国际社会关于个人信息保护单行立法的共同趋势。更进一步说，《网络安全法》、国务院各部委就各类个人

① 张鸣起：《〈中华人民共和国民法总则〉的制定》，载《中国法学》2017年第2期。

信息保护颁布的部门规章、刑法领域关于侵犯个人信息的若干司法解释等公法性质的立法同样没有改变个人信息的权属认定，只是从不同维度给予个人信息权益以综合性的法律保护。①

五、适用启示

以“校友录信息置顶搜索引擎案”为代表的个人信息权益纠纷案件审理对个人信息保护实践意义重大。

一是对司法裁判的示范意义。这些司法裁判案件一方面明确了由于个人信息具有“资源性”与“私密性”的双重特征，因此其与隐私之间的关系在客体上有交叉。企业对某些个人信息的不当收集和后续处理行为虽然不侵犯隐私，但构成个人信息权益侵害，这对于此前司法实践中频繁出现的隐私和个人信息不区分的现象有所遏制。②另一方面明确了个人信息权益不同于绝对权，判断是否存在个人信息权益侵害的标准是判断是否存在不当的信息处理行为，具体审查内容包括信息处理行为是否未经授权或超出原有的授权范围。

二是对数据企业合规实践的警示作用。比如，企业在收集和后续处理个人信息的全过程中可能需要随时考虑是否存在未经个人授权或超出个人授权范围，相关数据产品设计和商业模式运营中也需要随时考虑可能出现的诉讼风险。比如“校友录信息置顶搜索引擎案”会带来对搜索引擎“快照”等信息储存技术的改进，“微信读书案”会带来对关联 App 内信息分享的限制，目前比较流行的互联网数据服务产品中诸如微信小程序、拼多多“拼小圈”等众多内容设计可能都面临升级的必要。

---

① 参见程啸：《论我国民法典中个人信息权益的性质》，载《政治与法律》2020 年第 8 期。

② 典型的案例情况屡见不鲜，比如此前北京市门头沟区人民法院曾就王某等在履行职务过程中张贴、微信群内发布含原告李某、时某等人个人财务、手机通信信息的统计表的行为侵犯个人隐私作出一系列判决，其中均提出所谓“个人隐私信息”的概念，将个人信息的泄露行为都认定为隐私权侵害。参见李某某诉王某某等隐私权纠纷、时某某诉王某某等隐私权纠纷案等 17 个案件判决书。类似地，在“罗某诉某保险公司隐私权纠纷案”中，被告某保险公司不当获取原告罗某的姓名、手机号码、车辆保险信息并进行电话营销，判决书说理中也不乏“……足以认定被告某保险公司非法收集、利用了原告的个人信息，侵害了原告隐私权”的表述。

三是为学界留下很多值得深入研究的问题。比如“凌某某诉微播视界案”中法院判决对个人信息财产损失范围酌定的说理并不充分，有必要深入讨论个人要求信息处理者赔偿其经济损失时的请求权基础问题及相应个人信息财产价值酌定范围的具体依据。此外，从深层次讲，由于相关类案的核心是围绕自然人与信息处理者利益的平衡展开，因此实际上可以推动学界在权利（利益）视角下讨论个人信息保护问题。正如前文所述，个人信息权益不同于绝对权的裁判思路不等于否定个人信息权利保护模式，以权利话语解读个人信息保护案件审理将来在学界仍然占有一席之地。

“群控软件爬虫微信案”“微信公开读书信息案”“海兰诉托普斯不正当竞争案”评析

——以个人身份标识信息财产化的利益基础为视角

王冉冉

（上海交通大学凯原法学院博士研究生）

一、基本案情

案例一：“群控软件爬虫微信案”①被告搜道公司是被告聚客通网站的经营者，同时也是涉案外挂工具聚客通“微信管理系统”群控软件的开发者。两被告分工协作通过聚客通网站大量推销“定制手机”，通过用户手机内置的群控软件监测、抓取原告腾讯公司所开发的社交软件“微信”中的聊天记录、转账记录等数据至自己的后台服务器。并通过“微信管理系统”群控软件，实现集合操控多个账号、集中查看微信数据的效果。原告以被告行为影响了产品体验和用户基础，造成不正当竞争为由提起诉讼，请求判令被告停止不法行为、删除收集的微信数据及赔礼道歉等。被告辩称两者无竞争关系，并且抓取的数据已经获得用户同意而用户对其交易数据享有“可携带权”。

案例二：“微信读书案”②原告认为，微信好友关系数据和微信读书的阅读信息均应属于公民的隐私和个人信息范畴，在原告并未自愿授权的情况下，侵害了原告的个人信息权益和隐私权。原告请求法院判令腾讯公司停止其侵权行为，消除其侵权行为造成的不良影响，并向原告赔礼道歉。被告辩称，上述行为已获得用户同

① 杭州铁路运输法院（2019）浙 8601 民初 1987 号民事判决书。

② 北京互联网法院（2019）京 0491 民初 16142 号民事判决书。

意，请求法院驳回原告的诉讼请求。法院认为，综合原告被公开的全部信息，不足以达到因阅读该两本书籍而形成对原告人格的刻画，进而可能对其人格利益造成损害的程度。因此，原告的读书信息未达到私密性标准。原告亦未在本案中主张因读书信息公开导致其生活安宁受到侵扰，对原告的隐私侵权主张，不予支持。

案例三："海兰诉托普斯案"①两家公司都竞相与棒球球员签订独家协议，在他们的交易卡上使用他们的名字、肖像和传记。原告提出了三个诉讼理由：被告在包装上使用"棒球"一词的商标侵权索赔，因为原告的一种产品是以"棒球"品牌销售的；一项不公平竞争指控称，被告试图通过使用令人困惑的相似商业服装，如使用类似泡泡糖的粉色矩形糖果，将其交易卡糖果冒充原告的交易卡糖果；第三项也是最后一项指控称，被告故意诱使玩家违反与原告的协议中的排他性条款，从而损害了原告的合同权利。被告被诉故意诱使信息主体违反与原告协议中的排他性条款，从而损害了原告的合同权利。被告的主要反驳侧重于：第一，隐私权不可转让的主张，认为"原告的合同仅仅是球员隐私权的放弃利益。而隐私权是不可转让的个人权利，因此不能构成损害的基础，同时原告的合同没有任何值得保护的财产价值"。第二，被告将隐私权与专利法中的版权或专利权进行对比，证明原告没有被独家许可，因此不享有排除他人使用的优先权利。第三，如果合同本身没有财产权益，就无法获得救济。被告还提出诉讼主体适格性的问题，认为真正的诉讼权利的当事人——自然人信息主体并没有出现。

二、裁判思路

案例一："群控软件爬虫微信案"裁判思路

对照《反不正当竞争法》第 12 条的规定，两被告上述被诉行为的表现形式并不符合该法条第 2 款第 1 至 3 项所明列禁止的流量劫持、诱导卸载、恶意不兼容等行为的特征。对于法条第 2 款第 4 项兜底性规定的适用，不能脱离该法条的立法目的无限扩大。虽然新增功能的实现或经过了微信平台中相关经营性

① Haelan Labs. v. Topps Chewing Gum, 202 F.2d 866.

用户的授权许可，但被控侵权软件所涉的聊天、支付等信息系经营性用户与其他用户交互完成的，并非经营性用户的单方信息，其中涉及其他用户的第三方信息安全；两被告利用外挂技术，构成不正当竞争。原告作为微信平台的经营者和平台数据的收集者、控制者，其所收集和控制的微信用户数据均已通过《隐私政策》等协议方式获得了微信用户的授权同意，微信产品数据资源系原告投入了大量人力、物力，经过合法经营而形成的。微信平台数据就数据资源整体概念而言，原告依法享有竞争性权益，如果两被告破坏性使用该数据资源，则构成不正当竞争，原告有权要求获得赔偿；但就微信平台单一数据个体概念而言，原告仅享有有限使用权。我国相关法律、法规并未就数据的可携带权作出相应规定。两被告提出的个人数据可携带权主张缺乏法律依据。

案例二：“微信读书案”裁判思路

法院认为，综合原告被公开的全部信息，不足以达到因阅读该两本书籍而形成对原告人格的刻画，进而可能对其人格利益造成损害的程度。因此，原告的读书信息未达到私密性标准。原告亦未在本案中主张因读书信息公开导致其生活安宁受到侵扰，对原告的隐私侵权主张，不予支持。双方主要争议焦点为腾讯公司是否获得原告有效的知情同意。知情及同意不仅包括信息主体对收集信息内容的知情，还包括对收集、使用的目的、方式和范围的知情及同意。知情同意的质量，可以从信息处理者告知信息主体的“透明度”来衡量，即一般理性用户在具体场景下，对信息处理主体处理特定信息的目的、方式和范围知晓的清晰程度，以及作出意愿表示的自主、具体、明确程度。读书信息不能笼统地划入隐私范畴，以上述“透明度”标准来看，一般来讲，处理读书信息征得用户同意即可。本案中，《微信读书软件许可及服务协议》确实载明微信好友可以相互查看读书信息。但是，进入微信读书的产品设计这一场景中，综合考量微信读书与微信的关系、微信读书信息的特点及处理方式、获得知情同意的方式等，本院认为微信读书并未获得有效的用户知情同意。

案例三：“海兰诉托普斯案”裁判思路

初审法官起初对隐私法的相关性持怀疑态度，也不认为这样的裁决是发布禁令的必要条件。高尔斯顿法官认为这些合同类似于个人服务合同，因此禁令将适用于强制执行合同的排他性。他认为，即使放弃隐私权也是可以执行的。

马修·阿布鲁佐法官也驳回了基于隐私的类似论点，指出无论谁通过合同拥有优先权，都可以禁止另一家公司在同一领域使用一个人的身份信息。然而法院为了避免众多合同的优先性和冲突性审查的大量工作，支持了被告律师的观点。法院认为，原告不能以合同为由起诉第三方，就侵犯个人隐私权的行为提起诉讼，除非合同中有特定条款将个人权利转让给原告或其授权机构。第二巡回法院指出如果“被告故意诱使球员违背协议，则可认定被告实施了侵权行为”。但又进一步指出，“如果被告托普斯对隐私权的辩驳观点是正确的，那么除了隐私权之外，一个人有权享有照片的公开价值”。弗兰克法官称之为“公开权”。

三、焦点问题的发展脉络

本类案件的焦点问题是：个人信息和隐私、版权的区分，以及个人信息财产化利用转化过程中所涉及的权利属性问题。

根据《民法典》第1034条，个人信息是指以电子或者其他方式记录的能够单独或者与其他信息结合识别特定自然人的各种信息，包括自然人的姓名、出生日期、身份证件号码、生物识别信息、住址、电话号码、电子邮箱、健康信息、行踪信息等；个人信息中的私密信息，适用有关隐私权的规定；没有规定的，适用有关个人信息保护的规定。由定义可知，第一，个人信息并不能等同于人格，个人信息是一种身份标识，也即人格的标识。人格不能直接财产化，个人信息的财产化利用也仅仅是从人格标识层面上的商业利用。个人信息的财产价值在数字社会指的是个人信息的商业价值。第二，个人信息和隐私权存在一定的交叉关系，而这种交叉关系是由个人信息和隐私与个人紧密牵连决定的。

鉴于历史上经历了与隐私权的交叉与分立，且与知识产权法等领域的混淆，为了便于我们进一步了解个人信息与边缘领域的区分以及个人信息财产价值的发现与利用中所涉权利的本质属性，个人信息商业价值的发现与发展可以以美国“公开权”的发展为考察视角。

（一）公开权内涵界定困境的历史沿革

公开权在德国也称商品化权，各国对其定义均不相同。由于对他人的好奇和对自己的沉默这两种普遍的二分法有很强的共同性，公开权最初起源于隐私权，而隐私是当今的法律和哲学难题。对于公开权，有学者将其定义为“公开权是一种涉及利用一般可识别的人的属性来提高企业商业价值的权利”。①也有学者将其定义为“公开权，即每个人控制和受益于他创造或购买的公共价值的权利”。②另有学者认为，“公开权，即公众人物的公开权利，他们寻求防止第三方盗用他们的身份来牟利。这些人往往拥有一定规模和性质的宣传价值，需要保护其不被盗用”。③“公开权是个人身份商业价值的占有。未经同意使用一个人的姓名、肖像或其他身份标记进行交易，从而盗用其身份的商业价值的人，应承担金钱和禁令救济的责任。”④

公开权难以得到令人满意的定义，因为产生这一权利的人格利益是如此无形和难以捉摸。由于公开权与隐私权的交叉关系和隐私权自身的内涵界定难题，公开权的法律确认被学界形象地比喻为“飓风中的干草堆”（haystack in a hurricane）。但无论是否达到统一的认识，在定义的荒野中徘徊了40年后，公开权已经达到了独立地位的程度，一种独立的权利和补救措施不受隐私或任何其他类似概念的影响。

（二）个人信息的财产属性与人格属性

案例三“海兰诉托普斯不正当竞争案”是一场关于公开权的司法和立法运动的开端，这场运动将个人的经济权利与隐私权或侵权行为中的任何其他边缘权利区分开来。例如虽然纽约对“肖像或图片”的解释有些灵活，但这种解释可能无法扩展到适应人格商业化的各种方式。个人信息具有言论和商品的双重身份，可以作为隐私和财产受到保护。个案中明显的经济利益与独处中的隐私

① Sheldon W. Halpern，The Right of Publicity：Commercial Exploitation of the Associative Value of Personality，39 Vanderbilt Law Review 1199（1986）.

② Melville. B. Nimmer，The Right of Publicity，law & Contemporary Problems，Vcl. 19，No. 2，Spring，1954.

③ Richard B. Hoffman，The Right of Publicity-Heirs' Right，Advertisers' Windfall，or Courts' Nightmare，31 DePaul L. Rev.1（1981）.

④ Sheldon W. Halpern，The Right of Publicity：Maturation of an Independent Right Protecting the Associative Value of Personality，46 HastingsL.J. 853（1995）.

利益之间的联系，一直是许多混乱情形的根源。

个人信息的人格属性我们已经比较熟悉，重点是我们需要厘清个人信息的商业价值的本质是什么？已有研究认为，个人身份的商业用途旨在通过将名人的身份与产品相融合来增加产品的价值或销售额，从而将名人角色中的一些宣传价值或信誉转移到产品中。适销产品是一个人的名字或相似物在特定的消费者群体中吸引注意力和唤起期望反应的能力。这种回应是对这个人创造的认可价值。此外，虽然个人信息这种产品是无形的，但它不是虚幻的。无论法律是否明确认为个人身份信息是一项法律权利，它都不可避免地具有经济特征。个人信息及个人信息与消费之间的唤起作用，无论是否受到其他因素影响，都是确已存在的事实。信息已经被“在线剖析”的实践“财产化”了。关于将个人身份信息商品化的不恰当性的辩论已经太迟了。

在路易斯·布兰代斯和塞缪尔·沃伦《隐私权》出版70年后，威廉·普罗瑟将隐私权侵权行为划分为四种①不同的诉讼原因。其中第四种侵权行为，可以认为被告利用原告的名字或相似性的侵权行为“应该建立在一种利益之上”，这种利益与其说是精神上的，不如说是所有权上的，是对原告的名字和相似性的专有使用，是其身份的一个方面。②1941年，威廉·普罗瑟在他颇具影响力的关于侵权法的论文中提到了“隐私权”，并将其描述为包括控制“对某人的名字

---

① Prosser, supra note 3, at 389. Prosser’s distinctions were later adopted by the second Restatement. See RESTATEMENT (SECOND) OF TORTS § 652A (1976): Section 652A. General Principle:

(1) One who invades the right of privacy of another is subject to liability for the resulting harm to the interests of the other.

(2) The right of privacy is invaded by

(a) unreasonable intrusion upon the seclusion of another, as stated in § 652B; or

(b) appropriation of the other’s name or likeness, as stated in § 652C; or

(c) unreasonable publicity given to the other’s private life, as stated in § 652D; or

(d) publicity that unreasonably places the other in a false light before the public, as stated in § 652E.

② Prosser, supra note 3, at 389, 406. Following Prosser, the Restatement (Second) of Torts notes that appropriation creates “a property right, for the exercise of which an exclusive license may be given to a third person, which will entitle the licensee to maintain an action to protect it.” RESTATEMENT (SECOND) OF TORTS § 652C comment a. For the drafters of the second Restatement, this third party right of action constituted an impor-tant distinction between the appropriation branch of the tort and its three siblings. See id. § 6521 comment a.

或肖像进行宣传”的权利和“人格元素的商业挪用”。他分析了29个隐私案例，发现其中更多的是涉及将原告人格的某些要素用于商业用途。典型的案例是在被告的广告中擅自使用原告的照片。①普罗瑟引用了著名的“海兰诉托普斯口香糖案”中海兰方辩护律师观点，同意排他性许可应提供可对第三方主张的可强制执行的财产权益。但是，普罗瑟认为这种“公开权”是隐私法的一部分，而不是独立的。这种侵权行为所服务的利益是“专有财产利益”而不是“精神利益”。其观点被美国法律协会在《侵权重述（第二版）》中采用，由于普罗瑟参与了最初版本的起草。之后美国的部分州，即便确立了公开权，也仍然沿用普罗瑟的观点，将公开权类的案件继续用肖像、隐私等诉由替代；我们现在称为挪用的侵权行为，沃伦和布兰代斯称之为防止公共肖像被不当利用的权利，因此这种值得被保护利益的性质一直在隐私和财产的表述之间摇摆不定。这段模糊的历史对沃伦和布兰代斯最初试图区分隐私和财产的努力提出了质疑。区分侵占的侵权行为是财产利益还是精神利益到底具有什么法律意义？

（三）个人信息公开权在美国的法律规定

在案例三“海兰诉托普斯不正当竞争案”中弗兰克法官首次突破悖论，认为纽约法律承认保护经济利益的独立普通法权利，而不是隐私权所设想的个人情感利益。尽管后来被证实该观点是对纽约法律的误读，因为纽约上诉法院认为，纽约的隐私权法规排除了对普通法上的公开权的承认，但并没有影响该案将“公开权”带入美国司法视野之中。自该案起发展出一种灵活的普通法方法来实现身份的商业化和名人固有的“联想价值”的保护。

美国联邦政府没有公开的权利，美国宪法也没有规定这种权利，比如自由权、言论自由权和宗教自由权。相反，公开权是州法，不是统一法。它的轮廓因州而异。然而，它被描述为一种“权利”，因为我们每个人都有权对他人如何使用我们的身份进行某种程度的控制，就像我们有权说话（或不说话）或结婚（或不结婚）一样。但与这些受宪法保护的权利不同，公开权是在州一级产生

① Restatement of the Law (First) Torts (St. Paul, MN: American Law Institute, 1939), § 867; Prosser, Handbook of the Law of Torts, 1050, 1056 (emphasis added).

的，要么是法官在裁决案件时制定普通法规则，要么是州立法机构通过公开权法规。由于不同国家的公布权所包含的内容各不相同，对公布权的定义具有挑战性。从最广泛的意义上来说，公布权为控制不必要的传播个人姓名和肖像以及其他有利于他人的身份标志提供了基础。1899 年加州公布了美国第一部规定公开权的法律，1915 年被废除；①1903 年 4 月 6 日，在罗伯逊案裁决后不到一年的时间里，纽约州州长签署了《防止为商业目的未经授权使用任何人的姓名或照片法案》②，该法案具有隐私法的形式，实则是一项公开权法案。该法令规定，未经书面同意，将“任何活着的人的姓名、肖像或照片”用于广告目的或商业目的，既是轻罪，也是民事伤害。尽管通常被称为纽约的隐私权法，但从表面上看，该法描述了一种典型的公开权利法（截至 2017 年，该法规仍然是纽约基于隐私和公开的索赔的唯一依据）。1911 年，密苏里州的一个上诉法院通过了一项隐私权，宣布这项权利提供了一项“个人照片的专属权利”中的“有价值的财产权”；③弗吉尼亚很快效仿纽约，采用了类似的“隐私”法规；1929 年，堪萨斯州、肯塔基州、佐治亚州、路易斯安那州、密苏里州和新泽西州都采用了普通法的隐私权。直到 20 世纪 70 年代，隐私权被承认和接受，但均认为隐私权包含财产权但不具有可转让性；1984 年，加利福尼亚州，规定“死后公开权”。截至目前，三十多个州都有这样的公开权法律，而且这个数字在未来几年里无疑会增长。一些州将他们的公开权利限制在广告、与产品或服务相关的用途上，或在商品销售上，而其他州允许因个人身份的几乎任何用途而产生的索赔，包括在新闻、电影、书籍、视频游戏和政治活动中的用途。

（四）个人信息财产价值的初始发现——个人信息与隐私权的交叉与分离

1. 传统个人信息财产价值的法律含义——明星“身份唤起信息”商业价值的凸显

在案例三“海兰诉托普斯不正当竞争案”中，法院认为“这种公开权通常

① Act of Feb. 23，1899，ch. 29，1899 Cal. Stat. 28（codified at Cal. Penal Code § 258）(Deering 1915).

② Act of April 6，1903，ch. 132，1903 N.Y. Laws 308.

③ Foster-Milburn Co. v. Chinn，120 S.W. 364（Ky. 1909）.

不会给他们带来任何收益，除非它能获得禁止任何其他广告商使用他们的图片的独家授权”。由此可以认为，该案是对身份信息商业价值公开利用的法律确认。弗兰克法官阐述了一项源于明星身份信息商业价值的权利。他承认有一种不同于隐私的利益值得得到不同的保护，尽管侵犯这种利益的行为也可能是侵犯受隐私权保护的利益的行为。在海兰案判决后不久，尼默教授试图给“新”权利下定义。鉴于海兰案是以明星的经济权利与隐私权考虑分开为前提的，他详细说明了隐私权和其他现有模式的不足。他指出，隐私概念，不足以满足20世纪下半叶的需求，随着通信、广告和娱乐技术的巨大进步，公众人物发现使用他的名字、照片和肖像具有做梦也想不到的金钱价值。像弗兰克法官一样，尼默所关心的不是新权利的标签，而是伴随着新兴利益而来的法律权利的概念基础。

在法律史上，对隐私权和公开权的发展的考察离不开特定社会发展背景。作为一种历史现象，隐私权是在明星本身不是一种能够被广泛利用的商品的时候产生和发展起来的。在这种背景下，出于商业目的借用一个人的名字可以被视为贬低身份。在1962年，第一巡回法院认为，在电视广告中模仿一位著名艺人的声音本身就可能构成诽谤，因为这种模仿产生了这样的推论，即该艺人“屈尊在低于他的级别下表演”。在这种社会背景下，未经授权的商业盗用人格被视为一种侵犯，造成羞耻、不适或愤怒，而不是经济损失，这种盗用被视为“隐私”利益的一部分并不是没有道理的。因此公开权与隐私权产生了关联，这种社会背景下个人身份信息被认为是一种精神利益。

公开权起源于“对公众人物隐私利益否定”的错误理念。19世纪初，在“名人代价理论”支配下，冲突初现。具体而言，当时的主流观点认为应将明星和普通人区分开，认为明星更倾向于公开、利用自己的身份信息，而普通人倾向于隐蔽、保护自己的身份信息。并且这种观点认为隐私是公众人物进入公众领域的代价，公众人物相当于公共财产。如1894年“卡洛斯诉沃克公司案”①中法院便裁决公众人物缺乏隐私权，因为这种“公众人物”已成为公共财产。法院认为：“政治家、作家、艺术家或发明家往往要求并渴望得到公众的认可，

---

① Corliss v. E. W. Walker Co., 64 F. 280 (C.C.D. Mass. 1894).

可以说他已经把隐私权交给了公众。如果说公众可以被禁止了解伟大公众人物的个人外貌，那将是对这一保护权利的过分延伸。这样的人物可以说是出于他们自己的意愿，把他们自己的任何公正的肖像权献给了公众。”这种观点后来被称为“错误的修正主义”，并且在一段时间内造成了隐私权与公开权表面上的和谐，为名人不享有隐私权提供了理由。

随着明星对自己身份信息商业价值维权诉讼，由于法院对明星隐私权的否定，为了得到赔偿，使得辩护律师积极创造一种新的权利使明星的信息公开赔偿诉请具备请求权基础。但总体而言，这个阶段的名人大部分需容忍这种侵权。19 世纪中后期，相机的发明和使用使得名人对公开行为的容忍度进一步降低。到 1869 年，美国法律登记处发表了一篇名为《照片图形的法律关系》的文章，对新的摄影媒介进行了评论。该文章呼吁承认一项法律诉讼，以防止未经个人许可出售其照片图像的多个副本。这篇文章提出，人们对自己的“功能”拥有“自然版权”，并且在未经许可使用这些“功能”的情况下需要承担责任具有适当性。1884 年，《华盛顿法律记者报》的一篇文章主张“肖像权”，这种权利可以控制对自己的“宣传”，特别是控制对自己照片的使用。

2. 现代个人信息财产价值的法律含义——普通用户“身份唤起信息”商业价值的体现

（1）从明星到普通网络用户基于身份唤起商业价值的主体变化

在案例二“微信读书案”中，微信读书用户是否能向微信读书平台主张对其微信读书涉及信息商业价值利用的控制或收益权利？公开权是否不能适用于普通用户？由于公开权产生于明星的维权诉讼，因此在该权利诞生初期，大部分人认为一般人的隐私利益和明星的“财产权”对服务产品来说，是同一频谱上的两极，应该区别对待，如在“乌莱尔德诉亨里克森案”①中，法院即指出了区分这两个概念的重要性，并最终得出结论：“名人在其公共人格中拥有合法的所有权利益。”

但随着个人信息对个人的价值的体现，公开权发展到不仅仅是针对名人的。一个人也不需要成为明星来提出公开权。例如脸书用户具有起诉这家社交媒体

---

① Uhlaender v. Henricksen，316 F. Supp. 1277（D. Minn. 1970）.

巨头的权利，因为它在针对他们在线朋友的广告中使用了他们的名字和相似之处。推特用户有权公开反对该公司出售他们的名字和照片用于“现实生活中的人”的交易卡游戏。又如用户有权对在线报纸（如 Backpage）和广告商提出公开权，因为自己的肖像被用来提供（非色情）性服务。

（2）可识别性与身份唤起的现代对应关系

公开权的含义是，当这一权利被认为是独立于隐私权之外的诉讼事由的基础时，它包含了对身份的占有，而不论使用何种手段。美国《反不正当竞争法重述》第 46 节明确处理了“未经同意使用个人姓名、相似性或其他身份标记，盗用个人身份的商业价值”的问题，该节的注释 d 明确反对将可起诉的盗用限制为“姓名”“相似性”或任何其他预定义属性：“在大多数情况下，身份的盗用是通过使用一个人的名字或肖像来实现的。未经授权使用一个人的身份的其他标记会侵犯公开权，如果它们与某一特定个人的身份有如此密切和独特的联系，以至于使用它们使被告能够占有该个人身份的商业价值。”身份唤起产生商业价值，明星在对其身份的商业利用中有受保护的金钱利益。如果名人的身份被商业利用，不管他的“名字或肖像”是否被使用，他的权利都受到侵犯，也即身份唤起不限于对传统广泛使用的姓名或者肖像的直接利用，可以扩大到任何可以唤起个人身份的可识别的身份表示——个人信息。

（五）个人信息财产价值的进一步利用——个人信息与版权的交叉与分离

随着法律自然进程的推移演变，越来越多的当事人主张公开索赔的权利，而且有更多的证据表明这种公开权利的存在，公开权财产利益开始溢出。从“海兰诉托普斯不正当竞争案”开始公开权引起普遍关注，此后经过同类案件引用开始蔓延。20 世纪 70 年代通过“人体炮弹案”和“猫王案”两个重大事件永远地确立了公开权在法学中的地位并极大地扩大了其范围和力量。1997 年，“扎奇尼诉斯克里普斯—霍华德广播公司案”①是第一个也是唯一一个经美国最

① 被告斯克里普斯-霍华德广播公司未经原告扎奇尼同意放映了他的行为的电影并将其商业化，被告的这种行为是非法侵占原告的专业财产。扎奇尼诉请中既没有提到隐私权也没有提到公开权，也没有要求禁止未来广播的禁令，他仅仅寻求 2.5 万美元的赔偿。Zacchini v. Scripps-Howard, 433 U.S. 562.

高院判决的公开权案件。初审法院驳回了扎奇尼的赔偿诉请，但俄亥俄州上诉法院推翻了这一要求，认为扎奇尼在他的个人身份中拥有财产权，被告非法挪用了这一财产。约翰·马诺斯法官在赞同意见中同意继续进行索赔，但得出结论认为，适当的索赔是针对侵犯扎奇尼的公开权，而不是针对其他权利。俄亥俄州最高法院复审了此案，驳回了这是挪用类案件的论点，认为不能构成挪用诉讼的基础，显然也不能构成侵犯版权的基础。相反，法院采纳了普罗瑟理论中保守的一面，指出挪用侵权行为是俄亥俄州法律规定的隐私权的一个方面，有时也被称为“公开权”。因此，此案侵犯的是扎奇尼的隐私权；[①]最高法院批准复审，在裁决中，最高法院同意该案涉及的是公开权，将这一权利（引用俄亥俄州最高法院的话）定义为一个人控制“对其人格的商业展示和利用以及对其才能的行使”的权利。虽然俄亥俄州法院认为公开权完全属于隐私权的范畴，但美国最高法院将这一权利描述为一种独特的知识产权，与隐私法相比，它保护了相当不同的利益。[②]最高法院的这一观点对俄亥俄州法院如何理解这一权利没有约束力，但它在全国范围内产生了巨大的影响，支持并明确了公开权和隐私权之间的区别，并最终缩小了我们对隐私的理解。最高院的意见虽然名义上将公开权置于普罗瑟框架的（更广泛的隐私权理念）保护下，但是认定公开权是一种独特的知识产权，从而扩大了公开权，使其彻底从隐私权中剥离，脱离隐私权直接驶入知识产权框架中。

综上所述，个人信息身份价值的财产化利用，在美国是以公开权来展示的，其与隐私的交叉根源在理论层面上主要在于公开权的产生与发展受到了著名的路易斯·布兰代斯和塞缪尔·沃伦提出的隐私权概念以及威廉·普罗瑟隐私权四种侵权行为框架的影响；在实践层面上，主要是由于当时的数字科技发展背景以及广告和商品销售模式的影响，从隐私权到公开权再到版权的发展演变过程中，体现了各方主体对个人身份可识别信息唤醒价值的控制利益追求。

---

① Zacchini v. Scripps-Howard，351 N.E.2d at 455—459，461（citing both Prosser's article and the draft Restatement（Second）of Torts，which adopted that rubric）.

② Zacchini v. Scripps-Howard Broad.，429 U.S. 1037（1977）（granting petition for writ of certiorari）；Zacchini v. Scripps-Howard Broad.，433 U.S. at 569—573.

四、案例评析

区分个人信息与隐私以及相关权利属性的法律适用逻辑是：要么承认隐私权，如果人们把个人身份信息保护简单地看作是隐私侵权的“正当化”条款，保护个人免受对感情造成伤害的攻击，逻辑结果必然是在个人没有遭受精神损害的情况下否认任何声称其姓名或肖像或者任何身份识别信息被商业盗用的诉求；要么不承认隐私权，因此拒绝承认它所认为的该项权利的派生权利。然而，在大多数情况下，法院要么避免遵循这一逻辑得出结论，要么完全放弃隐私陷阱，就未经批准的对人格的商业利用开辟出不同的利益和不同的标准。

案例一：“群控软件爬虫微信”案评析

本案法院认为原告作为微信平台的经营者和平台数据的收集者、控制者，其所收集和控制的微信用户数据均已通过协议方式获得了微信用户的授权同意，微信产品数据资源系原告投入了大量人力、物力，经过合法经营而形成的。微信平台数据就数据资源整体概念而言，原告依法享有竞争性权益，如果两被告破坏性地使用该数据资源，则构成不正当竞争，原告有权要求获得赔偿；但就微信平台单一数据个体概念而言，原告仅享有有限使用权。我国相关法律、法规并未就数据的可携带权作出相应规定。两被告提出的个人数据可携带权主张缺乏法律依据。

首先，我国相关法律、法规并未就数据的可携带权作出相应规定。《网络安全法》第 43 条和第 64 条、《电子商务法》第 24 条，仅仅对个人用户享有请求删除其个人信息的权利和就收集、存储的个人信息错误请求更正的权利，并没有规定相应的可携带权。虽然当前国外有些立法对个人数据迁移（可携带）作出了规定，认为数据主体有权获取其提供给控制者的相关个人数据，但同时亦对该项权利的行使设置了一定的条件，不仅要求数据迁移每一方均需采取严格的隐私和安全措施，同时也明确禁止未经授权的数据转移。可携带权是用户对身份信息的“控制权”，是公开权或商品化权的附属权利。

其次，法院认为，“原告作为微信平台的经营者和平台数据的收集者、控制者，其所收集和控制的微信用户数据均已通过协议方式获得了微信用户的授权同意”，“就微信平台单一数据个体概念而言，原告仅享有有限使用权”。用户身份信息的唤起价值和用户知情同意原则之间并没有必然对应关系。前文已提及，用户身份信息唤起价值由多种因素引起的。因此，基于用户同意的司法考量是基于侵权行为的欺诈和欺骗性的。在这种情况下，诉权产生于侵权者的欺诈目的和行为及其对用户造成的伤害。仅仅强调同意的主张，使对个人身份信息利益的补救措施偏离了未经授权盗用用户经济价值身份所涉及的真正利益。这种司法策略忽略了用户身份联想价值的复杂性。

最后，个人信息财产化权利属性的本质应为财产权。我国目前的个人信息保护相关立法存在法律要求与信息控制者内部治理机制脱节、责任规范与行为规范脱节等问题。关于个人信息权利属性本质以及其所对应的控制权，理论界存在诸多争议。有学者认为：“个人信息保护法应确认信息主体在公法上的个人信息控制权，不能也不应该回避基本权利话语。”① “人格权商品化”的实质是人格符号的商业化利用，而人格权本身不能“商品化”。“人格权商品化与商品化权之所以产生，不但因为自然人的某些人格要素具有符号功能，更是源于这些人格要素（人格符号）的特殊属性——可商业利用性。人格商品化权是一种以人格符号为客体的区别于现有的物权或知识产权体系的特殊的财产权。”②“人格权的商业化利用是人格权权能中包含经济性利益的部分不断扩张的体现，并未突破作为民事权利体系下人格权的基本属性。在人格权的商业化利用的法律调整中，应坚持民事法律调整为主的思路，依法对人格权商业化利用的现实可能性加以确认，规范商业化利用的实现过程，为人格权的商业化利用提供完善的保障。此外，在人格权商业化利用日益发展的同时，无论是基于人格权权利属性的要求还是从公序良俗的角度出发，都存在着对人格权加以限制的实际需要。”③ “国内外多数学者认为商品化权是一种新型的知识产权，但知识产权体系其实无法包容商品化权。商品化权具有无形财产权的品性，即使是人格因素商品化权也不例外。只有在无形财产权范畴中才能准确把握商品

① 周汉华：《探索激励相容的个人数据治理之道——中国个人信息保护法的立法方向》，载《法学研究》2018 年第 2 期。

② 温世扬：《析“人格权商品化”与“人格商品化权”》，载《法学论坛》2013 年第 5 期。

③ 姚辉：《关于人格权商业化利用的若干问题》，载《法学研究》2011 年第 6 期。

化权的性质。”①人格权属性问题存在分歧之根源在于人格权的特殊法律构造。人格权之产生是因为内在于自身的人格利益或人的伦理价值可以成为受私法保护的权利客体，但并不意味着人格权可以或必然成为支配权的客体。“人格标识商品化权虽然成立于一定的人格要素人格标识之上，但从其内容构造、制度功能等方面考察，已非人格权范畴所能涵盖，它是一种特殊的财产权。”②但是，无论学界对个人身份识别信息利用的权利属性的界定多么具有争议，也不管我们是否喜欢人格的商业化，用户的身份识别信息赋予产品市场价值或经济影响，也即市场承认关联经济价值或称为识别经济价值。因此，用户身份信息的识别市场价值是客观存在的，法院在处理公开权时，并不创造价值。更确切地说，作为一个政策问题，法院决定一个人必须在多大程度上补偿因使用人格而产生经济价值的人，以及名人对利用其人格的控制的限度。在实践中，这种身份唤起是动态的，具体体现为身份的“可识别性”，当个人信息处于原始状态时，识别性较强，容易引起身份唤起。反之亦然。另外一个问题就是主体适格性问题，我们的《知识产权法》中可能有一个遗漏，那就是对“真正的角色”没有版权保护。法院不应利用《反不正当竞争法》作为维护支持个人身份信息识别利益保护的工具，也不应利用个人身份信息识别利益来填补《反不正当竞争法》的空白，因为两者旨在保护不同的经济利益。这些错误的适用效果是削弱权利，进一步混淆需要保护的利益，影响了个人身份信息识别利益保护的独立性。

案例二：“微信公开读书信息”案评析

对于读书信息是否属于个人信息，法院认为微信读书中的读书信息包含了可以指向该信息主体的网络身份标识信息，即“从信息到个人”。读书信息，包括读书时长、最近阅读、书架、推荐书籍、读书想法等，能够反映阅读习惯、偏好等，符合“从个人到信息”的特征，属于个人信息；对于读书信息是否属于隐私，法院认为综合原告被公开的全部信息，不足以达到因阅读该两本书籍而形成对原告人格的刻画，进而可能对其人格利益造成损害的程度。因此，原告的读书信息未达到私密性标准。原告亦未在本案中主张因读书信息公开导致

① 张丹丹、张帆：《商品化权性质的理论之争及反思》，载《当代法学》2007年第5期。

② 温世扬：《人格权“支配”属性辨析》，载《法学》2013年第5期。

其生活安宁受到侵扰，对原告的隐私侵权主张，不予支持。

在《民法典》生效之前，已有裁判者试图对隐私、信息进行区分，如“丁某诉汪某隐私权纠纷案”①承认了公民享有个人信息权，对于个人信息和隐私进行了分别界定，并进行了某种程度上的区分，如判决书原文“而一般性的个人基本信息（如居民身份证、护照上载明的信息），一般情况下属于自然人个人身份信息，不属于严格的法律意义上的个人隐私”。其界限和区别是：“不超过一个‘一般人’的‘社会容忍度’；不涉及敏感的信息；已经公开的个人信息。只要具备这三个特征之一即不再具有隐私的特点，不属于个人隐私。”但是裁判者仍然没有将个人隐私和信息彻底区分开，如“一般”和“敏感”判断标准模糊；《民法典》中对数据、信息和隐私三者规定在不同的法条之中，“隐私权”规定在《民法典》第1032条：“自然人享有隐私权。任何组织或者个人不得以刺探、侵扰、泄露、公开等方式侵害他人的隐私权”；“数据”规定在《民法典》第127条：“法律对数据、网络虚拟财产的保护有规定的，依照其规定”；“个人信息”规定在《民法典》第1034条：“自然人的个人信息受法律保护。个人信息是以电子或者其他方式记录的能够单独或者与其他信息结合识别特定自然人的各种信息，包括自然人的姓名、出生日期、身份证件号码、生物识别信息、住址、电话号码、电子邮箱、健康信息、行踪信息等。”但同时该条第2款规定，“个人信息中的私密信息，适用有关隐私权的规定；没有规定的，适用有关个人信息保护的规定”。但是《民法典》中对这三个概念的规定仅是体系性考量的结果，承担着宣誓功能。在理论上亦有学者尝试对个人信息权利客体进行界定和建构，如“隐私的法律属性是人格权益，它只能被自然人享有，除非有法律明确规定，在其他任何条件下都不能被转让与利用；信息的法律属性尽管亦为人格权益，其权利主体可以是所有类型的民事主体，即自然人、法人与非法人组织等，但此种人格权益经公开化权或商品化权转化后的财产利益，可以被他人转让与利用，只不过需要征得权利主体的同意；数据（狭义理解，即经清洗、加密等脱敏手段处理后无从识别信息主体身份的信息）的法律属性

① “丁某诉汪某隐私权纠纷案”，四川省德阳市旌阳区人民法院（2017）川0603民初4743号民事判决书、四川省德阳市中级人民法院（2017）川06民终289号民事判决书。

是财产权益，其权利主体可为任何民事主体，可以自由转让，且无须也无从征得信息主体的同意”。[①]又如通过“不愿为他人知晓”（主观要件）和“信息的私密性”（客观要件）的解释论建构，既坚持逻辑融贯又保持弹性；既包含核心外延又兼具场景内容的“个人私密信息”概念，不但与《个人信息保护法》下的“个人敏感信息”和“一般个人信息”相区隔，而且积极回应了产业发展、社会交往和公共利益的多种诉求，必将为《中华人民共和国民法典》奠定实践之基。[②]将公开权与其隐私权分开的努力以及关于该权利的性质和范围的争议都围绕着“财产”问题：该权利是个人的权利，还是其人格的情感延伸，还是该权利代表了一种带有该标签属性的财产形式？如果一个人可以将权利定义为财产权，那么他就可以很容易地接受这样一种想法，即这种权利具有可转让的、可继承的、可征税的或者在离婚诉讼中可以分割的可能性。相反，如果这种权利是人格权，而不是财产权，那么这种权利显然部分可以成为许可或弃权的主体，但不能具有独立的、排他的、可转让的或可分割的特征。

该案重点围绕隐私和个人信息的区分展开，以对“原告人格的刻画”为标准，法院认为原告被公开的读书信息，不足以达到因阅读该两本书籍而形成对原告人格的刻画，进而可能对其人格利益造成损害的程度。因此，原告的读书信息未达到私密性标准。原告亦未在本案中主张因读书信息公开导致其生活安宁受到侵扰，对原告的隐私侵权主张，不予支持。本案法院分别从个人信息和隐私两个角度对身份识别信息的不正当公开行为进行界定。关于身份识别信息的盗用，是否属于对隐私权利的侵犯还是对个人信息权利的侵犯？从案件本身来看，这一领域的界定非常混乱。经典的隐私权框架包括普罗瑟为阐明隐私权所作的非凡努力也已经成为一个“稻草人”，需要被提出、分析、区分和摒弃。人格要素商业化只是最近才侵入我们的日常生活，因此法院根据社会态度审查了对不必要的宣传造成的经济损害的早期索赔，将这种宣传与侵犯隐私权造成的精神痛苦联系起来。在当代个人身份信息商业化司空见惯的社会背景下，需

① 彭诚信：《数据利用的根本矛盾何以消除？——基于隐私、信息与数据的法理厘清》，载《探索与争鸣》2020年第2期。

② 许可、孙铭溪：《个人私密信息的再厘清——从隐私和个人信息的关系切入》，载《中国应用法学》2021年第1期。

要注意的是隐私权框架分析并没有解释为什么盗用人格（身份识别信息）可以被描述为侵犯隐私的一个方面。

案例三："海兰诉托普斯不正当竞争案"评析

值得注意的是，本案真正具有法律创新价值的观点实际上产生于原被告双方的辩论。具体而言，是原被告初始针对合同受保护的价值存在进行的争辩逐渐演变为个人身份识别信息价值的存在以及流转的法律确认。在本案中，被告托普斯的反驳观点并不取决于海兰是否对球星名字或其唤起价值拥有财产权益——相反，被告是基于对合同侵权行为的狭隘解读，并暗示如果没有合同本身的不实财产权益，人们可能无法获得救济。原告海兰认为，由于球星的名字和肖像"具有商业和金钱价值"，因此原告与球星之间的合同具有价值，可以受到保护，不受第三方的干扰，无论其可转让性如何。原告认为争论的问题不是《纽约民权法》第 50 条和第 51 条（该州的隐私权）是否授予财产权，以及当时可转让的财产权。相反，原告认为隐私权及其可转让性问题与本案重点无关。隐私与原告的权利无关，原告的权利根据法令而存在，即财产和有价值的合同权利。

在本案中被告声称原告拥有的任何权利都纯粹是源自纽约隐私法的个人隐私权，因此，尽管原告与球星签订了合同，但球星只向原告传达了使用球员姓名和肖像的许可或非排他性许可。弗兰克法官认为，纽约法律承认保护经济利益的独立的普通法权利，而不是隐私权所考虑的个人情感利益；而且这种权利就其性质而言，必须只能转让。"我们认为，一个人对他的照片的公开价值享有权利，即有权授予出版他的照片的专有特权，而且这种授予可以有效地作出。此外，这种权利独立于隐私权可以转让。"评析的关键在于财产权和可转让性的对应关系，财产属性或财产价值的确定性不能任意转化为可继承性和可转让性。

首先，关于个人信息的财产属性存在三种不同的观点：一种观点认为，个人信息可以是财产，但作为"财产"，它必须是完全可转让的。另一种观点认为，个人信息是财产，但可能是不可分割的或市场不可分割的。第三种立场认为个人信息根本不是财产。其次，关于个人信息的可转让性存在诸多争议：不同的隐私理论在财产理论中有一个对应部分，主要基于洛克的个人主义劳动理论或黑格尔的人格理论，并延伸到霍菲尔德的基于关系的财产和雷丁的基于人格的财产理论。严格的自由多元主义者认为财产与自由放任的市场有关，他们认为财产的定义需要可转让性；对可转让性的任何修改都需要将该物品从“财产”领域中分割出来。相比之下，黑格尔认为财产与人的实现有关，他通过主客二分来定义财产。根据这个定义，人之外的东西必须是适当的和可转让的，而作为人格是不可转让的。雷丁认为主客体二分法是一个太大的灰色区域，无法为不可分割性提供一条亮线，并拒绝不可分割性总是家长式的观点。相反，他用人格理论来代替，即自由（为自己选择的权力）、身份（自我的完整性和连续性）和情境性（通过与社会和自然世界的关系自我构建）。雷丁建议“不完全商品化”或“部分市场不可剥夺性”，雷丁的指导方针是人格本身是不可剥夺的；有些权利过于接近人格，不能被视为财产；财产越接近连续统一体的个人端，就越有可能有一个客观的道德共识，即它是不可分割的；对象越是个人化，就越会被仔细审查是否“自愿”；最后，如果强迫交易对人格的伤害很大，例如奴役，那么这个类别就不可分割，以避免被发现的成本和误认为自愿的风险。公开权不受限制所基于的“激励理论”也值得推敲。威廉·兰德斯和理查德·波斯纳联邦上诉法官使用类似的“拥挤外部性”理论来反驳“激励理论”的目的效果。如果没有财产保护，一种特定的资源将被过度使用，从而耗尽其整体价值。例如，若公开权完全不受限制，名人姓名或肖像的“商业价值”将“过早用尽”。法律经济学对公开权的解释在很大程度上依赖于一个假设，这就是使用一个人的身份会减少而不是增加其价值。经授权在T恤和海报上使用名人的形象可能会产生更多的商业价值，然而如果任何人都可以自由使用名人的形象，“总效用”可能会下降。兰德斯和波斯纳认为，公开权有助于有效地分配身份信息资源，从而最大限度地提高这种资源的回报，但法律需确保这种利益只能属于最重视商品价值的个人或企业。但是，我们还不清楚如何确定公开权的最佳分配，如何确定最重视一个人的身份信息的主体。

通过以上分析可知，个人信息的财产确认后，并没有继续探讨这种权利的哲学基础或其具体实施。个人身份信息财产属性仅能产生一定的确定性，法律保护个人身份识别信息的财产利益，但是并没有赋予个人信息主体完全排他性的绝对支配权。我国学者从公共性角度对此问题进行了分析，如个人信息保护权并不是一项全面的、绝对的支配权。个人信息不仅关涉个人利益，而且关涉他人和整个社会利益，个人信息具有公共性和社会性。①因此，无论是从个人角度分析个人身份信息本身具有的财产性或从社会角度分析个人身份信息总体价值公共性，均不能推导出个人信息之上的绝对的支配权属性。

五、适用启示

在数字社会个人身份信息具有经济价值是不可否认的。谁应该从这种价值中受益的问题，并不等于在一般意义上的“公共领域”和“个人领域”之间作出选择。无论如何，除了在最边缘的情况下，公开权契合了盗用行为的真实性质。对公开权利的质疑真正的问题不在于用户是否应得“回馈”，因为当信息处理者将用户的身份信息与特定的商业活动（如定向广告、大数据杀熟等）联系起来时，真正需要考虑的是商家如此做的目的是什么？利用数据软件进行分析利用之后，最终目的是唤起用户自身（如定向广告）或者其他用户（如微信读书好友）的身份识别，以达到一种提升商品价值的目的。而这种身份唤起利益是身份所有者也应享有的财产利益。利益是社会认识到商业价值可能与个人形象相关联的一种功能，应作为塑造权利的形式和内容的主要工具。想要真正界定清个人身份信息之上的可识别利益（身份唤起利益），不是依赖推断，而是需要从直接与利益相关的真正的社会危害分析以及对权力的核心范式的审查入手。我们可以达成一种普遍共识，即当一个人试图利用另一个人的人格进行交易时，存在着明显的“不公平”，而对个人身份识别信息的财产化研究是解决和改善这一错误的手段。

① 高富平：《个人信息保护：从个人控制到社会控制》，载《法学研究》2018年第3期。

人脸识别第一案评述
——人脸识别信息的权益属性与保护路径

季江聪

（上海交通大学凯原法学院硕士　网易集团法务）

一、基本案情

2019 年 4 月，郭某支付 1 360 元购买野生动物世界“畅游 365 天”双人年卡，确定指纹识别入园方式。郭某与其妻子留存了姓名、身份证号码、电话号码等，并录入指纹、拍照。后野生动物世界将年卡入园方式由指纹识别调整为人脸识别，并更换了店堂告示。2019 年 7 月、10 月，野生动物世界分别两次向包括郭某在内的年卡持卡客户群发短信，告知年卡入园识别系统更换事宜，通知用户携带实体卡前往激活人脸识别系统，否则将无法正常入园。此外，法院认定的事实还包括，（1）野生动物世界曾以店堂告示形式公示涉及指纹识别及（变更后）人脸识别的“年卡办理流程”和“年卡使用说明”；（2）郭某办理年卡前后，除指纹识别或人脸识别外，年卡持卡人可采用其他入园方式，包括刷二维码、核实有效证件或开手工单入园等；（3）郭某在办理双人年卡后，该年卡在 2019 年 4 月至 9 月期间有五人次使用记录；（4）2019 年 10 月，郭某至野生动物世界核实人脸识别入园一事，野生动物世界工作人员明确告知其不注册人脸识别将无法入园，而未告知存在其他的入园方式。

此后，双方就入园方式、退卡、删除个人信息等相关事宜协商未果，郭某遂提起诉讼，诉请：（1）确认野生动物世界店堂告示、两次短信通知中涉及指纹识别及人脸识别信息入园的相关内容无效。（2）判令野生动物世界违约及存在欺诈行为，返还年卡卡费 1 360 元及赔偿交通费。（3）判令野生动物世界在第三方技术机构见证下删除原告包括姓名、身份证号码、手机号、照片、指纹、入园记录等在内的全部个人信息，并承担相应的技术见证费用。

二、裁判思路

（一）一审法院裁判思路

一审法院认为，本案核心问题为对经营者处理消费者个人信息尤其是指纹和人脸等个人生物识别信息行为的评价和规范问题。本案争议焦点为：一是郭某主张的店堂告示、短信通知内容的效力认定问题；二是野生动物世界是否存在郭某主张的违约和欺诈行为，若存在，则损失如何认定；三是郭某能否要求野生动物世界删除已收集的个人信息。

针对上述争议焦点，富阳法院认为：第一，关于店堂告示及短信内容有效性。就告知指纹识别入园的店堂告示，被告店堂告示以醒目的文字告知购卡人需要提供包括指纹在内的部分个人信息，保障了郭某的消费知情权和对个人信息的自主决定权，并非无效；就告知变更入园方式的两次短信通知，入园方式变更属于单方变更合同的行为，两次短信通知内容对郭某而言属于新的要约，郭某诉前明确表示不同意变更为人脸识别入园，因此要约失效；就告知人脸识别入园的店堂告示，该告示属于被告向新办卡用户发出的要约，在原告明确拒绝人脸识别入园方式后，该要约不属于双方服务合同内容，对原告不发生效力。第二，关于违约及欺诈。在郭某上门咨询求证时，被告工作人员明确告知其不注册人脸识别将无法入园，而未告知存在其他的入园方式，该行为属于以明示的方式表明不履行原合同约定的主要义务，应当承担违约责任，并按照年卡实际履行天数比例折算返还年卡费用 1 038 元。现无证据证明被告在办卡时存在故意隐瞒其他入园方式误导郭某作出消费决定的行为。被告为正当经营活动所需采用指纹识别技术，在采用指纹识别入园方式并收集消费者指纹时，已经尽到了告知、说明的义务，不存在欺骗、误导消费者的情形。第三，关于删除个人信息。就人脸识别信息以外的姓名、身份证号、电话号码等其他个人信息，属于双方服务合同明确约定的可予收集的个人信息，且合同中并没有关于删除个人信息的约定，现无证据证明被告存在违反法律规定或合同约定处理个人信息的情形，原告要求删除此类信息，不予支持；就人脸识别信息，双方所订立的合同约定为采用指纹识别方式入园，采集人脸识别信息不符合必要原则，不具有正当性。尽管被告在涉指纹识别的“年卡办理流程”中规定流程包含“至年卡中心拍照”，但其并未告知原告拍照即已完成对人脸信息的收集及其收集目的，原告同意拍照的行为，不应视为对被告通过拍照方式收集两人人脸识别信息的同意。原告要求被告删除人脸识别信息诉请，予以支持。就删除入园记录信息而言，该信息亦属于服务合同中另一方被告的经营信息，现无证据证明被告发生泄露、篡改、丢失和其他违法使用原告入园记录信息的行为，原告要求删除该信息，不予支持。

（二）二审法院裁判思路

二审中，杭州中院对于本案所争议事项：（1）告知指纹识别入园及（变更后）人脸识别入园的店堂告示及告知变更入园方式的短信通知内容的有效性；（2）原告办理指纹年卡时消费者自主选择权是否被限制；（3）被告是否存在欺诈行为；（4）被告是否构成违约及违约责任承担等问题上，与一审法院裁判观点一致。此外，关于人脸识别信息，二审法院则具体论述：人脸识别信息相比其他生物识别信息而言，呈现出敏感性高，采集方式多样、隐蔽和灵活的特性，不当使用将会给公民的人身、财产带来不可预测的风险，应当作出更加严格的规制和保护。经营者只有在消费者充分知情同意的前提下方能收集和使用，且须遵循合法、正当、必要原则。原告在办卡时同意拍照及提供照片仅系为了配合指纹年卡的使用，不应视为其已授权同意被告将照片用于人脸识别，被告虽自述其并未见将收集的照片激活用于人脸识别，但其欲利用收集的照片扩大信息处理范围，超出事前收集目的，违反了正当性原则。同时，鉴于收集照片与人脸识别应用的特定关系，被告又以短信通知等方式要求原告激活人脸识别，表明其存在侵害原告面部特征信息之人格利益的可能与危险，故一审法院判令被告删除原告办卡时提交的包括照片在内的面部特征信息并无不当。关于指纹信息在内的其他个人信息，现无证据证明被告存在泄露、非法提供或者滥用等情形，对删除此类信息的诉请不能成立。但鉴于被告已单方变更年卡入园方式，停止使用指纹识别闸机，指纹识别入园服务方式已无法实现，故对于原告要求删除指纹识别信息，予以支持。据此，二审在原判决的基础上增判野生动物世界删除郭某办理指纹年卡时提交的指纹识别信息。

三、焦点问题的发展脉络

（一）我国人脸识别信息的保护现状

当前，个人信息与隐私保护、数据安全问题日益受到社会关注。一方面，个人信息权益与隐私权毫无疑问属于应当予以保护的民事权益；另一方面，对于个人信息的处理利用蕴含重大的商业价值和经济利益，汇集海量个人信息而形成的大数据是数字经济时代极为重要的生产要素。如何在个人信息与隐私保护、大数据利用、数字经济发展之间寻求平衡成为一个时代难题。本案是我国首例涉及人脸识别信息权益侵害问题的民事纠纷，案由虽然是合同纠纷，但所体现的人脸识别信息收集、处理问题较为典型，对于人脸识别信息权益属性及保护路径的研究具有重要意义，引发了广泛的社会关注和讨论。

近年来，人脸识别技术日益广泛应用，人脸识别信息是人脸识别技术的依托与产物，其数据价值与经济价值亦随之凸显。但与此同时，未经用户同意滥采及处理人脸识别信息、人脸数据泄露、利用人脸信息进行违法犯罪活动等问题愈发严重，给个人隐私安全、财产安全及社会公共安全带来风险与威胁。我国对于人脸识别信息的规制与保护仍然是置于个人信息权益保护的总体框架下。在我国，对于个人信息保护目前已经有多部相关法律、法规、规章、司法解释、国家标准等直接或间接地予以规制，对于个人信息权益的规制及保护路径日益清晰。不过总体而言，当前关于个人信息保护的规范存在形式上不统一、价值取向上过于侧重技术及数据利用、信息保护规定上缺乏细节的特点。具体到对人脸识别信息的规制及保护问题上，目前我国尚不存在专门立法。仅有的国家标准文件《信息安全技术　人脸识别数据安全要求》目前也只处于征求意见阶段。虽然有多部部门规章涉及人脸识别技术的规范使用问题，这些规章涉及人脸识别的主要内容为人脸识别技术进行身份验证和明确人脸识别的技术或图像标准，更多侧重规制人脸识别技术的推行与应用而非人脸信息保护，这多少体现了政府层面目前仍更侧重于技术利用与数字经济发展。尽管人脸识别信息是个人信息的一种，其人格权权益属性显而易见，但这一人格权益的内涵及外延、法律规制框架、具体场景下保护路径等内容仍具有与隐私及其他个人信息权益的不同之处，有待厘清。

（二）人脸识别信息保护的域外经验

在域外法上，欧美国家对于人脸识别信息规制具有丰富的实践及立法经验。不过由于经济发展与文化背景的不同，欧美对于人脸识别信息规制的价值取向与保护路径也有所区别。美国在保护个人数据主体权利基础上更加侧重于信息、数据的共享流通与商业价值，但与此同时，亦有严格规制人脸识别信息的专门性立法；欧洲则更加侧重于个人信息权益的保护，严格规制无论是公权力机关或者私人机构对于人脸识别技术的使用。

美国在联邦层面尚未出台专门针对人脸识别的相关法案，不过目前仍有三个法案尚处在国会立法阶段。一是《道德使用人脸识别法案》（Ethical Use of Facial Recignition Act，S. 3284），该法案要求暂时禁止美国政府使用人脸识别技术，直到国会形成政府使用规则和限制条件，并且专门成立国会委员会负责制定人脸识别技术使用规范，以防止人脸识别技术侵犯公民隐私权、自由权等基本权利。二是《商业人脸识别隐私法案》（Commercial Facial Recognition Act of 2019，S. 847），该法案具体内容包括要求收集人脸识别数据需获得明确同意；对人脸识别数据的处理提出限制性要求；明确可使用人脸识别技术的例外情形；要求对人脸识别技术的准确性进行独立第三方测试等。三是《人脸识别技术授权法案》（Facial Recignition Rechnology Warrant Act of 2019，S. 2878），该法案具体内容包括规定了人脸识别技术用于持续监视的条件；对通过持续监视获得的证据使用进行限制；对人脸识别进行人工审查和测试等。

在州等地方政府层面，美国多地都已开始对人脸识别技术使用进行规制，旧金山、奥克兰、麦迪逊等城市均立法禁止政府部门在公共场所中使用人脸识别技术。华盛顿州、伊利诺伊州、得克萨斯州、加利福尼亚州等州均已立法规范各类生物识别信息的处理利用问题，甚至还有专门的人脸识别立法。伊利诺伊州早在2008年即颁布了《生物识别信息隐私法案》，明确了“生物信息”“生物识别符”等概念，以规范生物标识符和信息收集、使用、保护、处理、存储、保留和销毁。2020 年最新颁布的华盛顿州《人脸识别服务法》体现了美国对人脸识别领域立法的最新认识，该方案要求州或地方政府在开发、使用、收集、处理人脸识别信息时需要向立法机关提交问责报告，建立人脸识别服务的问责机制；在运营状态下对人脸识别服务进行合法、独立、合理的人工审查和测试，以确保准确性；对州或地方政府使用人脸识别服务提出限制性要求；要求从事人脸识别服务的技术人员需要进行定期培训等。在执法层面，多家企业曾因违法处理人脸识别信息而被追究法律责任，比如脸书在 2020 年被诉违反了美国伊利诺伊州的《生物信息隐私法案》，在未经许可的情况下，从该州数百万用户的照片中获取面部数据用于“标签建议”，脸书也未告知用户数据的保留期限。该案件最终以脸书向伊利诺伊州用户共计赔偿 5.5 亿美元和解费用而告结。

欧盟目前没有关于人脸识别的专门立法，其对人脸识别技术的规制主要是通过数据保护法律进行的。欧盟的《一般数据保护条例》规定，“生物性识别数据”是指基于特别技术处理自然人的有关身体、生理或行为特征而得出的个人数据，这种个人数据能够识别或确定自然人的独特标识，例如脸部形象或指纹数据。根据《一般数据保护条例》第 4（14）条的定义，生物识别数据明确包括面部图像，不过照片另当别论。《一般数据保护条例》第 9 条规定，生物特征数据属于个人数据的“特殊类别”，除非某些特殊情况外，不得处理该等数据。人脸识别技术的商业应用可适用的唯一例外是“数据主体已明确表示同意”，而且同意须“自由给予、明确、具体、清晰”，数据主体任何形式的被动同意均不符合《一般数据保护条例》的规定。

四、案例评析

（一）人脸识别的技术原理与应用场景

身份识别是一个极为常见的社会需求，传统的身份识别手段包括口令、验证码、数字签名等，相比之下，利用人体生物特征进行身份识别是最为直观和有效的方式。常见的生物特征识别方式包括指纹识别、语音识别、人脸识别、虹膜图像、步态识别等。随着互联网发展，生物特征识别技术，包括基于行为和生理特征的个体自动识别特征技术已经成熟，生物特征识别技术的成本一直在下降，可靠性一直在增加，用作身份识别的方案是可行的。在众多的生物特征识别方式中，人脸识别具有与人身不可分离、难以篡改、交互性强、易提取、符合人类识别习惯等特点，以人脸信息去识别具体个人，在可操作性、效率和识别准确度上均具有无与伦比的优势。

包括人脸识别技术在内的生物特征识别技术具有大致相同的科学原理，其底层技术均为深度学习算法及大数据。对于人脸识别技术的基本原理，可大致概括为①：首先利用光电扫描传感器将人脸面部具有代表性的部位的相对位置和相对大小作为特征提取人脸图像；然后将人脸图像量化，再利用数学算法对提取的特征图像数据进行处理，将最终生成的特征模板与预先保存在人脸特征后台数据库中的特征数据进行对比；最后根据比对的相似性来确定是否匹配，达到识别和认证的效果。一个典型的人脸特征识别系统包括人脸识别传感器、特征提取、匹配器和系统数据库四个模块，以及采集人脸特征样本、预处理、特征提取和特征匹配四个处理过程。人脸识别的技术流程大致如图 1 所示：

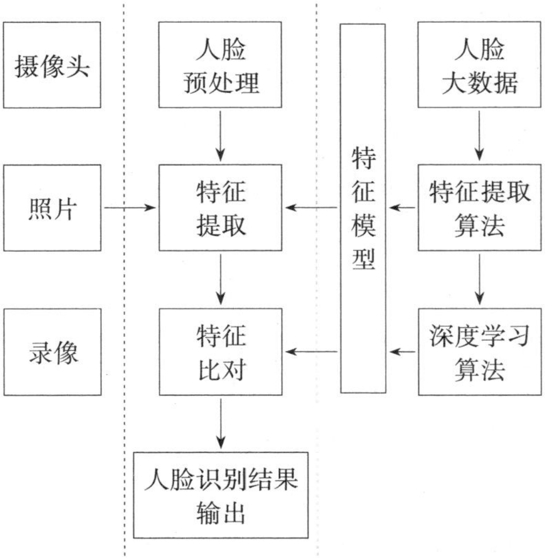

图 1　人脸识别的技术流程

① 王映辉编著：《人脸识别——原理、方法与技术》，科学出版社 2010 年版，第 7 页。

依托深度学习算法与大数据发展而来的人脸识别技术正在获得日益广泛的应用，智能设备人脸解锁、人脸识别安保准入、刷脸支付、Deepfake换脸等对人脸识别技术的具体应用场景在生活中变得极为常见。比如在安保领域，企业、学校、小区等场所门禁系统使用人脸识别进行身份验证并禁止未经授权的人员访问或进入特定领域，同时亦可以进行考勤、签到等管理统计。“人脸识别第一案”中涉案的人脸识别技术应用场景即是安保身份验证领域最基本的利用方式。在执法领域，以人脸精准识别犯罪嫌疑人，即便嫌疑人遮掩面部，现有技术也可以通过部分面部重构全脸。在金融领域，银行等金融机构等借助人脸识别技术可提供远程开户、绑卡核实、账户登录、刷脸支付等服务。在娱乐领域，各类美图软件利用人脸识别技术帮助用户定位眼睛、鼻子、嘴巴等人脸关键部位，方便用户使用美颜功能。甚至，目前人脸识别技术发展出的Deepfake换脸技术可以实现人脸替换，常人完全无法以肉眼辨识。并且，人脸识别的利用领域伴随技术进步与市场细分而日益呈现多样化、纵深化的趋势。比如此前曾有媒体报道①，沃尔玛正在开发一种能够检测识别消费者面部表情的人脸识别信息系统，该系统通过摄像头采集消费者结账时的面部生物特征数据，以此评估消费者的满意程度，提升服务水平。

人脸识别技术的应用场景可谓相当丰富，2021年4月30日全国信息安全标准化技术委员会发布的《信息安全技术　人脸识别数据安全要求（征求意见稿）》中总结了当前对于人脸识别信息处理的三类应用模式，具体包括：

(a) 人脸验证：将采集的人脸识别数据与存储的特定自然人的人脸识别数据进行比对（1∶1比对），以确认特定自然人是否为其所声明的身份。这一应用模式主要判断两张人脸是否属于同一人。典型的应用场景为火车站人证比对、移动智能终端人脸解锁、支付程序刷脸支付等。

(b) 人脸辨识：将采集的人脸识别数据与已存储的指定范围内的多个人脸识别数据进行比对（1∶N比对），以识别特定自然人。典型的应用场

① 参见媒体报道：《沃尔玛面部识别系统识别顾客心情　欲提升客户满意度》，http://tech.sina.com.cn/it/2017-07-20/doc-ifyihrmf3037082.shtml。

景包括居民小区门禁准入、疑犯追踪、照片自动圈人等。

(c) 人脸分析：不开展人脸验证或人脸辨识，仅对采集的人脸图像进行统计、检测或特征分析。典型应用包括公共场所人流量统计、体温检测、图片美化、deepfake 换脸等。

值得一提的是，人脸识别技术目前相对成熟，但仍存在一定技术缺陷。首先，在识别准确率上仍有提升空间，不同开发者的人脸识别算法准确度并不相同，研究结果表明，在个体上，人脸识别准确度会因年龄、脸部表情变化、光照条件、遮盖情况等而有所不同；在群体上，人脸识别准确度会因人种、肤色、性别等差异而有所不同。其次，合成“假脸”的深度伪造技术越来越成熟，对于通过反向工程制造的假脸，当前的人脸识别技术仍然无法进行准确辨识，这使得通过伪造人脸识别信息进行违法犯罪活动的黑灰产业大量滋生。比如在浙江衢州中院审理的一起侵犯公民个人信息罪案件①中，犯罪分子即利用已非法获取的公民个人信息，使用软件将相关个人头像照片制作成 3D 头像，从而通过支付宝人脸识别认证并注册账户，犯罪分子通过注册新用户获得相应红包奖励，截至案发，成功注册至少 1 153 个通过人脸识别认证的实名支付宝账户。

（二）人脸识别信息的法律风险

在对人脸识别信息的处理过程中，无论是“1∶1 比对”还是“1∶N 比对”，都需要将所提取的具体人脸数据图像与预先存储在数据库中的人脸参数模板进行比对，人脸识别信息的风险既来自对具体人脸数据图像的收集、比对等环节，也来自对于人脸参数模板数据库的存储、管理。总体而言，在人脸识别技术被广泛应用的同时，人脸识别信息面临着如下诸多法律风险。

首先，对个人信息及隐私安全的侵害风险。由于人脸的非接触性，人脸识别技术可以以远程、无感抓拍甚至偷拍的形式收集民众的人脸信息，遍布街头的众多摄像头也许在某个时刻就已经对你的人脸进行了精确收集，而你对此浑

① 张富、余杭飞、史良浩等侵犯公民个人信息罪、诈骗罪纠纷案，案号：（2019）浙 08 刑终 333 号。

然不知。人脸显然属于个人信息，未经同意收集的个人信息存在被不当处理的风险。并且，虽然人脸识别信息在一般情况下不属于私密信息等隐私内容，但在特定情况下与活动轨迹、生活习惯等其他个人信息相结合从而更加精确地识别到该个人的具体信息，可能存在进一步侵害个人隐私的风险。

其次，人脸识别信息的收集处理可能给个人人格尊严、人身财产安全造成侵害。就如上文所述衢州中院的案例，利用收集的人脸信息可以深度伪造假脸以蒙骗人脸识别系统，从而达到侵入住宅威胁人身安全或者登录用户账户、进行刷脸支付盗取财产的目的。又如 deepfake 换脸软件的滥用，大量色情视频被不法分子换脸为女明星或者意图中伤的女性并大肆传播①，严重侵害了女性的人格尊严。值得一提的是，由于人种、肤色等差异而导致的人脸识别准确度差异，也引发了对于人脸识别存在“种族歧视”的讨论。美国城市波士顿去年曾发布禁止使用人脸识别技术的禁令，反对人脸识别技术的一大原因即在于该技术在识别非裔和亚裔人群体时准确率更低，人脸识别监控中的种族偏见有可能伤害有色人种群体，这意味着有色人种将受到更多的监控和骚扰②。

再次，人脸识别信息滥采利用威胁到社会公共安全。人脸识别技术在安防、执法领域的普遍应用显著提升了社会公共安全，但由于当前对于人脸数据欠缺系统性规制，却也在反向威胁社会公共安全。近年来，贩卖人脸数据的黑灰产业犯罪频发，根据公安部数据③，仅 2020 年破获的窃取、贩卖人脸数据的案件即高达 22 起。甚至在淘宝平台上，还存在售卖人脸数据的店铺，人脸数据的价格为 0.5 元一份④。人脸数据被批量售卖极易导致系统性的社会安全风险。

最后，人脸识别信息滥采在西方还引发了民众对于公权力滥用的担忧，行政审批、警察执法等行政活动大量采集民众人脸识别信息，使得个人无法逃避

---

① 参见媒体报道：《Deepfake 视频中涉及色情高达 96%，且只针对女性》，https://www.secrss.com/articles/1429。

② 参见媒体报道：《波士顿禁用人脸识别：该技术导致严重的种族歧视》，https://tech.sina.com.cn/it/2020-06-29/doc-iircuyvk0954976.shtml。

③ 参见媒体报道：《公安破获 22 起窃取贩卖人脸数据案》，http://www.legaldaily.com.cn/index_article/content/2021-02/26/content_8442366.htm。

④ 参见媒体报道：《细思恐极！你的“脸”5 毛就被卖了》，https://finance.sina.com.cn/wm/2020-07-15/doc-iivhvpwx5428748.shtml。

政府的监视和追踪，被广泛指责为具有监控民众的嫌疑。为此，美国多地法律禁止将人脸识别技术用于警察等政府部门。

（三）人脸识别信息的权益属性

1. 人脸识别信息属于个人敏感信息

第一，个人信息的法律规制。

民事权益分为民事权利与民事利益，民事权利限法律所明确规定，可预期性更强，法益保护程度相对更高，而民事利益则较为宽泛，保护程度相对较低。《民法典》及《个人信息保护法》中并未以“个人信息权”“信息自决权①”或者“信息隐私权②”等概念形式确定一种新型的人格权利以规制个人信息，其原因或许在于个人信息权益的内涵及外延仍在随着数字经济的迅速发展而不断更新迭代，法律基于保守性的考虑而暂时不作规定；抑或者在于立法者认为对于个人信息权益的具化升级保护可能会阻碍数据流通及数字经济发展。不过，《民法典》《网络安全法》《个人信息保护法》等众多法律规定中均明确了个人信息作为民事利益受法律保护。

《民法典》《网络安全法》《个人信息保护法》《最高人民法院、最高人民检察院关于办理侵犯公民个人信息刑事法律若干问题的解释》等法律法规、国家标准中对于个人信息均具有相似的定义，即是以电子或者其他方式记录的能够单独或者与其他信息结合识别特定自然人的各种信息，包括但不限于自然人的姓名、出生日期、身份证件号码、个人生物识别信息、住址、电话号码等。根据该定义，构成个人信息应当满足两个要件，一是具有可识别性，即通过该信息可以识别特定自然人，这是个人信息的核心要件；二是要有一定的载体，应

---

① 个人“信息自决权”最早由德国的施泰姆勒在20世纪70年代个人信息保护法草案中提出，强调的是信息主体对于个人信息的自我决定的权利。参见杨芳：《隐私保护与个人信息保护法——对个人信息保护立法潮流的反思》，法律出版社2016年版。

② “信息隐私权”这一概念系由威士汀在《隐私与自由》一书中提出，是指个人享有决定何时、何种方式及何种程度将其个人信息向他人公开的权利。在1977年，美国最高法院在著名的Whalen V. Roe一案中确立了信息性隐私权（Right to informational privacy），最高法院法官把信息性隐私权归纳为：其一，自然人所享有的控制其个人信息被披露的利益；其二，自然人所享有的独立作出某种免受政府影响的决定的利益。参见《何渊：信息性隐私权是如何在美国产生和发展的？》，https://www.zhaozhun.net/articles/5811.html。

以电子或者其他方式记录，这是个人信息的形式要件。没有以一定载体记录的信息不是个人信息。“可识别性”既包括对个体身份的识别，也包括对个体特征的识别；对个体身份的识别确定信息主体“是谁”，对个体特征的识别确定信息主体“是怎样的人”。

国家标准《信息安全技术　个人信息安全规范》（GB/T 35273-2020）（以下简称“《个人信息安全规范》”）中指出判定某项信息是否属于个人信息，应考虑以下两条路径：一是识别，即“从信息到个人”，由信息本身的特殊性识别出特定自然人。同时，在考量是否具有可识别性时，不应机械、割裂地对每一个单独的信息进行判断，而应结合具体场景，以信息处理者处理的相关信息组合进行判断。二是关联，即“从个人到信息”，如已知特定自然人，则在该特定自然人活动中产生的信息即为个人信息。符合上述两种情形之一的信息，即应判定为个人信息。

第二，人脸识别信息属于个人敏感信息。

人脸识别信息是人脸识别技术应用的产物，是对自然人脸部特征的模拟或数字化表示，这一信息可通过设备收集，也可对视频、照片等进行处理后获得。结合上述对人脸识别技术原理的理解，在人脸识别系统运行时，人脸识别信息的载体应当是人脸图像提取后反映数据主体的一系列参数集合或者代码。在人脸识别完成输出后，人脸识别信息的最终载体为照片、视频、人脸3D模型、红外图像等。比如在“人脸识别第一案”中，原告郭某的人脸识别信息的最终载体就是其被拍摄的照片。对于以参数集合或者代码为载体的人脸识别信息，在经过人脸识别系统继续运算之后即可以得到照片、视频等更为直观载体的人脸识别信息，二者的性质及作用其实并无本质区别。

一方面，人脸是一个自然人最外化和直观的身体组织，天底下几乎不存在两幅相同的面孔，人脸识别信息依据日常经验即可知其可以识别特定个人，即满足“从信息到个人”。另一方面，已知一个特定人的人脸识别信息，可以直观地判断此人的相貌特征、性别及美丑信息，人脸表情可以反映特定人的行为习惯、性格特征、情绪变化等，并且人脸附有与个人和身份相伴随的一系列标签和属性，结合其他个人信息，可以对特定人进行更为全面的认识，即满足“从个人到信息”。因此，人脸识别信息显然属于个人信息。事实上，《个人信息安全规范》中所明确列举的个人信息即包括个人生物识别信息，而个人生物识别信息就包括个人基因、指纹、声纹、掌纹、耳廓、虹膜、面部识别特征等。

《个人信息安全规范》还将个人信息进一步细分规定了个人敏感信息，所谓个人敏感信息是指一旦泄露、非法提供或滥用可能危害人身和财产安全，极易导致个人名誉、身心健康受到损害或者歧视性待遇等个人信息，包括个人财产信息、个人健康生理信息、个人身份信息、个人生物识别信息等。对于个人敏感信息，应当予以更为严格的规制及保护，比如收集个人敏感信息前，应当征得个人信息主体的明确同意；传输和存储个人敏感信息时候，应采用加密等安全措施。结合该国家标准，人脸识别信息作为个人生物识别信息，属于个人敏感信息，应当予以更为严格的规制及保护。在“人脸识别第一案”中二审法院亦是将涉案人脸识别信息认定为生物识别信息这一敏感个人信息，从而要求更为严格的规制和保护。

在近期英国上诉法院二审审理的“英国人脸识别第一案”中，当地警方利用自动面部识别技术（Automated Facial Recognition Technology，简称 AFR）追踪疑犯。原告称其在经过警察部署的人脸识别设备时，并未被告知正在使用 AFR 技术，故认为侵犯了其隐私。此前一审英国高等法院驳回布里奇斯的诉讼，肯定了当地警方使用人脸识别技术的合法性。不过二审英国上诉法院则认为，AFR 技术与其他信息技术的核心区别在于该项技术需要抓拍和采集英国公民的面部照片与数据，涉及个人敏感信息，当地警察部门所提供的证明材料未能直接说明清单监视人员范围与 AFR 设备部署地点选择的正当性，亦不能证明其已经采取合理步骤评估该项技术可能存在的歧视问题，因此支持了原告主张。该案中，对于人脸识别信息亦认定为是应当予以更为严格地规制及保护的个人敏感信息。

2. 人脸识别信息与隐私的交叠

第一，个人信息与隐私的交叉与区别。

隐私是自然人的私人生活安宁和不愿为他人知晓的私密空间、私密活动、私密信息。自然人享有隐私权，对于其个人隐私享有支配及排除他人公开和侵扰的权利，任何组织或者个人不得以刺探、侵扰、泄露、公开等方式侵害他人的隐私权。在隐私理论的发展过程中，隐私权从民事权利属性逐渐还具有了宪法性权利的意味。总体而言，隐私权包含两个方面的内容：一方面是自然人的私人生活安宁；另一方面是自然人不愿为他人知晓的私密空间、私密活动、私密信息。对于隐私认定及侵权判断的主流理论为“隐私合理期待理论①”，根据该理论，对隐私合理期待的判断可以分为如下两个步骤：第一步是主观标准的判断，即要确定该个人是不是对其行为享有隐私保护的期待。在判断公民是否具有该种期待时，还要看其是否将该种期待予以展现。第二步是客观标准的判断，即按照社会公众的一般观点，在当时特定的情形下，该个人的隐私期待是否合理且应当被承认。具体地，就私人生活安宁而言，在判断是否构成侵害隐私权时，应考量其个人生活状态是否有因侵权行为介入而产生变化，以及该变化是否对个人生活安宁造成一定程度的侵扰；就不愿为他人知晓的私密空间、私密活动、私密信息，应当综合考量社会一般合理认知以及有无采取相应保密措施等因素进行判断。因不同类型人群的隐私偏好不同，对隐私及侵权认定作具体场景具体分析。

个人信息与隐私权在整体上存在如下交叉与区别：（1）从法益保护程度上来看，隐私权属于法律所明确规定的内容，属于权利，保护程度更高。而个人信息权益的具体内容法律并未明确界定，属于利益，保护程度相对低。（2）从权益内容看，隐私权与个人信息权益根本上都体现自然人的人格尊严，但个人信息权益同时涉及信息利用、流通价值。隐私权主要体现精神利益，而个人信息权益可能同时包括精神利益及财产利益。（3）从保护客体和损害后果来看，隐私权保护具有私密性的信息，一经泄露极易导致个人人格利益受到损害；而非私密信息的个人信息，仅在被过度处理的情形下才可能使得信息主体受到人格或财产损害。（4）从权利保护方式来看，隐私权主要是一种被动性的人格权，更注重消极性、防御性，通常只有在遭受侵害时，权利人才能提出主张。而个人信息权益保护在注重预防侵害的同时，还强调信息主体积极、自觉地利用权益，如选择、访问、更正、删除等。

第二，合理隐私期待下，人脸识别信息可以构成隐私。

根据《民法典》第1034条，个人信息中的私密信息，适用有关隐私权的规

① 王利明：《论美国隐私权法中的合理期待理论》，北京大学出版社2020年版，第603—633页。

定。根据该条规定，个人信息中的私密信息，实际上就是隐私权定义中所指的“私密信息”，但对何为“私密信息”，现行法并未有明确界定。《个人信息安全规范》中界定的个人敏感信息可能与私密信息存在交叉，但不能概括地等同为私密信息。人脸识别信息难言私密信息，人脸是自然人身体上最为公开的部位，几乎没有人会认为脸是隐私的直接载体。但如上所述，个人信息的可识别性不应机械、割裂地对每一个单独信息进行判断，而应结合具体场景综合判断。同时对于隐私的定义，也需要在合理隐私期待维度上作具体场景分析。

人脸识别信息与个人活动轨迹信息、作息信息等时间或空间信息相结合，可以更加精确地识别该个人的具体信息，该具体信息可能是该特定人进入过的私密空间、进行过的私密活动乃至推导出的私密信息。之所以人脸识别信息被认为是个人敏感信息，恰恰也是因为人脸识别信息极易与其他信息相结合，从而向信息处理者提供更为详尽乃至威胁到特定人人身、财产安全的重要信息内容。在此情形下，人脸识别信息与其他信息的集合可以被认定为构成隐私，当然这一认定根据隐私合理期待原则，需要符合一般社会人在此具体场景下的判断。简言之，大数据分析如同一个放大镜，在杂乱无序的信息迷雾中辨识出“用户画像”，该“用户画像”的精确程度以至于包含了大量的隐私内容，而人脸识别信息，或许在具体场景中是其中最为关键的一环。

五、适用启示

（一）制定与人脸识别信息处理相适应的“告知同意”规则

个人信息处理包括个人信息的收集、存储、使用、加工、传输、提供、公开等活动，告知同意是处理个人信息的基本规则，《网络安全法》《个人信息保护法》《个人信息安全规范》《个人信息告知同意指南》等规范文件中均具有告知同意的相关规定。所谓告知，是将与个人信息处理的目的、方式和范围等有关事项信息提供给个人信息主体，使其了解个人信息处理活动的有关规则，旨在消除信息控制者与信息主体之间的信息不对称问题。所谓同意，是信息主体对于个人信息权益特定处理进行授权的意思表示，包括明示同意和默示同意。

其中，明示同意是指个人信息主体通过书面、口头等方式主动作出纸质或电子形式的声明，或者自主作出肯定性动作，比如主动勾选、主动点击“同意”“注册”“发送”“拨打”、主动填写或提供等，对其个人信息进行特定处理作出明确授权的行为。而默示同意是指通过消极的不作为而作出授权。默示同意可能导致个人信息主体忽略对个人信息处理规则的关注。用户同意以明示同意为原则，默示同意为例外。根据《个人信息保护法》相关规定，个人信息处理者在：（1）收集使用个人信息时；（2）个人信息处理目的、处理方式和处理的个人信息种类发生变更时；（3）需要转移个人信息时；（4）向第三方提供其处理的个人信息时，及其他特定情形中，均应当告知用户并取得同意。

人脸识别信息作为个人信息的子概念，亦应当遵循“告知同意”这一个人信息保护的一般规则。但该规则在适用于处理人脸识别信息的过程中需要进一步完善告知同意规则的可操作性。显然，“告知同意”规则只是个人信息保护实践的理想式规则，告知的具体场景、内容、方式无法一概而论，通过充分告知来实现同意的信息自决或意思自治仅是理想的权益保护状态，“告知同意”规则在日常商业中似乎已经演变为信赖的重新建构，一方面，用户通过告知同意规则建构起对信息处理活动的初步信赖；另一方面，信息处理者在遵守前述“信赖”内容的基础上完成信息的收集、处理及流动。

在信息不对称、个人认知能力欠缺或者受制于具体场景局限而尚未进行充分告知的情况下，个人往往会不得不或者错误理解而作出同意，因此在“告知”方面，需要规制信息收集者的告知方式以提高透明度。《个人信息告知同意指南》明确了信息控制者告知的基本原则，具体包括公开透明、逐一传达、同步实时、真实准确、具体明确、清晰易懂。在具体优化告知同意的方案和机制上要求友好展示、适应载体、考虑影响、区分阶段、兼顾差异。针对人脸识别信息处理的告知，由于该信息的不可接触性特点，告知应当在信息收集之前或者在进入人脸识别系统区域之前即进行充分告知。在“同意”方面，如《个人信息保护法》所要求，人脸识别信息等个人敏感信息需要获得个人信息主体在完全知情情形下的明示同意。并且，在后续对于人脸识别信息的处理、转移、分享过程中，均应当再次向个人信息主体进行告知及获取同意。

（二）构建规制人脸识别信息的合理法律框架和多重治理体系

人脸识别信息作为个人敏感信息可由《个人信息保护法》等关于个人信息保护的法律框架予以总体规制。不过，基于人脸识别技术的特殊性及应用广泛性，借鉴美国立法经验，仍然有必要制定一部专门规制人脸识别技术及人脸识别信息的法规。并且，在人脸识别技术的应用中，人脸识别信息保护应当强调多方主体参与，鼓励政府部门、私人企业、行业协会等单位依法收集、处理、使用人脸识别信息。有必要设置专门的数据保护机构以保障信息数据监管工作的权责统一及政策整体性，甚至有必要设置公共性质的人脸识别信息数据库，要求私人部门不得长期存储人脸识别信息；有必要明确公权行为与私人行为之间的边界，对公共部门和私人机构在人脸识别信息处理及保护上分置不同的资质、权限与要求；有必要针对人脸识别数据的处理、流通设置更为细致的合同与交易机制安排，通过合同与交易机制促进利益各方主体对个人信息收集、使用、交易形成多样化、场景化的权益安排。此外，还可以考虑引入个人信息损害责任保险机制，充分利用损害责任保险弥补司法保护程序在风险管理与损害填补方面的不足。

总之，人脸识别技术的收益与风险并存。一方面，人脸识别信息所承载的个人信息及隐私安全、人身财产安全均应当予以保护，另一方面，人脸识别技术广泛应用会提升企业及社会整体效益，数据与信息流通蕴含着重大的商业与经济价值。厘清人脸识别信息的权益属性，计算人脸识别技术应用的收益成本，平衡相关各方主体间的利益诉求，联动个人信息保护与数字经济发展，皆考验着我国的国家治理能力。未来可期，我国亟待制定一部专门规制人脸识别信息的法律法规，这将有助于实现科技向善的美好愿景。

后　记

法律是对社会现实的回应。人类社会已步入数字经济时代，数据是21世纪重要的生产要素，是推动社会变革的战略性资源。然而，数据被赋予无限期许的同时，也给个人带来了潜在的威胁。个人信息犹如数字社会中的氧气，人人均可享用，但对其利用也如氧气一般，不应造成数字环境的污染，尤其是不能给个人带来难以承受的侵害。个人信息、隐私若被任意使用，既违反了法律，也将危及人的自由和尊严，是更大意义上道德的恶。为了维护数字经济的基本正义，法律人投入极大热情积极探索个人信息保护和利用的前沿理论及制度规则，为个人信息保护立法奠定了坚实基础。理论来源于实践、服务于实践并接受实践检验，若说我国数字法治第一阶段解决了制度有无的问题，在规则框架已初步建立的情况下，既有成果能否满足实践需求，是否具有足够的可行性与适应性，则是数字法治步入全面实施阶段后，学理研究上新的着力点。与实践契合的理论才能保有生命力，正是基于这样的初衷和立意，本书组织了一批致力于数据法学研究的青年学者，梳理了个人信息保护领域的经典案例，以期在总结裁判经验、挖掘司法难题的基础上，回答掣肘实践的现实问题。

《个人信息保护案例评析》是“数字法治丛书”的开篇之作，为回应司法实践的现有困境与数据企业的合规难题，本书以案例解析为依托，结合国内外现有法律规范，汇聚多方法律学说，环环相扣进行逻辑推演，旨在为个人信息保护的实践困境提供破解之法。本书的系列专题立足实践，贴合生活，彭诚信教授与整个研究团队多番商讨全书的主题研究与案例选取，致力于将本书打造成面向社会与法律人都能读懂、均可运用的个人信息保护丛书，最终确定了本书的题材、结构与体例。本书集思广益、论者畅言，团队成员曹博副教授、王琳琳副教授、王黎黎副教授、姬蕾蕾博士、云晋升博士、季江聪法务经理，向秦、史晓宇、王冉冉、许素敏、富晓行等博士生以及李琛法学研究生分别从不同角度对个人信息客体特征和权利属性展开具体研究，每一篇论文数易其稿、反复斟酌，均是作者的倾心之作。本书的完成也得益于彭诚信教授主持的国家社科基金重大项目“大数据时代个人数据保护与数据权利体系研究”（18ZDA145）的支持，亦是该项目的阶段性研究成果。

我国数字经济的发展主要是由头部数据企业带动前行。我们团队的研究也一贯秉承学术研究与一线企业紧密结合的理念，即学术问题源于一线企业的实践难题，研究成果能够克服相关难题并提供理论支撑。在此也衷心感谢以江波副总裁为代表的腾讯法务团队、以王坚总为代表的拼多多法务团队、以宋纯峰为代表的字节跳动法务团队等提供的宝贵调研机会以及丰富的实践素材。也衷心感谢上海人民出版社的张晓玲总监、冯静编辑的鼎力支持！本书得以顺利出版，不但得益于上海人民出版社对我们团队整个研究思路的认可，而且得益于两位从酝酿构思到付梓印刷、从行文结构到文字处理等全方位的指导与帮助。

慎思笃行方能臻于至善。本书仅是个人信息保护的跬步之作，尚有诸多问题有待今后进一步探索和深究，欢迎广大读者不吝赐教，对本书不成熟之处提出宝贵的意见和建议。数字社会的信息保护始于你我而利在家国，我们携手前行。

图书在版编目(CIP)数据

个人信息保护案例评析/彭诚信主编;曹博等著
.—上海:上海人民出版社,2021
(数字法治;第1卷)
ISBN 978-7-208-17260-9

Ⅰ.①个… Ⅱ.①彭… ②曹… Ⅲ.①个人信息-法律保护-案例-中国 Ⅳ.①D923.75

中国版本图书馆CIP数据核字(2021)第173159号

责任编辑 冯 静
封面设计 光合时代

数字法治 第1卷
个人信息保护案例评析
彭诚信 主编
曹 博 等著

出 版 上海人民出版社
(200001 上海福建中路193号)
发 行 上海人民出版社发行中心
印 刷 上海商务联西印刷有限公司
开 本 720×1000 1/16
印 张 14.25
插 页 2
字 数 213,000
版 次 2021年9月第1版
印 次 2021年9月第1次印刷
ISBN 978-7-208-17260-9/D·3811
定 价 59.00元